プリント形式のリアル過去問で本番の臨場感！

広島県

近畿大学附属広島中学校 東広島校

2025年春受験用

解答集

本書は，実物をなるべくそのままに，プリント形式で年度ごとに収録しています。
問題用紙を教科別に分けて使うことができるので，本番さながらの演習ができます。

JN132658

■ 収録内容

・解答集(この冊子です)

書籍ＩＤ番号，この問題集の使い方，最新年度実物データ，リアル過去問の活用，解答例と解説，ご使用にあたってのお願い・ご注意，お問い合わせ

・2024(令和６)年度 ～ 2021(令和３)年度　学力検査問題

○は収録あり	年度	'24	'23	'22	'21		
■ 問題(前期)		○	○	○	○		
■ 解答用紙		○	○	○	○		
■ 配点							

全教科に解説があります

注)問題文等非掲載:2024年度社会の1, 2023年度国語の二と社会の6, 2022年度社会の6, 2021年度国語の二と社会の2

問題文などの非掲載につきまして

著作権上の都合により，本書に収録している過去入試問題の本文や図表の一部を掲載しておりません。ご不便をおかけし，誠に申し訳ございません。

本文の一部を掲載できなかったことによる国語の演習不足を補うため，論説文および小説文の演習問題のダウンロード付録があります。弊社ウェブサイトから書籍ＩＤ番号を入力してご利用ください。

なお，問題の量，形式，難易度などの傾向が，実際の入試問題と一致しない場合があります。

教英出版

■ 書籍ＩＤ番号

入試に役立つダウンロード付録や学校情報などを随時更新して掲載しています。
教英出版ウェブサイトの「ご購入者様のページ」画面で，書籍ＩＤ番号を入力してご利用ください。

書籍ＩＤ番号　122432

（有効期限：2025年9月30日まで）

【入試に役立つダウンロード付録】
「要点のまとめ(国語／算数)」
「課題作文演習」ほか

■ この問題集の使い方

年度ごとにプリント形式で収録しています。針を外して教科ごとに分けて使用します。①片側，②中央のどちらかでとじてありますので，下図を参考に，問題用紙と解答用紙に分けて準備をしましょう（解答用紙がない場合もあります)。

針を外すときは，けがをしないように十分注意してください。また，針を外すと紛失しやすくなりますので気をつけましょう。

① 片側でとじてあるもの　② 中央でとじてあるもの

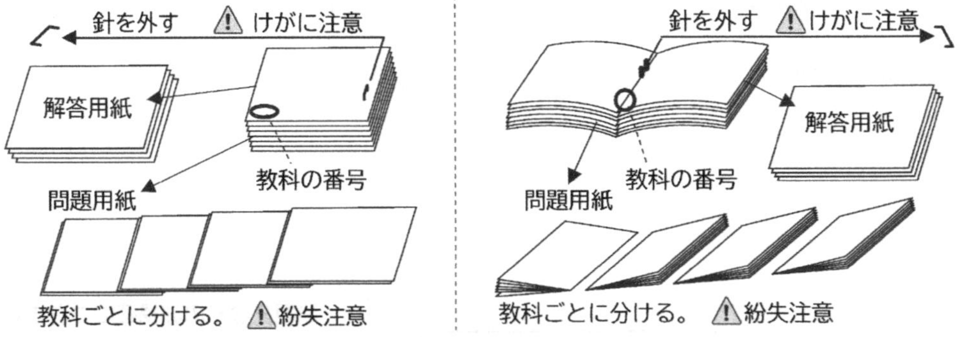

※教科数が上図と異なる場合があります。
解答用紙がない場合や，問題と一体になっている場合があります。
教科の番号は，教科ごとに分けるときの参考にしてください。

■ 最新年度 実物データ

実物をなるべくそのままに編集していますが，収録の都合上，実際の試験問題とは異なる場合があります。実物のサイズ，様式は右表で確認してください。

問題用紙	Ｂ５冊子(二つ折り)
解答用紙	Ｂ４片面プリント

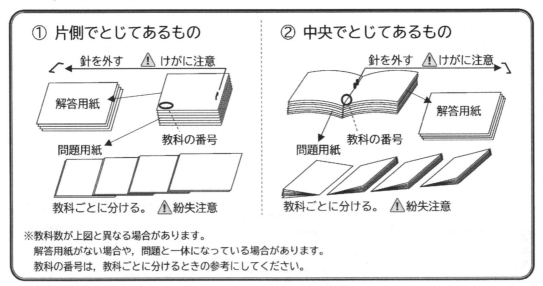

リアル過去問の活用

～リアル過去問なら入試本番で力を発揮することができる～

本番を体験しよう！

問題用紙の形式（縦向き / 横向き），問題の配置や余白など，実物に近い紙面構成なので本番の臨場感が味わえます。まずはパラパラとめくって眺めてみてください。「これが志望校の入試問題なんだ！」と思えば入試に向けて気持ちが高まることでしょう。

入試を知ろう！

同じ教科の過去数年分の問題紙面を並べて，見比べてみましょう。

① 問題の量

毎年同じ大問数か，年によって違うのか，また全体の問題量はどのくらいか知っておきましょう。どのくらいのスピードで解けば時間内に終わるのか，大問ひとつにかけられる時間を計算してみましょう。

② 出題分野

よく出題されている分野とそうでない分野を見つけましょう。同じような問題が過去にも出題されていることに気がつくはずです。

③ 出題順序

得意な分野が毎年同じ大問番号で出題されていると分かれば，本番で取りこぼさないように先回りして解答することができるでしょう。

④ 解答方法

記述式か選択式か（マークシートか），見ておきましょう。記述式なら，単位まで書く必要があるかどうか，文字数はどのくらいかなど，細かいところまでチェックしておきましょう。計算過程を書く必要があるかどうかも重要です。

⑤ 問題の難易度

必ず正解したい基本問題，条件や指示の読み間違いといったケアレスミスに気をつけたい問題，後回しにしたほうがいい問題などをチェックしておきましょう。

問題を解こう！

志望校の入試傾向をつかんだら，問題を何度も解いていきましょう。ほかにも問題文の独特な言いまわしや，その学校独自の答え方を発見できることもあるでしょう。オリンピックや環境問題など，話題になった出来事を毎年出題する学校だと分かれば，日頃のニュースの見かたも変わってきます。

こうして志望校の入試傾向を知り対策を立てることこそが，過去問を解く最大の理由なのです。

実力を知ろう！

過去問を解くにあたって，得点はそれほど重要ではありません。大切なのは，志望校の過去問演習を通して，苦手な教科，苦手な分野を知ることです。苦手な教科，分野が分かったら，教科書や参考書に戻って重点的に学習する時間をつくりましょう。今の自分の実力を知れば，入試本番までの勉強の道すじが見えてきます。

試験に慣れよう！

入試では時間配分も重要です。本番で時間が足りなくなってあわてないように，リアル過去問で実戦演習をして，時間配分や出題パターンに慣れておきましょう。教科ごとに気持ちを切り替える練習もしておきましょう。

心を整えよう！

入試は誰でも緊張するものです。入試前日になったら，演習をやり尽くしたリアル過去問の表紙を眺めてみましょう。問題の内容を見る必要はもうありません。どんな形式だったかな？受験番号や氏名はどこに書くのかな？…ほんの少し見ておくだけでも，志望校の入試に向けて心の準備が整うことでしょう。

そして入試本番では，見慣れた問題紙面が緊張した心を落ち着かせてくれるはずです。

※まれに入試形式を変更する学校もありますが，条件はほかの受験生も同じです。心を整えてあせらずに問題に取りかかりましょう。

2024 解答例 令和6年度　近畿大学附属広島中学校　東広島校

《国　語》

一　問一．①所在　②絵札　③特製　④築城　⑤織　⑥ろうほう　⑦いえじ　⑧そな　問二．①単　②油　問三．イ　問四．ウ

二　問一．A．オ　B．ウ　問二．ア　問三．エ　問四．ア　問五．人間は、目の前にその人物がいなくても同じ動きができたり、他者と同じような心持ちになったりするから。　問六．サルやゴリラは子どもを叱ることで学ばせるが、人間は子どもがまだやろうとしていないことまで、背中を押したり導いたりする点。　問七．エ

三　問一．ア　問二．ウ　問三．イ　問四．ア　問五．三年生のちびの「ぼく」は、お情けにわけてくれる、わずかなとりもちでがまんしなければならなかったから。　問六．いせいのいい入道雲　問七．みんながばかにしてさがしていなかった場所をあたるという試みがうまくいき、自分だけの宝物のようなもちの木を見つけたから。

《算　数》

1　(1)100　(2)13　(3)1260　(4)111106　(5)100　(6)$\frac{13}{28}$　(7)$3\frac{3}{4}$　(8)14

2　(1)ア．9　イ．36　(2)29　(3)260　※(4)300　(5)角ア…90　面積…10　(6)①イ　②48

3　(1)1200　(2)40　(3)1000／16時5分

4　(1)176　(2)220　(3)ア．44　イ．1　ウ．48　エ．43　オ．42　(4)598

※の考え方は解説を参照してください。

《理　科》

1　(1)③　(2)カ　(3)血液の逆流を防ぐ。　(4)ウ　(5)関節　(6)細かい動きができる。

2　(1)ウ，オ　(2)B，C　(3)アンモニア水　(4)①C　②白くにごる　③二酸化炭素
(5)金属がとけてしまう可能性があるから。

3　(1)北極星　(2)ウ　(3)ア　(4)①E．オリオン　F．カシオペヤ　G．はくちょう　②E　③リゲル

4　(1)4　(2)㉓　(3)㉒，㉔／㉑，㉕　(4)⑲，㉕／⑳，㉔

5　(1)酸素　(2)ア　(3)空気が出入りしにくいから。　(4)イ，ウ　(5)あたためられた空気が上に移動するから。

《社　会》

1 問1．ウ　問2．ウ　問3．温暖な気候を活用して，海沿いの日当たりのよい斜面では段々畑でみかんなどのかんきつ類の栽培がさかん。　問4．①尾道　②倉敷　③今治　④坂出　問5．割りばしや紙コップなどの使い捨て商品を使わないようにすること。

2 問1．大西洋　問2．アフリカ大陸　問3．記号…D　国名…イタリア　問4．カナダ　問5．エ

3 問1．イ　問2．イエス・キリストの像を踏ませることで，キリスト教の信者であるかないかを判断した。
問3．エ　問4．イ

4 ［記号／都道府県名］ ①［ア／北海道］　②［エ／東京都］　③［オ／愛知県］　④［ケ／山口県］
⑤［キ／奈良県］

5 問1．③　問2．豊臣秀吉　問3．ア　問4．元寇が防衛戦であったために恩賞の領地を十分に与えられなかった　問5．イ

6 問1．イ　問2．日本では政治参画や経済参画においての男女格差の問題もあるから，男女共同参画社会を実現するために，男女別で統計調査をして，実態を把握しなければならないよ

7 問1．エ　問2．エ

《2024　国語　解説》

二　問二　Ⅰに「他者」を入れると、この一文の意味が通らなくなるので、Ⅰには「自分」が入る。また同様に、Ⅲに「自分」を入れると、この一文の意味が通らなくなるので、Ⅲには「他者」が入る。Ⅱについては、「[Ⅱ]の考えていることを『理解する』能力ではありません」と、直後の一文の「他者の感じていることを『同じように感じる』エンパシーと呼ばれる能力です」が対応関係にあり、ともにミラーニューロンのことを説明している。したがって、Ⅱには「他者」が入る。よって、アが適する。

問三　――線部①の前後に、「元々はおとなが、そのおとなが養育している子どもに食物を分配し、その行為《こうい》が、おとなの間に普及《ふきゅう》していったということでしょう」、タマリンやマーモセットの社会では「おとな同士の間でも食物の分配が見られます」とある。つまり、――線部①は、おとなが子どもに食物を分配していたものが、おとなの間でも広まったことを指している。よって、エが適する。

問四　――線部②の前後で、タマリンやマーモセットは多くの子どもを産み、共同で子育てをすることが書かれている。また、後の方に、食物分配をしないニホンザルは、他者をいたわる行動が見られなかったのに対し、「タマリンやマーモセットでは、脳が小さいにもかかわらず」他者をいたわる行動が見られたとある。よって、アが適する。

問五　直後の２段落で、サルと人間の共感力のちがいが説明されている。人間はサルとちがって、相手の行動を即《そく》座《ざ》にそっくり真似《まね》ることができ、さらに、真似をする相手が目の前にいない状態でも、そっくり真似ることができる。また、「他者と同じ動きができるだけでなく、同じような心持ちにもなります～この感情の動きもまた、人間の高い共感力の証《あか》しです」とある。

問六　サルやゴリラなど「動物の子ども」については、「親や年上の仲間に叱《しか》られて学ぶのが基本です」「『教える』のではなく、『叱る』ことで学ばせるのです」と書かれている。一方、人間については、「子どもがやろうとしていることに手を貸すだけではなく、まだやろうともしていないことに対しても～背中を押《お》したり、子どもの手を引いたりする。こんなことはほかの動物は絶対にしません」と書かれている。

問七　人間の子どもがもつ目標については、最後の段落に、「人間はおせっかいになったからこそ、子どもは目標というものをもつようになったのです」と書かれている。エのような内容は、本文中に書かれていない。

三　問一　ⓐとⓑは、峠《とうげ》のせまい切り通しの道を指している。ⓒとⓓは、峠の向こうを指している。よって、アが適する。

問二　がき大将は、「平気だよ。峠の向こうにいけば、きっとあるさ」と言っていることから、もちの木は別の場所で探せばよいと思っていることがわかる。また、がき大将の、「舌をだして、自信たっぷりにそういった」という様子から、しかられた後、気持ちを切り替《か》えていることが読み取れる。よって、ウが適する。

問三　後の方に、峠の切り通しをぬけると、「いままでの町の感じが、いきなり村の景色にかわるのだ」とあるので、峠の向こうはふだん住んでいる場所とは雰囲気《ふんいき》が異なることがわかる。また、がき大将が、「峠の向こうにいけば、きっと（もちの木が）あるさ」と言ったことに対して、「みんなもそう思った」とあることや、「“峠の向こう”には、町にはないものがなんでもあった」とあることから、峠の向こうは、子どもたちに期待を抱《いだ》かせる場所であることがわかる。よって、イが適する。

問四　がき大将は、「峠の向こうにいけば、きっと（もちの木が）あるさ」と言った後、「だいぶ遠くまでいかなくちゃいけないぞ」と続け、そのことに「ぼくたちはうなずいた」。つまり、みんなは、“もちの木を見つけるためには峠の向こうの中でもかなり遠くまでいかなければならない”というがき大将の意見に同意している。よって、アが適する。

問五　「ぼく」は、直前でがき大将が言ったことに対して、「やむをえないことだ」と思っている。それでも「がっかりした」のは、「ほんのお情けに、わけてくれるだけ」の、わずかな量の「とりもちで、がまんしなければならなかった」ことである。

問六　「いせいのいい」という表現や、上に向かってのびる大きな入道雲の姿が、はりきっている「ぼく」の心情を表している。

問七　もちの木を自分ひとりでさがそうと決めた時、「ぼく」は、「みんながばかにしている峠の近く」をさがしてみようと考えた。結果的に、そのねらいは見事にあたり、「ぼく」はだれもまだ見つけていないもちの木を、二本もさがし出すことができた。自分だけが知っている宝物のようなもちの木を前に、「ぼく」は思わず「この山はぼくの山だぞ！」と言ってしまうほどうれしくなり、自分の試みがうまくいったことに満足感をおぼえている。

《2024　算数　解説》

1　(1)　与式＝56－４＋48＝52＋48＝**100**

(2)　与式＝12＋７÷７＝12＋１＝**13**

(3)　与式＝126×74－(126×２)×32＝126×74－126×64＝126×(74－64)＝126×10＝**1260**

(4)　与式＝１＋(10－１)＋(100－１)＋(1000－１)＋(10000－１)＋(100000－１)＝111111－５＝**111106**

(5)　与式＝200×0.5＝**100**

(6)　与式＝$\frac{13}{8}\div\frac{9}{4}\div\frac{14}{9}=\frac{13}{8}\times\frac{4}{9}\times\frac{9}{14}=\mathbf{\frac{13}{28}}$

(7)　与式＝$\frac{13}{4}+\frac{7}{8}-\frac{3}{8}=\frac{26}{8}+\frac{7}{8}-\frac{3}{8}=\frac{30}{8}=\frac{15}{4}=\mathbf{3\frac{3}{4}}$

(8)　与式より，□＋16＝６×５　　□＝30－16＝**14**

2　(1)　１日＝24時間だから，0.4日＝(24×0.4)時間＝9.6時間＝$9\frac{3}{5}$時間＝９時間$(60\times\frac{3}{5})$分＝**９時間36分**である。

(2)　**【解き方】６を加えると７の倍数になり，７を加えると６の倍数になる数に６＋７＝13を加えれば６と７の倍数，つまり６と７の最小公倍数42の倍数になる。**

42の倍数のうち最小の数は42だから，もとの数は42－13＝**29**である。

(3)　**【解き方】牛乳を飲む前後の重さの差は，飲んだ分の牛乳の重さになる。**

牛乳40％の重さは1160－800＝360(ｇ)だから，牛乳ビンに入っていた牛乳は360÷0.4＝900(ｇ)である。

よって，空の牛乳ビンの重さは1160－900＝**260**(ｇ)である。

(4)　Ａ市に住んでいて徒歩で通学している生徒は，全校生徒の0.4×0.35＝0.14(倍)の人数である。よって，全校生徒は42÷0.14＝**300**(人)である。

(5)　**【解き方】右図で，三角形ＡＥＤと三角形ＢＣＥは合同だから，同じ記号をつけた角の大きさは等しい。**

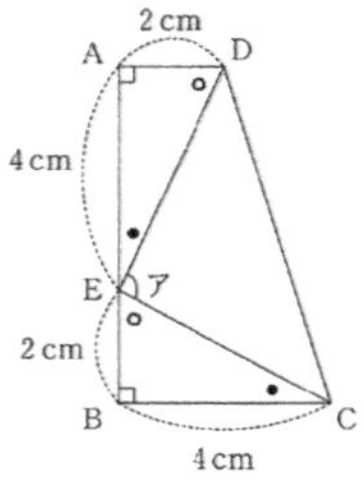

三角形ＡＥＤの内角の和より，角●＋角○＝180°－90°＝90°

よって，角ア＝180°－(角●＋角○)＝180°－90°＝**90°**

三角形ＡＥＤと三角形ＢＣＥの面積は等しく２×４÷２＝４(㎠)だから，

三角形ＣＤＥの面積は，(台形ＡＢＣＤの面積)－(三角形ＡＥＤの面積)×２＝

（２＋４）×（４＋２）÷２－４×２＝**10**（㎠）

⑹① **【解き方】立方体の切り口をかくときは，以下のように考える。**

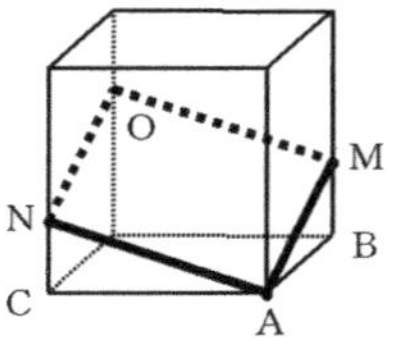

①同一平面上にある切り口の頂点は直線で結ぶ（ＡとＮ，ＡとＭをそれぞれ直線で結ぶ）。

②向かい合う面上の切り口の線は平行になる（ＡＭとＮＯ，ＡＮとＭＯはそれぞれ平行）。

切り口は右図のような四角形になり，向かい合う辺が平行であり，４つの辺の長さが等しいから，**ひし形**である。

② **【解き方】立方体の上面と底面，切り口の断面はそれぞれ面積が等しいから，側面積の差を考える。**

立方体の側面積は６×６×４＝144（㎠）である。Ｂをふくむ方の立体の側面積は，合同な直角三角形の面積２つ分と，合同な台形２つ分の面積の和だから，（６×２÷２）×２＋｛（２＋４）×６÷２｝×２＝48（㎠）

よって，Ｂをふくまない方の立体の側面積は144－48＝96（㎠）なので，表面積の差は96－48＝**48**（㎠）である。

3 ⑴ 家から公園までの道のりは60×20＝**1200**（m）

⑵ アレンさんが公園に着いたのは15時20分である。公園から家まで1200÷40＝30（分）かかったから，公園を出発したのは16時30分－30分＝16時である。よって，公園にいた時間は16時－15時20分＝**40**分間である。

⑶ **【解き方】お母さんが出発したのは15時＋１時間＝16時だから，アレンさんが公園から家に向かっている途中に２人は出会う。**

お母さんの速さは時速12㎞＝分速（12÷60×1000）m＝分速200mだから，16時にアレンさんが公園を出発したのと同時にお母さんは家を出発し，１分間に２人の間の道のりは40＋200＝240（m）だけちぢまる。

よって，２人が出会うのは16時の1200÷240＝５（分後）だから，**16時５分**である。また，このとき家から200×５＝**1000**（m）の地点で出会う。

4 ⑴ **【解き方】この箱の周の長さは，一番外側のボールの直径の合計より，四角《よすみ》のボール４個分の直径だけ長い。**

ボールの直径は２×２＝４㎝だから，この箱の周の長さは４×（94＋４）＝392（㎝）であり，縦の長さは４×５＝20（㎝）である。よって，箱の横の長さは（392－20×２）÷２＝**176**（㎝）である。

⑵ **【解き方】この箱には縦に５個ずつ，横に176÷４＝44（個）ずつ，ボールが並んでいる。**

求める個数は５×44＝**220**（個）

⑶ １番から並べたボールは５行目に入ると，１列目から**44**列目まで右に１つ進むごとに番号が１ずつ増えていく。よって，５行目の一番右のボールの番号は５＋（44－１）＝**48**である。97番のボールから４行目に入った後，44－１＝**43**（列目）まで右に進む。最後の３行目は43－１＝**42**（列目）まで右に進む。

⑷ **【解き方】１行目と５行目，２行目と４行目それぞれで同じ列にあるボールの数の和について考える。**

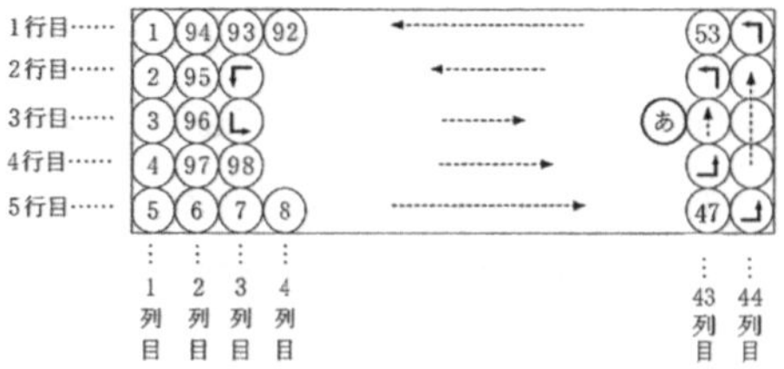

１行目と５行目について，２列目から44列目までは，１つ右にいくと，１行目の数は１小さくなり，５行目の数は１大きくなるから，和は一定であり，94＋６＝100となる。

２行目と４行目について，３列目から43列目までは，１つ右にいくと，２行目の数は１小さくなり，４行目の数は１大きくなるから，和は一定である。４行目の43列目の数は97＋（43－２）＝138，

２行目の43列目の数は138＋２＝140だから，その和は138＋140＝278となる。

３行目について，３列目から42列目までは右にいくほど数が大きくなるから，㋐がふくまれる42列目の数の和が最大であり，100＋278＋220＝**598**となる。また，上の並びの規則から外れる１，２，43，44列目については明ら

かに和が598より小さい。

《2024　理科　解説》

1 (1)(2)　頭やうで(全身)から流れた二酸化炭素を多く含《ふく》む血液は，①→A→B→③→肺の順に流れ，肺で気体の交換を行い，酸素を多く含む血液となる。この血液は，肺→④→C→D→②の順に流れ，全身に酸素を送り届ける。なお，①は大静脈，②は大動脈，③は肺動脈，④は肺静脈である。また，Aは右心房，Bは右心室，Cは左心房，Dは左心室である。

(4)　ひじを曲げるときに縮むのはFの内側にある筋肉であり，ひじを伸《の》ばすときに縮むのはFの外側にある筋肉である。

2 (1)　ウ×…換気《かんき》をよくして実験を行う。　オ×…手に水よう液がついたらすぐに大量の水で洗い流す。

(2)(3)　表に着目する。においがあるのはアンモニア水か塩酸のどちらかである。リトマス紙が青色から赤色に変化するのは酸性，赤色から青色に変化するのはアルカリ性，変化しないのは中性の水よう液である。水を蒸発させたとき，気体がとけている水よう液は何も残らず，固体がとけている水よう液はとけていた固体が残る。以上より，Aが塩酸，Bが食塩水，Cが石灰水，Dがアンモニア水，Eが炭酸水である。

(5)　塩酸と金属が反応すると，水素が発生する。

3 (2)　星座早見は頭の上にかざして使うため，上から見下ろして使う地図とは，南北に対する東西の位置が反対になっていることに注意しよう。また，星座が窓の東側(図1では左側)のふちから出てくるように，星座盤《ばん》をCの向きに回転させればよい。

(3)　イ～エのように，星座の間を動いて見える天体は，星座早見に示すことができない。

(4)②　オリオン座は冬の代表的な星座で，オリオン座のベテルギウス，こいぬ座のプロキオン，おおいぬ座のシリウスの3つ結んだ三角形を冬の大三角という。なお，カシオペヤ座は北の空に見える星座である。また，はくちょう座は夏の代表的な星座で，はくちょう座のデネブ，わし座のアルタイル，こと座のベガの3つを結んだ三角形を夏の大三角という。　③　オリオン座が南の空にきたとき，左上の赤っぽくかがやく1等星がベテルギウス，右下の青白くかがやく1等星がリゲルである。

4 (1)　図3の⑬を支点として，おもりがてこをかたむけるはたらき〔おもりの重さ×支点からの距離《きょり》〕が等しくなると，水平につり合う。このとき，おもりの重さの比と支点からの距離の逆比が等しくなる。①と⑲は，⑬からの距離の比が2：1だから，おもりの重さの比が1：2になればよい。よって，①におもりを2個つるしたとき，⑲に4個のおもりをつるすと，水平につり合う。

(2)　2点につるしたおもりがてこをかたむけるはたらきは，その2点の間をおもりの重さの比を逆比に分ける位置にまとめてつるしたときと同じである。つまり，①と⑤におもりを2個ずつつるすということは，①と⑤のちょうど真ん中の③に4個のおもりをつるすことと同じである。よって，③の反対側にあり，支点からの距離が等しい㉓に4個のおもりをつるすと，水平につり合う。

(3)　(2)解説と逆に考えればよい。(2)で㉓に4個のおもりをつるした状態から，㉓からの距離が等しい㉒と㉔，または㉑と㉕に，いずれも2個ずつに分けても，水平につり合ったままである。

(4)　(2)(3)と同様に考える。③と⑪におもりを3個ずつつるすということは，⑦におもりを6個つるすことと同じである。4個のおもりをつるして水平につり合うのは，⑬からの距離が⑦の$\frac{6}{4}$=1.5(倍)の位置であり，その位置は正方形㉔⑲⑳㉕の中心である。よって，正方形㉔⑲⑳㉕の中心からの距離が等しい2点に2個ずつに分ければよい。

ただし，水平につり合うのは，①と㉕を結ぶ直線と同じ方向，またはその直線に対して垂直な方向に分けるときだから，⑲と㉕，または⑳と㉔の組み合わせになる

5 (2) 空気全体のうち，ちっ素が約$\frac{4}{5}$，酸素が約$\frac{1}{5}$であり，その他に，アルゴンや二酸化炭素などがわずかに含まれる。

(3) ものが燃えるときには酸素が使われ，含まれる酸素が少なくなると，ものを燃やすことができなくなる。つまり，ものが燃え続けるには新しい空気が必要である。図1のコンロでは，空気の出入り口が上にしかなく，燃えたあとの空気と新しい空気が入れかわりにくい。これに対し，図2のコンロでは，燃えたあとの空気が上から出ていき，新しい空気が下から入ってくるという空気の流れができる。

(5) 空気はあたためられると体積が大きくなり，まわりの空気と比べて体積当たりの重さが小さくなる。このため，燃えたあとのあたたかい空気は上に移動するので，火の粉やけむりもその流れにのって上に移動する。

《2024 社会 解説》

1 問1 ウ　四国地方で最も高い山からおよそ100㎞にわたって1000m級の山が連なっていることから，四国山地の稜線に沿った断面であると判断する。

問2 ウ　太平洋側の気候の高知市は夏の降水量が多く，瀬戸内の気候の高松市は1年を通して降水量が少ない。したがって，月の降水量が300㎜以上になるBの●が高知市の7月である。

問3 石を積み上げた海沿いの段々畑で栽培される愛媛県のみかんは，空から降り注ぐ太陽・海から反射する太陽・石垣から照り返す太陽の3つの太陽の光を浴びて育つといわれている。

問4 ①＝尾道　②＝倉敷　③＝今治　④＝坂出　瀬戸内しまなみ海道(尾道－今治ルート)，瀬戸大橋(児島－坂出ルート)，明石海峡大橋・大鳴門橋(神戸－鳴門ルート)を合わせて，本州四国連絡橋という。瀬戸内しまなみ海道は自動車と自転車(徒歩)，瀬戸大橋は自動車と電車，明石海峡大橋・大鳴門橋は自動車での通行が可能である。

問5 私たちができることだから，「つかう責任」の方を考える。提供された資源を最大限に利用し，無駄をなくすために，「買い過ぎない」「くり返し使う」など，3Rを意識した生活を考える。

2 問1 大西洋　大西洋は，太平洋，インド洋と合わせて三大洋といわれる。

問3 記号…D　国名…イタリア　「ローマ帝国」「ピザやパスタ」からイタリアと判断する。Aはイギリス，Bはドイツ，Cはフランス。

問4 カナダ　カナダは，トルドー首相がG7に出席した。

問5 エ　特に宇品島の東岸が直線状の海岸線になっていることから，埋め立てや干拓が行われたことがわかる。

3 問1 イ　アは豊臣秀吉，ウは北条泰時，エは徳川家康。

問2 キリシタンが信仰の対象としてあがめている十字架，イエス・キリストや聖母マリアの像を人々に踏ませる絵踏を行った。

問3 エ　出島は，扇面形の人工島である。貿易と布教活動を積極的に行うスペイン・ポルトガルに代わって，布教活動を行わないオランダが出島での貿易を許された。

問4 イ　カステラはポルトガル語であり，種子島に漂着した中国船に乗っていたポルトガル人によって，鉄砲が日本に伝えられた。

4 ① 記号…ア　都道府県名…北海道　明治政府軍と旧幕府軍が戦った戊辰戦争は，鳥羽伏見の戦いから始まり，江戸城の無血開城，会津戦争と戦場を北上させ，最後は北海道の函館五稜郭の戦いで終結した。

② 記号…エ 都道府県名…東京都 東海道・中山道・甲州道中・日光道中・奥州道中の五街道の起点は，東京(江戸)の日本橋である。

③ 記号…オ 都道府県名…愛知県 織田信長・徳川家康連合軍が，足軽鉄砲隊や馬防柵を有効に使って武田勝頼を倒した長篠の戦いは，愛知県東部で行われた。

④ 記号…ケ 都道府県名…山口県 源氏と平氏の戦いは，一の谷の戦い(兵庫県)→屋島の戦い(香川県)→壇ノ浦の戦い(山口県)と西に移動していった。

⑤ 記号…キ 都道府県名…奈良県 鑑真が開いた唐招提寺は，平城京の右京に建てられた。

5 **問1** ③ ④(遣隋使・飛鳥時代前半)→②(遣唐使・飛鳥時代後半〜平安時代前半)→③(元寇・鎌倉時代)→①(朝鮮出兵・安土桃山時代)

問2 豊臣秀吉 豊臣秀吉の朝鮮出兵は，文禄の役と慶長の役の２回行われた。

問3 ア 漆胡瓶の形は古代ペルシャで生まれたもので，表面に塗られたうるしは日本や中国などのアジアの工芸技法であることから，西アジアと東アジアの国々がシルクロードを経由して交流していたことがわかる。イは室町時代に明から輸入された永楽通宝，ウは古墳時代につくられた埴輪，エは江戸時代に翻訳された『解体新書』。

問5 イ 仏教を重んじて，日本各地に国分寺や国分尼寺を建てたのは聖武天皇である。

6 **問1** イ プライバシー…個人の生活や秘密，およびそれらが他人から干渉されない権利。マイノリティー…少数派・社会的少数者。ポジティブアクション…社会的な差別によって不利益を被っている者に対して，特別な機会を提供し，実質的な機会均等を実現する目的で行われる取り組み。

問2 解答では，性別を尋ねる＝男女差を調べると考え，男女格差(ジェンダーギャップ)に関する内容とした。

7 **問1** エ 現在ロシアはプーチン大統領，アメリカ合衆国はバイデン大統領である。

問2 エ 「ライトニングケーブル」はApple社のスマートフォンやタブレットだけが対応している。

《国　語》

一　問一．A．ア　B．エ　問二．ⓐイ　ⓑウ　問三．エ　問四．イ　問五．鐘をつくときに心が曇れば、鐘の音まで曇ってくると、お爺さんに教えられていたから。　問六．お金持ちになるために、母親を捨てて逃げて行こうとしたことを後かいするとともに深く反省し、心から謝ろうと思う気持ち。　問七．エ　問八．(1)和尚さまにいただいた黒い法衣　(2)待っていてくれる〔別解〕支えてくれる

二　問一．A．ウ　B．イ　問二．㋐　問三．イ　問四．なかまをわざとまちがった方向に導くこと。
問五．神々が人間に与えてくれたもの　問六．エ　問七．うまく問題を解決できない場合、オオカミは自力で何とかしようとするが、イヌは、すぐに視線を使って人間の助けを得ようとする。　問八．エ

三　①決行　②肥料　③氷山　④関心　⑤栄　⑥そんぼう　⑦さんもん　⑧みなもと

《算　数》

1　(1)460　(2)89　(3)17　(4)1.54　(5)5　(6)1　(7)$\frac{20}{21}$　(8)ア．8　イ．1　ウ．6　エ．9

2　(1)ア．20400　イ．1224　(2)6　(3)ア．30　イ．90　ウ．60　エ．90　オ．45　カ．45　(4)70
(5)①5　②10　③34

3　(1)75000　(2)9000　(3)こぼれた水の体積は 9000 ㎤で，プラカードを立てていないときの囲いの部分の底面積は，30×40＝1200(㎠)　したがって，水が入っていない部分の高さは，9000÷1200＝7.5(㎝)だから，コンクリートの地面から水面までの高さは，60－7.5＝52.5(㎝)　答え…52.5

4　(1)兄…80　妹…120　(2)128

《理　科》

1　(1)A．でんぷん　B．日光　(2)子葉　(3)指示薬…ヨウ素液　色…青むらさき色　(4)③，⑤
(5)葉が小さくなる／葉がうすい緑色になる

2　(1)A．とう明　B．ウ　(2)ウ，エ，カ　(3)オ　(4)①ろ過　②エ

3　(1)①○　②○　③○　(2)方位…ウ　月…キ　(3)7，20　(4)d

4　(1)カ　(2)回路…2　説明…回路2のかん電池から流れる電流は，回路1よりも小さいから。
(3)B．ウ　D．エ　(4)E＞F＞H＞G

5　(1)①20　②15　③30　(2)①7.5　②700　(3)フェーン現象によって気温が上がり，雪がとけるから。

《社　会》

1　問1．イ　問2．ウ　問3．エ　問4．アイヌ　問5．特徴…夏から秋にかけての降水量が少ない。
理由…梅雨がなく，台風の勢力も弱まっていることが多いから。

2　問1．イ　問2．大豆は牛，豚，鶏に比べ，生産時の水の消費や温室効果ガスの排出をおさえられるので，生産費用が安く，環境への配りょもでき，また，カロリーが低い大豆が健康を意識する消費者に受け入れられたから。

3　問1．1．徳川家康　2．明智光秀　問2．ア　問3．あ．A　い．A　う．B

4　［記号／都道府県名］①［ケ／佐賀県］　②［エ／栃木県］　③［オ／神奈川県］　④［コ／沖縄県］
⑤［イ／青森県］

5　問1．野口英世　問2．ア　問3．イ　問4．［人物／理由］［A／西洋の技術をもとに，日本全国を測量し，正確な地図を作成した。］［B／短歌集『みだれ髪』などで情熱的な短歌を多く発表し，日露戦争時には，出征した弟の身を案じ，反戦詩「君死にたまふことなかれ」をうたった。］［C／平安時代の宮廷生活をかな文字で記した，随筆の『枕草子』を著した。］のうちから1つ

6　問1．ウ　問2．温泉　理由…外国の人が温かい料理とまちがえることがあったから。

7　問1．ア　問2．ア

2023 解説 令和５年度 ▶ 近畿大学附属広島中学校　東広島校

《2023　国語　解説》

一　**問三**　Ⓧは、直後に「清坊は～言いました」とあるので、「清坊」のことである。Ⓨは、前の行に「三吉という若者が乗っていました」とあり、それを受けているので、「三吉」のことである。Ⓩは、次の行に「三吉はそう思って」とあるので、「三吉」のことである。よって、エが適する。

問四　イは「自分以外に鐘《かね》をつかせるわけにはいかないと考え」が適当でない。清坊がまだ幼いため、鐘をつかせなかったのである。よって、イが正解。

問五　９～10 行前で、お爺《じい》さんは清坊に「自分の心をお月さまのように清くしてつくのだよ。心が曇《くも》れば、鐘の音まで曇ってくる」と教えている。――線部②の４～５行前には「清坊はお爺さんに教えられた通りに自分の心を清めて、鐘の前に立ちました」とある。

問六　――線部②の２～３行後に、三吉は、お金持ちになるために母を捨てて逃《に》げて行くつもりだったことが書かれている。しかし、清坊のつく鐘の音を聞くうちに、母を捨てて行くことに迷いが生じ、最後には、母が泣く姿を想像し、逃げていくことはできなくなった。三吉が家に帰ってみると、母は眠《ねむ》りもしないで三吉のことを待っていた。その姿を見た三吉は、自分の行動を深く反省し、自分を信じて待ってくれていた母に心から謝ろうという気持ちがおこったのである。

問七　ア.【Ⅰ】では、和尚《おしょう》さまの行動は書かれていない。また、清坊はお爺さんに教えられた通り、自分の心を清めて鐘をついているので、「優越感《ゆうえつかん》を抱《いだ》いている」も誤り。　イ.【Ⅱ】の２～３行後に、三吉の心に迷いが生じ、船を漕《こ》ぐ手をちょっと止めたことが描《えが》かれている。鐘の音は、三吉の心に迷いを生じさせているので、「励《はげ》まされつつある」は誤り。　ウ.【Ⅲ】の後、三吉は、母が泣く姿を想像し、母を捨てて逃げていくことはできなくなって岸の方へ船を漕ぎもどしている。よって、「沖の方へ進もうとする三吉の強い決意を暗示している」は誤り。よって、エが適する。

問八(1)　清坊が鐘をつく時に何を身に付けているかを読み取る。和尚さまは、三吉のために法衣《ほうえ》を拵《こしら》えるという形で「清坊に関わっていた」。　(2)　三吉の母は、自分を置いて逃げようとした三吉の背を優しく撫《な》でてやり、お爺さんは、鐘をつくという仕事を立派にこなした清坊の冷たい手をこすってやった。三吉や清坊は、自分を待ってくれている、あるいは支えてくれている家族の存在をありがたく感じていると考えられる。

二　著作権上の都合により文章を掲載《けいさい》しておりませんので、解説も掲載しておりません。ご不便をおかけし、誠に申し訳ございません。

《2023　算数　解説》

1　(1)　与式＝784＋73－397＝857－397＝**460**

(3)　与式＝29－24＋12＝５＋12＝**17**

(4)　与式＝0.06＋1.48＝**1.54**

(5)　与式$=\frac{9}{2}\div\frac{45}{16}\times\frac{25}{8}=\frac{9}{2}\times\frac{16}{45}\times\frac{25}{8}=\mathbf{5}$

(6)　与式$=\frac{7}{4}-3\times(\frac{5}{12}-\frac{2}{12})=\frac{7}{4}-3\times\frac{3}{12}=\frac{7}{4}-\frac{3}{4}=\frac{4}{4}=\mathbf{1}$

(7)　与式$=\frac{5}{9}\times(\frac{91}{35}-\frac{10}{35})-\frac{1}{24}\div\frac{1}{8}=\frac{5}{9}\times\frac{81}{35}-\frac{1}{24}\times8=\frac{9}{7}-\frac{1}{3}=\frac{27}{21}-\frac{7}{21}=\mathbf{\frac{20}{21}}$

(8)　９アは７の倍数だから，90÷７＝12 余り６より，７×13＝91 または７×14＝98 のどちらかである。つまり，イ２ウはエを13倍または14倍した数である。また，イ２ウは９アより大きい数だから，エは７より大きい数である。したがって，エは８か９のどちらかである。これより，考えられるイ２ウは，８×13＝104，８×14＝112，９×13＝117，９×14＝126である。この中で十の位が２である数は126のみだから，イ２ウは126である。

よって，９アは７×14＝98だから，アは**８**，イは**１**，ウは**６**，エは**９**となる。

2 (1)　秒速340m＝分速(340×60)m＝分速**20400**m＝時速(20400×60÷1000)km＝時速**1224**km

(2)　６×８×７×４＝1344，１×３×４×４＝48，４×８＝32，３×２＝**６**

(4)　**【解き方】図形の周の長さは，１枚だと15cm，２枚だと26cm，３枚だと37cm，…のように(右表参照)，15cmから１枚加えるごとに26－15＝11(cm)長くなる。**

１枚	２枚	３枚	…
15cm	26cm	37cm	…

６枚並べてできる図形の周の長さは，15＋11×(６－１)＝**70**(cm)

(5)①　**【解き方】４個は同じさいころなので，右端《みぎはし》のさいころをどのように動かせば，左端のさいころの向きになるかを考える。**

右端のさいころは右図アの向きで，ここから３の目が上の面になるように左へ転がすとイの向きになる。さらに１の目を正面に向けるために時計回りに90°回転させるとウの向き になる。➡の方向から見える面の目は**５**である。

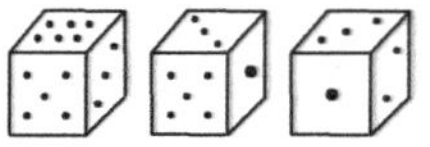
ア　イ　ウ

②　**【解き方】どこからも見えないさいころの面は，となり同士でくっついている面と木の板にくっついている面である。**

木の板にくっついている面は４面，となり同士でくっついている面は，くっついている部分が３か所あるから，全部で２×３＝６(面)ある。よって，どこからも見えないさいころの面は全部で４＋６＝**10**(面)ある。

③　**【解き方】１つのさいころの目の数の和は１＋２＋３＋４＋５＋６＝21だから，４個のさいころの目の数の和は21×４＝84である。84から見える面の目の数の合計を引いて求める。**

上の面の目の数の和は３＋１＋４＋６＝14，正面と裏の面の目の数の合計は７×４＝28である。左右の見える面の目の数の和は５＋３＝８だから，どこからも見えないさいころの面の目の数の和は，84－14－28－８＝**34**

3 (1)　**【解き方】プラカードを立てるための穴と囲いの部分(縦30cm，横40cm，高さ60cmの直方体の容器)の容積の和を求める。**

穴の容積は10×10×30＝3000(cm³)，囲いの部分の容積は30×40×60＝72000(cm³)だから，入った水の体積は，3000＋72000＝**75000**(cm³)

(2)　**【解き方】プラカードの柱が水の中に入ることで，入った分の柱が水をおしのけ，その分の水がこぼれる。つまり，水中に入った柱の体積を求める。**

柱の下から30＋60＝90(cm)の所まで水につかる。よって，求める体積は，10×10×90＝**9000**(cm³)

(3)　こぼれた水の体積が高さ何cmぶんにあたるかを考える。

4 (1)　兄は８時15分－８時＝15分で1200m進んだから，兄の速さは，分速(1200÷15)m＝分速**80**m

妹は８時15分－８時５分＝10分で1200m進んだから，妹の速さは，分速(1200÷10)m＝分速**120**m

(2)　兄は８時９分－８時＝９分で720m進んだから，兄の速さは，分速(720÷９)＝分速80m

兄と妹が家から640mの地点で出会うとするので，兄は忘れ物に気づいた地点から720－640＝80(m)引き返した所で出会うことになる。これより，出会ったのは８時９分から80÷80＝１(分後)の８時10分とわかる。

妹は８時10分－８時５分＝５分で640mを進んだから，妹の速さは，分速(640÷５)m＝分速**128**m

《2023　理科　解説》

1　(4)　ある条件について調べたいときは，他の条件を満たし，その条件だけが異なる２つの実験の結果を比べる。空気が必要であることを調べるので，空気以外の条件を満たし，空気の条件だけが異なる③と⑤を比べる。

2　(2)　ア×…食塩もミョウバンも水の温度によって，水 100ｇにとける限度の量が変化する。　イ×，ウ○，カ○…約50℃より低い温度では，水 100ｇにとける限度の量は，ミョウバンより食塩の方が多く，約 50℃より高い温度では，水100ｇにとける限度の量は，食塩よりミョウバンの方が多いことがわかる。　エ○…グラフより，60℃の水 100ｇにとける限度の量は約 56ｇである。　オ×…食塩が水 100ｇにとける限度の量は，水の温度によってほとんど変化しない。

(3)　グラフより，20℃の水 100ｇにとける食塩の重さは約 36ｇで，水にとける食塩の重さは，水の重さに比例するので，水 200ｇに食塩は $36\times\frac{200}{100}=72$(ｇ)までとける。よって，この食塩水の重さは $200+72=272$(ｇ)である。

(4)②　グラフより，60℃の水 100ｇにとけるミョウバンの重さは約 56ｇで，20℃の水 100ｇにとけるミョウバンの重さは約 10ｇだから，ｂの底に現れるミョウバンの重さは約 $56-10=46$(ｇ)となる。

3　(1)　表より，日の出の時刻はしだいに遅《おそ》くなっていて，日の入りの時刻はしだいに早くなっているので，日の出から日の入りまでの時間はしだいに短くなっている。

(2)　12:23 に東の空から上り始める月は，夕方(午後６時ごろ)には南の方位に見える。夕方南の空に見える月は右側半分が光る上弦《じょうげん》の月である。

(3)　７月７日の 12:23 に出た月が７月８日の 0:14 にしずんだ。このような関係になっているのは７月 20 日の 23:41 に出た月が７月 21 日の 12:59 にしずんだときまでである。

(4)　表より，月の出は１日に約 50 分遅くなることがわかるので，満月を観察した次の日の同じ時刻に月を観察すると，少し欠けた月が満月の位置よりも東に見える。

4　(1)　豆電球を２個，並列につないでも，豆電球が１個のときとそれぞれの明るさは変わらないが，豆電球を２個直列につなぐと，豆電球が１個のときよりもそれぞれの明るさは暗くなる。よって，カが正答となる。

(2)　豆電球が暗い回路２の方が，かん電池から流れる電流が小さいので，かん電池が長持ちする。

(3)　豆電球をソケットから外すと，豆電球に電流が流れなくなる。並列つなぎの回路１では，Ａに電流が流れなくてもＢには同じ大きさの電流が流れ続けるので，Ｂの明るさは変化しない。また，直列つなぎの回路２では，Ｃに電流が流れなくなるとＤにも電流が流れなくなるので，Ｄの豆電球は消える。

(4)　かん電池を２個，直列につなぐと，かん電池が１個のときよりも豆電球は明るくなるが，かん電池を２個，並列につないでも，豆電球の明るさはかん電池が１個のときと変わらない。よって，ＥはＦよりも明るい。また，直列につなぐ豆電球の数が多いほど，豆電球は暗くなるので，ＨはＦよりも暗く，ＧはＨよりも暗い。よって，Ｅ＞Ｆ＞Ｈ＞Ｇの順となる。

5　(1)①　$25-1\times\frac{500}{100}=20$(℃)　　②　空気のかたまりがＢ地点からＣ地点までの $1500-500=1000$(m)を上るとき，雲があるため，100mにつき 0.5℃下がる。よって，$20-0.5\times\frac{1000}{100}=15$(℃)となる。　③　空気のかたまりがＣ地点からＤ地点までの 1500mを下るとき，100mにつき１℃上がる。よって，$15+1\times\frac{1500}{100}=30$(℃)となる。

(2)①　山の標高が 2000mだから，空気のかたまりが山頂から山のふもとまで下るときに，温度が $1\times\frac{2000}{100}=20$(℃)上がる。よって，山頂で空気のかたまりの温度は $27.5-20=7.5$(℃)となる。　②　風上側の山ふもとで 21℃だった空気のかたまりが，2000mを上る間に $21-7.5=13.5$(℃)下がった。雲ができずに空気のかたまりが山頂まで上るとすると，空気の温度は 20℃下がり，100mだけ雲ができると空気の温度は $1\times\frac{1900}{100}+0.5\times\frac{100}{100}=19.5$(℃)下がって，空気の温度の下がり方が 0.5℃小さくなるので，空気の温度の下がり方が $20-13.5=6.5$(℃)小さくなるのは，雲が $100\times\frac{6.5}{0.5}=1300$(m)できたときである。よって，山の高さ $2000-1300=700$(m)から山頂まで雲ができる。

《2023　社会　解説》

1　問1　イ　　新千歳空港は石狩平野に位置する。ア．函館市は渡島半島の南部に位置する。ウ．Cは国後島である。エ．Dは津軽半島ではなく知床半島である。

問2　ウ　　中央部に石狩平野があること，その東側に日高山脈があることから判断する。

問3　エ　　石狩川周辺は稲作地帯，十勝川周辺は畑作地帯である。土を入れ替えることを客土という。

問4　アイヌ　　ウポポイとはアイヌの言葉で「歌うこと」を意味する。

問5　夏になると日本上空には太平洋高気圧が張り出すようになり，梅雨が続いたり，台風の通り道ができたりする。太平洋高気圧の影響《えいきょう》が届かないため，北海道には梅雨がなく，到来する台風も少ない。

2　問1　イ　　高温多雨な気候となるのはフィリピンであり，フィリピンの果実類の自給率は高い。ア．四方を海で囲まれた島国は，日本・フィリピン・オーストラリアであり，日本やオーストラリアの魚介類の自給率は低い。ウ．自給率 100%以上の農作物がどのように加工されているかは資料からは読み取れない。エ．いも類は日本・フィリピン・ロシアの自給率が100%未満である。

問2　資料1から肉類に比べて大豆ミートのカロリーが少ないことを読み取る。資料2から肉類を生産するときに，大量の水を消費し，大量の温室効果ガスを排出していることを読み取る。

3　問1　1＝徳川家康　2＝明智光秀　　徳川家康は，1603年に征夷大将軍に任じられ，江戸幕府を開いた。本能寺の変で織田信長を自害に追い込んだ明智光秀は，中国地方から戻ってきた豊臣秀吉に山崎の戦いで敗れ，敗走する途中で命を落としたと言われている。

問2　ア　　安土桃山時代は，室町幕府が滅びてから江戸幕府が成立するまでの期間である。

問3　①＝A　②＝A　③＝B　　太閤検地では，農民の耕作権が認められる代わりに，年貢を納めることが義務付けられた。刀狩は，農民を農業に専念させ一揆を起こさせないこと，方広寺の大仏をつくるときのくぎにすることの2つを理由とした。人ばらい令によって，百姓は他の職業につくことができなくなった。このように武士と百姓の身分の違いをはっきりさせる豊臣秀吉の政策を兵農分離という。

4　①＝ケ／佐賀県　②＝エ／栃木県　③＝オ／神奈川県　④＝コ／沖縄県　⑤＝イ／青森県　　残りの都道府県は，アが北海道，ウが宮城県，カが愛知県，キが大阪府，クが島根県である。

5　問1　野口英世　　千円札は野口英世から北里柴三郎に，五千円札は樋口一葉から津田梅子に，一万円札は福沢諭吉から渋沢栄一に切り替えられる。

問2　ア　　東京駅は，太平洋戦争の際の東京大空襲(1945年3月)で大きな被害を受けた。

問3　イ　　岩倉使節団には，大久保利通・伊藤博文・木戸孝允らがいた。

問4　3人の行ったことをしっかりと理解して，資料3に合わせて書こう。

6　問2　右図の上段が変更前，下段が変更後のピクトグラムである。左から順に，駐車場，手荷物受取所，救護所，乗り継ぎ，ベビーケアルームを表している。

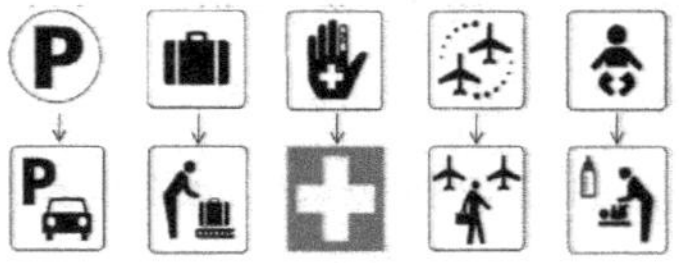

7　問1　ア　　2023年4月に子ども家庭庁が発足する。

問2　ア　　先進7カ国首脳会議(G7サミット)は，毎年当番制で開かれている。G7は，アメリカ・イギリス・フランス・イタリア・ドイツ・カナダ・日本の7カ国である。第1回先進国首脳会議は，第一次オイルショックなどの対応のために召集された。過去に，東京・九州沖縄・北海道洞爺湖・三重県伊勢志摩で開かれたことがあり，広島サミットは7回目の日本開催となる。

★近畿大学附属広島中学校　東広島校

《国　語》

一　問一．A．ア　B．オ　問二．ⓐイ　ⓑエ　問三．たんぼと桑～競うゲーム〔別解〕たんぼと桑～位置を競う　問四．オ　問五．ウ　問六．力が強いだけでなく、みんなで仲良くやれることを常に考えるような、やさしくて思いやりのある者が、本当に強いのだということ。　問七．エ

二　問一．A．オ　B．ア　問二．ア　問三．りなのです。　問四．ウ　問五．エ　問六．広いなわばりを歩き回って俊敏なネズミや野ウサギを捕らえることは簡単でないから。　問七．愛情深く優しい両親が、生きるうえで重要なことを教えた後、一変して厳しい態度に豹変し、威嚇や攻撃をして子どもを追い払う点。
問八．エ

三　①家屋　②作法　③不乱　④険　⑤祭典　⑥まか　⑦しきちょう　⑧もんどう

《算　数》

1　(1)25　(2)0.75　(3)$3\frac{1}{2}$　(4)$\frac{3}{8}$　(5)0　(6)31.5　(7)$\frac{3}{16}$　(8)$1\frac{1}{2}$

2　(1)ア．48　イ．36　ウ．7　(2)10　(3)21　(4)ア．16　イ．36　ウ．400　エ．169　オ．49

3　(1)③　(2)ア．4　イ．8　(3)600　(4)20

4　(1)①，④　(2)お父さん…150　タカシさん…$\frac{200}{3}$
(3)考え方…お父さんとタカシさんがA地点で初めて出会うのは，4と9の最小公倍数の36分後である。このとき，お父さんは，36÷4＝9(周)している。　答…9　(4)$11\frac{1}{13}$

《理　科》

1　(1)①精子　②受精卵　③子宮　④たいばん　(2)イ　(3)カ　(4)ア
(5)外からのしょうげきをやわらげる。／肺の機能を育てる。などから1つ

2　(1)発生した気体を石灰水に通し，白くにごることを確かめる。　(2)エ　(3)ウ　(4)ウ　(5)エ
(6)実験1の空気の方が酸素の割合が小さいから。

3　(1)イ　(2)化石　(3)①断層　②地しん　③つ波　④よう岩　(4)イ　(5)ア，エ
(6)火山灰は流水のはたらきを受けず，角がけずられることがないから。

4　(1)A．0.4　B．0.6　(2)A．35　B．28　(3)50　(4)7：8

5　(1)空気　(2)あしが8本ある。／からだが頭胸部と腹部に分かれている。などから1つ　(3)ウ
(4)温室効果ガス…二酸化炭素　はたらき…呼吸　(5)オ

《社　会》

1 問1．ウ　問2．ウ　問3．⑴エ　⑵ハザードマップ

問4．読み取れる内容…(例文)東広島の方が建設業の割合が高く製造業の割合が低い(ので，)

推測されることがら…(例文)東広島市は比較的歴史が浅い都市(だろう。)

2 問1．季節風　問2．中国山地と四国山地にはさまれているので，季節風がさえぎられ，1年を通して降水量が少ない。　問3．(例文)石川県輪島市は，冬に積雪が多く，農作業ができないため，農家の副業として，漆器づくりが盛んになった。

3 問1．ウ　問2．エ　問3．幕府のために命をかけて戦った御家人に対して，十分な恩賞が与えられなかったから。

4 ［記号／都道府県名］①［ウ／岐阜県］　②［イ／群馬県］　③［カ／奈良県］　④［ケ／長崎県］

⑤［ク／広島県］

5 問1．①　問2．国民主権　問3．③

6 問1．ア　問2．(例文①)広告収入を得られないように，広告会社に規制をかける。(例文②)ファスト映画を見ることは犯罪者に手を貸していることだと，啓発活動をする。

7 問1．エ　問2．ア

←解答例は前のページにありますので，そちらをご覧ください。

《2022　国語　解説》

一 問一Ａ 「いじわる者の洋一と茂《しげる》」は、これまでテツオを「使い走りのように」こきつかってきた。テツオが「洋一と茂のところにいかなくなってしまってからは、何かにつけてテツオをいじめていた」。サチは、それを知っていたので、「洋一と茂が、笑いながら近よっていた」のを確認すると、思わずテツオの顔を見たのだ。よってアが適する。　Ｂ 「ケンチンが洋一のところに、とつぜんやってきて、投げる位置をもっと下げろと要求した」「一学年二メートルだよ、ねっ、シュンちゃん」とケンチンは洋一の投げる位置にこだわった。それに対して茂が、「いちいち人にケチをつけて、きたないんじゃないか」と文句《もんく》を言った。よってオが適する。

問三　１行目にも「この遊びがいちばん好きだった」とあることに着目する。「この遊び」とは、「張り付け」という遊びを指し、その内容は１～２行目の「たんぼと桑畑《くわばたけ》を仕切っている高い石垣《いしがき》に軟式《なんしき》テニスボールをぶつけて～ボールが落ちた位置を競《きそ》う(ゲーム)」である。

問四 「『ほら、ここでいいと言ってるじゃろ、なっ、シュン』　洋一が、シュンちゃんの肩《かた》に手をのせて聞いた。いいと言えというおどかしだと分かった」とある。その前には、ケンチンに「一学年二メートルだよ、ねっ、シュンちゃん」と問いかけられたが、それに対しても返事をしなかった。ケンチンの言っていることが正しくて、洋一たちにもそれを守ってほしい気持ちと、かれらが怖《こわ》いという気持ちとの間でなやみ、返事ができなかったのだ。よってオが適する。

問五　── 線部③は、サチが「わたし、兄やん呼んでくる！」と言って走りだそうとしたときに、テツオが呼びとめた言葉で、「兄やんの力に頼《たよ》らずみんなを守ろうと気を張っていた」テツオの気持ちが読み取れる。── 線部④は、「強くなったな、テツオ」と兄やんに認めてもらえたことに対するうれしさと、これまで自分をいじめてきた洋一と茂に屈《くっ》しなかった自分を誇《ほこ》る気持ちから涙《なみだ》が浮《う》かんだのだ。サチも「強い涙だと思った」とある。よってウが適する。

問六　兄やんが言った「みんなに伝えなくちゃなんないこと」とは、藤田《ふじた》せんせいから聞かされた「力が強いだけじゃあ強くはない～そのうえにやさしくて思いやりのあるものが強い」ということ。また、それをより具体的に言った「みんなで仲良くやっていかれるようにいつも考えるものが、ほんとうに強い」ということ。

問七　サチが兄やんを呼びに行ったのは、「洋一と茂が現れたことで楽しく遊べなくなることを予測した」ときではなく、茂がテツオに馬乗りになってなぐりだし、洋一がシュンちゃんにおそいかかり、たんぼにころがした直後で、このままだと「テツオもシュンちゃんも、ぼろぼろにされるのが分かって」行動している。よってエが正解。

二 問二 「ただ」どうするのかに当たるアの「突《つ》き放す」にかかっている。

問三　抜《ぬ》けている文の「こんな高度な狩《か》り」の「こんな」が指している内容を探す。── 線部②の直前の段落から「キツネの狩りは高度なテクニックを必要」とする話題になっている。「基本的な狩り」「特殊《とくしゅ》な狩り」「高度な知能を必要とする狩り」の具体例が説明されている。よって、「高度な知能を必要とする狩りなのです。」の後に入る。

問四 【 Ｉ 】の直前に「そのキツネの姿に魅《み》せられたネズミやウサギは」とあるので、「恐怖心《きょうふしん》」は適さない。「苦しそうに転げ回」ったり、「死んだふりをし」たりして「獲物《えもの》を油断させる」ので、キツネには高度な演技力が必要だと言える。よってウが適する。

問五　直前に「子どもを見たいのか、オスのキツネが、巣穴のそばでそわそわしている様子も観察される」とある。

この父親キツネのようすを微笑《ほほえ》ましいといっているので、エが適する。

問六 「キツネはネズミやウサギをエサとします。しかし、エサを集めるのは簡単ではありません」「広いなわばりを歩き回ってエサ(＝ネズミやウサギ)を探す」「しかも、俊敏《しゅんびん》なネズミや野ウサギを捕《と》らえることは簡単ではありません」とある。これらの理由から、「キツネの狩りは高度なテクニックを必要」とすると言える。

問七 キツネの場合の親離《おやばな》れ、子離れのようすは、［A］で始まる段落から「キツネの子育ては、わずか数ヶ月間のお話です」までに書かれている。親ギツネは、子どもたちを自立させる時期(＝子離れのとき)がくるまで、愛情深く優《やさ》しく育て、生きるうえで重要なことを教える。その後、「一変して(『激しく威嚇《いかく》して子どもたちを追《お》い払《はら》います』『噛《か》みつくことさえあります』『威嚇し、攻撃《こうげき》する』などの)厳しい態度に豹変《ひょうへん》」して、子どもたちを親離れさせ、自立に導くところがまさに壮絶《そうぜつ》といえる。

問八 「なわばりをめぐって親子で争うようになる」とは本文に述べられていない。よってエが正解。

《2022　算数　解説》

1 (1) 与式$=30-9+4=34-9=25$

(2) 与式$=0.125\times6=0.75$

(3) 与式$=4\frac{8}{6}-1\frac{5}{6}=3\frac{3}{6}=3\frac{1}{2}$

(4) 与式$=3\frac{3}{4}\times\frac{8}{45}\times\frac{9}{16}=\frac{15}{4}\times\frac{8}{45}\times\frac{9}{16}=\frac{3}{8}$

(5) 与式$=2\times4-232\div29=8-8=0$

(6) 与式$=4.5\times(5.8+5.3-4.1)=4.5\times7=31.5$

(7) 与式$=(\frac{1}{2}-\frac{1}{4})\times\frac{1}{2}+(\frac{1}{4}-\frac{1}{6})\times\frac{1}{2}+(\frac{1}{6}-\frac{1}{8})\times\frac{1}{2}=(\frac{1}{2}-\frac{1}{8})\times\frac{1}{2}=(\frac{4}{8}-\frac{1}{8})\times\frac{1}{2}=\frac{3}{8}\times\frac{1}{2}=\frac{3}{16}$

(8) 与式より，$\square\times4-2\times\frac{3}{4}=\frac{9}{2}$　　$\square\times4=\frac{9}{2}+\frac{3}{2}$　　$\square\times4=6$　　$\square=6\div4=\frac{3}{2}=1\frac{1}{2}$

2 (1) 濃度6%の食塩水800gにふくまれる食塩は，$800\times0.06=$ア48(g)

濃度9%の食塩水400gにふくまれる食塩は，$400\times0.09=$イ36(g)

これら2つの食塩水を加えてよくかき混ぜると，食塩を$48+36=84$(g)ふくんだ，$800+400=1200$(g)の食塩水ができるから，その濃度は，$84\div1200\times100=$ウ7(%)

(2) **【解き方】できる三角形は，右図の2種類がある。**

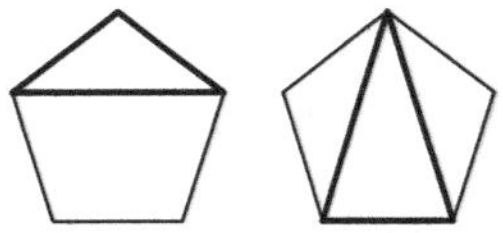

右図の二等辺三角形は，頂角(1つだけ角度が異なる角)の数を数えれば，どちらも5種類あることがわかる。

よって，作ることができる三角形の個数は，$5\times2=10$(個)

(3) **【解き方】三角形ADPと三角形AEPは合同な三角形であり，三角形ABEは，AB＝AEの二等辺三角形である。**

角EAP＝角DAP$=90°-66°=24°$だから，三角形ABEは，角BAE$=66°-24°=42°$の二等辺三角形になる。よって，角ABE$=(180°-42°)\div2=69°$だから，角ア$=90°-69°=21°$

(4) **【解き方】規則性を見つける。**

ユイのカードは，1から3ずつ増えているので，6枚目は，$13+3=$ア16

レンのカードは，$1=1\times1$，$4=2\times2$，$9=3\times3$，$16=4\times4$，$25=5\times5$と表せるから，6枚目は，$6\times6=$イ36になる。したがって，一番下の20枚目のカードは，$20\times20=$ウ400

37は，1に3を$(37-1)\div3=12$(回)足した数だから，$1+12=13$(枚目)のカードである。

レンの13枚目のカードは，13×13＝エ169

ユイの20枚目のカードは，１＋(20－１)×３＝58である。レンのカードの中で58以下の数字が書かれたものは，１，４，９，16，25，36，49がある。ユイのカードは３の倍数より１大きい数だから，２人の机両方にある数字のうち，一番大きい数はオ49である。

3 (1) **【解き方】Ａは，浮いている木材の水につかっている部分が一定になっている状態である。木材が浮いているために，水が増えている部分(右図の水玉模様)の底面積は，水そうの底面積と同じになるから，ひもがたるんでいる間の水面の増え方は，木材が浮く前や，ひもが張った後より緩やかになる。**

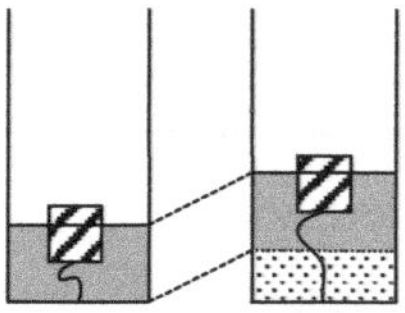

右図より，Ａの状態を表す写真は③が正しい。

(2) **【解き方】15秒間で水面の高さは１cmに達し，１分間でも木材は浮かなかったから，15秒から１分までの間，水面は一定の割合で増えていたことがわかる。**

１分＝60秒は，15秒の60÷15＝４(倍)だから，高さも４倍の，１×４＝ア4(cm)になる。２分まで水面の高さは一定の割合で増えていったから，２分のときの高さは，１分のときの２倍の，４×２＝イ8(cm)

(3) **【解き方】初めの15秒間に入った水の量は，2000×$\frac{15}{60}$＝500(cm³)で，水面の高さは１cmだから，15秒の間，水が入った部分の底面積は，500÷１＝500(cm²)である。**

水そうの底面は，水が入っている部分の面積が500cm²，木材がふれている部分が10×10＝100(cm²)だから，水そうの底面積は，500＋100＝600(cm²)

(4) **【解き方】木材が浮いている時間は，２分から８分までの６分間である。**

６分間に入った水の量は，2000×６＝12000(cm³)で，水面の高さは，12000÷600＝20(cm)上がったから，ひもの長さも20cmである。

4 (1) **【解き方】タカシさんは，Ａ(０ｍ，600ｍ)→Ｄ(480ｍ)→Ｃ(300ｍ)→Ｂ(180ｍ)→…と移動する。**

タカシさんはＡ(０ｍ)に向かって近づいてくるから，道のりが減っていく①と④のグラフである。

(2) **【解き方】グラフを読み取ると，お父さんは４分で１周，タカシさんは９分で１周していることがわかる。**

１周は600ｍだから，お父さんの走る速さは，分速(600÷４)ｍ＝分速150ｍ

タカシさんの走る速さは，分速(600÷９)ｍ＝分速$\frac{200}{3}$ｍ

(3) お父さんは，「４の倍数」分《ふん》でＡ地点を通過し，タカシさんは，「９の倍数」分でＡ地点を通過する。

(4) **【解き方】２人が出会ってから再び出会うまでに進む道のりの和は600ｍになるから，４回出会うまでに，２人が進む道のりの和は，600×４＝2400(ｍ)になる。**

２人が１分間に進む道のりの和は，150＋$\frac{200}{3}$＝$\frac{650}{3}$(ｍ)だから，2400ｍ進むまでに，2400÷$\frac{650}{3}$＝$\frac{144}{13}$＝11$\frac{1}{13}$(分)かかるので，求める時間も11$\frac{1}{13}$分後である。

《2022　理科　解説》

1 (3) カ○…メダカの卵の直径は約１mmである。

(4) ⑥⑦子宮内は羊水に満たされていて，赤ちゃんは肺で呼吸することができない。このため，酸素と二酸化炭素の交換《こうかん》は肺ではなく，へその緒《お》を通してたいばんで行われる。

2 (2) 上の口が大きくあいていれば，上から新しい空気が入ってきて，燃えたあとの軽くなった空気が上から出ていくので，ろうそくは燃え続ける。

(3) 水によくとける気体は，空気よりも軽ければ上方置換《ちかん》法で，空気よりも重ければ下方置換法で集める。

(4) ろうそくが燃えるとき，酸素が使われて二酸化炭素が発生する。ただし，酸素が０％になるまでろうそくが燃えることはなく，17％ていどになるとろうそくの火は消える。

3 (1) れき(直径２㎜以上)，砂(直径0.06㎜～２㎜)，どろ(直径0.06㎜以下)は粒《つぶ》の大きさで区別される。

(4) 地層はふつう，下にあるものほど古い時代にたい積したものである。また，Ａ～Ｄの地層のすべてに断層が見られることから，Ｄ→Ｃ→Ｂ→Ａの順にたい積したあと，断層ができたと考えられる。

(5) ア×…土砂が運ばれてきた場所が海であると予想することはできない(湖などの可能性もある)。 エ×…この地層を観察することだけでは，その周辺の地層について予想することはできない。

4 (1) 表より，Ａは５ｇで２㎝のびるから１ｇでは２÷５＝0.4(㎝)のび，Ｂは５ｇで３㎝のびるから１ｇでは３÷５＝0.6(㎝)のびる。

(2) 図１のようにばねとおもりをつなぐと，Ａには20＋30＝50(ｇ)の重さがかかり，Ｂには30ｇの重さがかかる。よって，(1)より，Ａは0.4×50＝20(㎝)のびて15＋20＝35(㎝)になり，Ｂは0.6×30＝18(㎝)のびて10＋18＝28(㎝)になる。

(3) ＡとＢのおもりをつるしてないときの長さはＡの方が５㎝長く，１ｇのおもりをつるしたときののびはＢの方が0.2㎝長い。よって，５㎝の差がなくなるのは，おもりの重さが５÷0.2＝25(ｇ)のときである。図２のように，棒の真ん中につるしたおもりの重さは両端《はし》のばねに等しく分かれてかかるから，ＡとＢの両方に25ｇの重さがかかるのは，おもりの重さが25×２＝50(ｇ)のときである。

(4) Ａは31－15＝16(㎝)，Ｂは31－10＝21(㎝)のびているから，Ａには16÷0.4＝40(ｇ)，Ｂには21÷0.6＝35(ｇ)の重さがかかっていると考えればよい。支点からの距離《きょり》の比は，ＡとＢにかかる重さの逆比と等しくなるので，Ｘ：Ｙ＝35：40＝７：８となる。

5 (1) 空気中で音が伝わるのは，音源の振動《しんどう》が空気を振動させることで伝わる。音は，空気のような気体中だけでなく，液体中や固体中などの振動するものがあるところでは伝わる。

(2) 昆虫《こんちゅう》のからだはふつう，頭部，胸部，腹部の３つに分かれていて，６本のあしがすべて胸部についている。

(5) $\dfrac{10\times 6}{10\times 6+5\times 12+2.5\times 12}\times 100=40(\%)$

《2022 社会 解説》

1 問１ ウが誤り。地図中に温泉(♨)は見当たらない。

問２ ウが誤り。河内永和駅から「ＪＲおおさか東線」ではなく「近鉄大阪線」に乗り換えて長瀬駅へ行く。

問３(1) エが正しい。災害について，守口市・大阪市・東大阪市が，大和川よりも低地にあるから，Ｂと判断する。防災対策について，Ｄの調節池は，豪雨の際に河川の洪水を地下に取り込むための施設である。 (2) ハザードマップ(防災マップ)には，洪水や地震，火山噴火，津波，土砂災害などの自然災害について，災害が起きたときに被害が発生しやすい地域や緊急避難経路，避難場所などが示される。

問４ 東広島市は移り住んで家を建てる人が多いので，建設業の割合が東大阪市よりも高い。一方，東大阪市は古くから中小工場が多いので，製造業の割合が東広島市よりも高い。

2 問１ 日本では，夏の南東季節風が太平洋側に大量の雨を，冬の北西季節風が日本海側に大量の雪を降らせる。

問２ 岡山市(瀬戸内の気候)は，金沢市(日本海側の気候)や横浜市(太平洋側の気候)よりも年降水量が少ない。夏の南東季節風は四国山地の南側に雨を降らせ，冬の北西季節

瀬戸内地方に雨が少ない理由

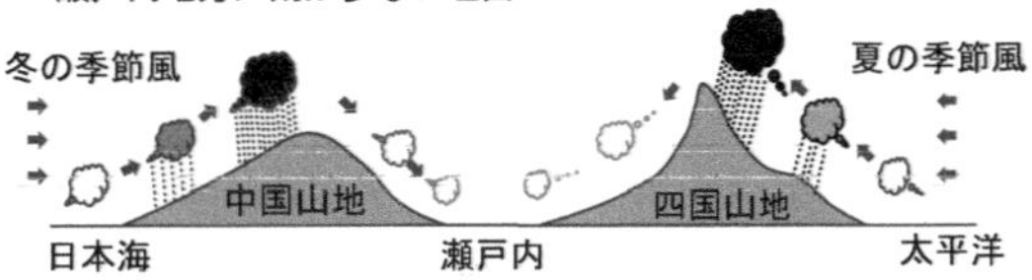

風が中国山地の北側に雪を降らせるため，瀬戸内地方には１年を通して乾いた風が吹き，降水量が少ない。

問３　解答例の他，「高知平野は近くを流れる暖流の影響で冬でも暖かいため，ナスやピーマンの栽培時期をずらす促成栽培が盛んになった。」「志摩半島は波が穏やかなリアス海岸なので，真珠の養殖が盛んになった。」なども考えられる。

[3] **問１**　承久の乱の時の北条政子の言葉だから，ウが正しい。1221 年，源氏の将軍が３代で途絶えたのをきっかけに，後鳥羽上皇が鎌倉幕府打倒をかかげて挙兵した。鎌倉幕府方は，北条政子の呼びかけのもと，これを打ち破った。その結果，西国の武士や朝廷の監視を目的に京都に六波羅探題が置かれ，西国の地頭に関東の御家人が任じられ，幕府の支配は九州～関東に及んだ。ＡとＤは室町時代の応仁の乱。

問２　エ．それぞれの絵の特徴に着目して，段落ごとに対応する内容を見つける。Ⅰは７段落の「武士たちは，小舟に乗って攻撃をくり返した」「敵船に乗り移り，敵の大将をとらえた」と対応する。Ⅱは２段落の「集団で歩兵が進んでくる」「毒をぬった矢」「鉄砲を発射する」「日本の武士達は…馬がはねあがるところに毒矢が射かけられた」と対応する。Ⅲは５段落の「石を積み上げた石塁(防塁)」「鎌倉武士も，ぞくぞくと博多に集まった」と対応する。よって，Ⅱ→Ⅲ→Ⅰとなる。

問３　ご恩として，たおした敵の土地を新しい領地として与えていたことに着目する。鎌倉幕府(将軍)は，ご恩として御家人の以前からの領地を保護したり，新たな領地を与えたりして，武士(御家人)は，奉公として京都や幕府の警備につき命をかけて戦った。防衛戦であった元寇では十分な恩賞を与えられなかったので，生活に困る御家人が増え，幕府に不満を持つ者も出てきた。

[4] ①　ウ．徳川家康(東軍)は，関ヶ原の戦いで石田三成(西軍)に勝利した。

②　イ．殖産興業政策として，生糸の品質や生産技術を向上させるために富岡製糸場を建設した。

③　カ．飛鳥時代，聖徳太子が仏教を広めるために法隆寺を建立した。

④　ケ．鎖国体制下でも，キリスト教を布教しないオランダは，商館を長崎の出島に移して貿易が許可されていた。

⑤　ク．平安時代末期，平清盛による日宋貿易の際に航海の守護神として厳島神社が信仰されていた。

[5] **問１**　②1940 年代→③1950 年代→①1960 年代→④1970 年代

問２　戦後の日本国憲法は国民が主権者である民定憲法であるのに対し，大日本帝国憲法は天皇が主権者である欽定憲法であった。

問３　③1951 年締結のサンフランシスコ平和条約は，アメリカを中心とする 48 か国と結んだ条約で，これによって日本は独立を回復した。同時に日本国内にアメリカ軍が駐留することを認めた日米安全保障条約も結ばれた。

[6] **問１**　ア．著作者の権利を侵害することから「海賊版」と言う。

問２　ファスト映画を見る人が多くなると，映画会社が得られたはずの利益を失い，違法アップロードを行う業者や個人へ広告収入が流れてしまうことから考える。

[7] **問１**　エ．ミャンマー軍はクーデターを起こし，アウン・サン・スー・チー氏ら民主派の政治指導者を拘束した。2022 年２月１日には，軍の統治を拒む市民らが一斉に仕事を休んで外出を控える「沈黙のストライキ」を実行した。

問２　アを選ぶ。東京オリンピック開催期間中，選手や観客などの円滑な輸送・経済活動・市民生活の共存を図るために，海の日(７月の第３月曜日)・スポーツの日(10 月第２月曜日)・山の日(８月 11 日)が移動された。

2021 解答例 令和３年度 ★近畿大学附属広島中学校　東広島校

《国　語》

一 問一．A．エ　B．エ　問二．ⓐウ　ⓑオ　問三．オ　問四．胸の奥のいちばん敏感な場所に針を刺した　問五．三上くんはおどろいたり悲しんだりするだろうと思ったが、そっけない反応だったから。　問六．三上くんの家に住めばいいと言ってくれているとわかり、うれしかったが、無理なことなので悲しく、別れをいっそうつらく感じた。　問七．ア　問八．イ　問九．エ

二 問一．A．イ　B．オ　C．ア　問二．かりました。　問三．キ　問四．わたしたち～いきます。　問五．ウ，オ　問六．海の水があたたかくなって量が増えることと、陸の上にある氷がとけて海に流れこむことによって起こる。　問七．ア　問八．自給自足　問九．ウ

三 ①要領　②競走　③永世　④風前　⑤告　⑥とおあさ　⑦なか　⑧と

《算　数》

1 (1)16　(2)2.45　(3)7　(4)157　(5)5

2 (1)4800　(2)1，30　(3)$\frac{9}{2}$　(4)27　(5)1772　(6)赤

3 (1)7　(2)円板の枚数が２枚以上のときの最小移動回数は，円板の枚数が１枚少ないときの最小移動回数に２をかけてから１を足した数になる。　(3)1023

4 (1)4　(2)ア．40　イ．15　ウ．18　(3)ＣＤ…12　ＤＥ…18　(4)90

《理　科》

1 (1)①小腸　②消化管　③消化液　④肺　⑤酸素　(2)デンプン／青むらさき　(3)ウ，エ　(4)イ

2 (1)ウ　(2)イ　(3)ア　(4)イ　(5)1545　(6)イ

3 (1)①太陽　②クレーター　③陸　(2)カ　(3)イ　(4)Ｅ　(5)Ｆ　(6)ウ

4 (1)50　(2)400　(3)350　(4)300，400

5 (1)①，⑤，⑦，⑨　(2)食物連さ　(3)イ　(4)テントウムシやハチのように，同じなかまのこん虫でも，益虫に分類されたり，害虫に分類されたりするから。　(5)ウ，オ

《社　会》

1 問１．エ　問２．Ｂ　問３．とうもろこしや牧草を食べて育つ　問４．ウ　問５．食べられるものを捨てることは，その食品をつくるのに必要な多くの水を捨てることになる点。

2 問１．(４の例文)知識のないことが貧困の原因となるから。　問２．(14の例文)海洋プラスチックごみが海の生物の生命をおびやかしているから。

3 問１．ウ　問２．ア　問３．野口英世

4 ［記号／都道府県名］　①［イ／青森県］　②［ク／島根県］　③［ケ／福岡県］　④［オ／栃木県］　⑤［カ／神奈川県］

5 問１．③　問２．本居宣長　問３．仏教や儒教の考え方を取り入れた天皇中心の国家。

6 問１．A．ソーシャル　B．マスク　問２．手話〔別解〕字幕

7 問１．エ　問２．菅義偉

《2021　国語　解説》

一 問一A　三上くんは「タイ、今日は絶対に積もらないって〜オレ、知ってるもん。初雪って、毎年ぱらっと降るだけなんだから」と言い、「まわりの友だちにも『なあ、そうだよな？』と一人ずつ訊《き》いていった」。「全員、三上くんの言葉にうなずいた」とあるので、エの「満足そうに」が適する。　B「ずっと上を向いていたので首筋《くびすじ》が痛《いた》くなってきた頃《ころ》〜聞こえた」から、時間の経過が読み取れる。よってエの「やっと」が適する。

問三　泰司《たいじ》は、「三月で転校する」ことを、まだ友だちに打ち明けていない。「雪合戦は、冬が寒い町で、雪の積もった日に、その町の友だちとしかできない〜雪合戦は、もう一生できないかもしれない」ので、「泰司はどうしても雪合戦をやりたい」。しかし、去年、毎年かまくらをつくると言っていた三上くんが「オレだって(かまくらのつくり方を)知らないし、そんなのつくれないよ、どうせ」「嘘《うそ》っていうか、冗談《じょうだん》っていうか、よく覚えてないけど」と言って「ハハッと軽く笑った」。泰司は、三上くんのそんな「いいかげんな態度に腹《はら》を立てて」つかみかかった。よってオが適する。

問四　問題文の「泰司の内面」「比喩《ひゆ》を用いて」に着目する。三上くんの軽い受け答えに腹を立てた泰司が心の中で「悪いのはあいつ」と思いはじめたときの胸の痛みをたとえている部分を探す。

問五　仲直りした後、泰司が「オレ……三月で転校するんだ」と三上くんに告白した。三上くんは「ふうん、とうなずいただけで雪を食べつづけた」。泰司は、三上くんは友だちなので、きっと驚《おどろ》いたり悲しんだりするだろうと思って打ち明けたが、あまりにそっけない反応だったので、緊張《きんちょう》がゆるんでがっかりした。

問六　三上くんの言った「いそうろうは？」「オレ、二段《だん》ベッドでもいいけど」は、間接的だが、自分の家にいっしょに住めばいいということ。それに気づいた泰司はうれしかったが、無理なので「困惑《こんわく》した笑顔《えがお》」になった。そして、よりいっそう別れをつらく感じて泣きそうになったので「微妙《びみょう》にゆがんだ」のだ。

問七「目のまわりによく当たる」「目がひくひくしてしかたない」などから、泰司の頬《ほお》には涙《なみだ》がつたっていたと思われる。だから、「ほのかにしょっぱかった」のだ。けんかもしたが、こうして心の通い合った「親しい友人と別れなければならない」泰司の悲しさを表している。よってアが適する。

問八　最初は、雪が積もる、積もらないが原因で泰司と三上くんはけんかをしている。しかし、三上くんが謝ったあとの雪の表現を追っていくと、「自然と頬がゆるんで、まつげに雪が降り落ちた。三上くんは泰司が笑ったので安心したように」「『〜積もらなくても遊べるだろ』〜雪を食べる〜とてもおいしそうな顔をしていた」「『走ってたほうが、雪、たくさん食える』と笑う」など、「二人のわだかまりを溶《と》かす役割を果たし」ている。最後の「雪が降る」で始まる3行は、泰司の友だちと別れるつらい気持ちを効果的に表している。よってイが適する。

問九「その場でぴょんぴょん跳《と》びはねた。口もぱくぱく開けている」の前に「三上くんは泰司が笑ったので安心したように」とあるため、「三上くんの驚きが強調されている」は適さない。よってエが正解。

二 著作権に関係する弊社《へいしゃ》の都合により本文を非掲載《ひけいさい》としておりますので、解説を省略させていただきます。ご不便をおかけし申し訳ございませんが、ご了承《りょうしょう》ください。

《2021　算数　解説》

1 (1)　与式$=32-12\div3\times4=32-4\times4=32-16=16$

(2)　与式$=(1+0.5+0.25+0.2)+(\frac{1}{3}+\frac{1}{6})=1.95+(\frac{2}{6}+\frac{1}{6})=1.95+\frac{1}{2}=1.95+0.5=2.45$

(3)　与式$=\frac{2}{3}\times5+\frac{7}{3}\times\frac{11}{7}=\frac{10}{3}+\frac{11}{3}=7$

(4)　与式＝3.14×(71－21)＝3.14×50＝157

(5)　与式より，$\frac{1}{\square}+3=8\times\frac{2}{5}$　　$\frac{1}{\square}=\frac{16}{5}-3=\frac{16}{5}-\frac{15}{5}=\frac{1}{5}$　　□＝5

[2]　(1)　□円の$\frac{25}{100}=\frac{1}{4}$をかけると1200円になるから，□＝1200÷$\frac{1}{4}$＝4800(円)

(2)　秒速3m＝分速$\frac{3\times60}{1000}$km＝分速$\frac{9}{50}$kmだから，求める時間は，16.2÷$\frac{9}{50}$＝90(分)，つまり1時間30分である。

(3)　**【解き方】$\frac{2}{3}$と$\frac{4}{9}$のどちらにかけても整数になる分数は，分子が3と9の公倍数で，分母が2と4の公約数である。そのような数のうち最も小さいもの(分子が最小で，分母が最大)を求める。**

求める分数は，分子が3と9の最小公倍数の9，分母が2と4の最大公約数の2だから，$\frac{9}{2}$である。

(4)　**【解き方】{(男子の記録の合計)＋(女子の記録の合計)}÷(合計人数)で求める。**

男子の記録の合計は33×18＝594(m)，女子の記録の合計は18×12＝216(m)，クラスの合計人数は18＋12＝30(人)だから，クラス全員の記録の平均は，(594＋216)÷30＝27(m)

(5)　**【解き方】三角形の内角の和は180°だから，切り取った部分を合わせると，半径20㎝，中心角180°のおうぎ形，つまり半円になる。**

切り取った部分の面積の和は，20×20×3.14÷2＝200×3.14＝628(㎠)

直角三角形の面積は，60×80÷2＝2400(㎠)　　よって，影のついた部分の面積は，2400－628＝1772(㎠)

(6)　**【解き方】1回目と3回目の図で黄の面の位置が変わっていないことに注目する。**

1回目の状態から，黄の面とその反対側の面の位置を変えずに立方体を回転させると，3回目の図になる。

したがって，黒の反対側は白，緑の反対側は赤とわかる。

[3]　(1)　右図は円板が3枚のときの移動を表したものである。まず上の2枚を真ん中の棒に移す。この移動回数は円板が2枚のときの最小移動回数と同じく3回である。次に一番大きい円板を一番右の棒に移す。最後に，真ん中の棒の2枚の円板を一番右の棒に3回で移す。

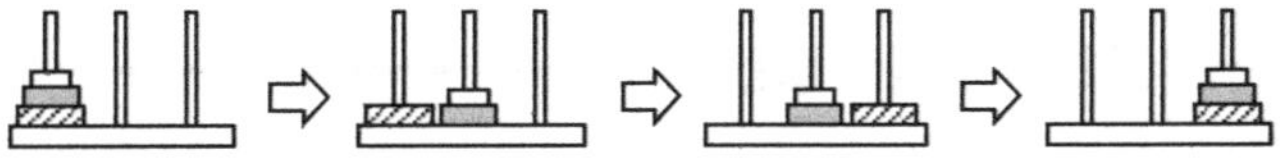

よって，3枚のときの最小移動回数は，3＋1＋3＝7(回)

(2)　(1)より，nを2以上の整数とすると，円板の枚数がn枚のときの最小移動回数は，

{円板がn－1(枚)のときの最小移動回数}×2＋1(回)で求められるとわかる。

(3)　(2)より，円板が6枚のときは，31×2＋1＝63(回)，円板が7枚のときは，63×2＋1＝127(回)，円板が8枚のときは，127×2＋1＝255(回)，円板が9枚のときは，255×2＋1＝511(回)，円板が10枚のときは，511×2＋1＝1023(回)

[4]　(1)　**【解き方】グラフを見ると，PとQが最初にすれちがうのは6秒後とわかる。**

PとQは6秒で合計60㎝進んだから，PとQの速さの和は，秒速$\frac{60}{6}$㎝＝秒速10㎝である。

よって，Qの速さは，秒速(10－6)㎝＝秒速4㎝

(2)　Pは片道を進むのに60÷6＝10(秒)かかるから，アは10秒間にQがBから進んだ長さと等しいので，ア＝4×10＝40(㎝)　　Qは片道を進むのに60÷4＝15(秒)かかるから，10秒の次にグラフの形が変わるイは，QがAに着いたときなので，イ＝15　　15秒のとき，PはBから6×15－60＝30(㎝)進んで，QはAにいるので，PとQは60－30＝30(㎝)はなれている。このあと30÷10＝3(秒後)にすれちがうので，ウ＝15＋3＝18

(3)　**【解き方】三角形PCDと三角形QCDでは辺CDが共通なので，CDを底辺としたときの高さに注目して**

考える。以下の解説の「高さ」とは，ＣＤを底辺としたときの高さである。

図①

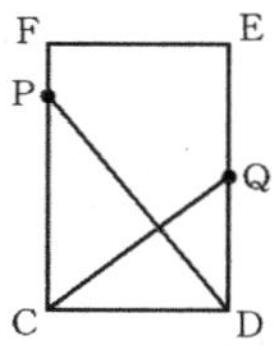

図②

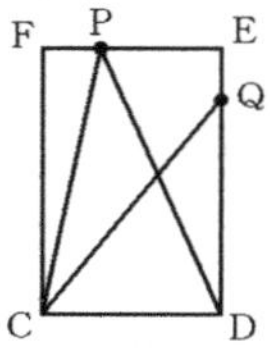

Ｐの方がＱより速いので，ＰがＦに着くまでは，三角形ＰＣＤと三角形ＱＣＤの高さの差は増え続ける(右図①参照)。したがって，グラフよりＰがＦに着くまでの時間は３秒だから，ＤＥ＝ＣＦ＝６×３＝18(㎝)

ＰがＦＥ上を移動している間，三角形ＰＣＤの高さは一定であり，ＰがＥに着くかＱがＥに着くまでは２つの三角形の高さの差は一定の割合で減り続ける(図②参照)。

図③

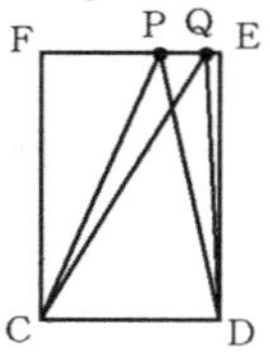

そのあと，ＱがＥに着く前にＰがＥに着くと，ＰとＱはＤＥ上ですれちがうので，２つの三角形の面積の差が０㎠になるのは一瞬《いっしゅん》だけだが，グラフでは4.5秒～５秒の間０㎠になっている。したがって，この間はＰとＱがＦＥ上にいた(図③参照)のだから，4.5秒のときＱがＥに着き，５秒のときＰがＥに着いたとわかる。よって，ＰはＦからＥまで５－３＝２(秒)で進んだので，ＣＤ＝ＦＥ＝６×２＝12(㎝)

(4)　**【解き方】(3)より，ＰがＥに着いたあとは２つの三角形の面積の差は一定の割合で増え続ける。次にグラフの形が変わる(エのところ)のは，ＰがＤに着いたときか，ＱがＦに着いたときである。**

図④

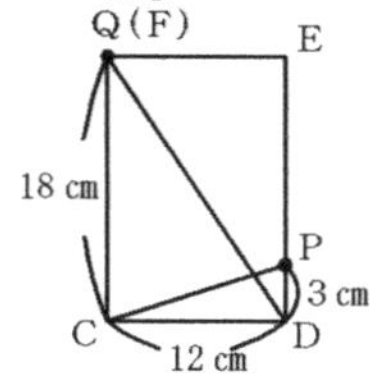

ＰがＤに着くのは出発してから５＋３＝８(秒後)，ＱがＦに着くのは出発してから4.5＋12÷４＝7.5(秒後)だから，エはＱがＦに着いたときである。このときＰはＤまであと６×(８－7.5)＝３(㎝)のところにいるので，右図④のようになっている。

よって，エ＝12×18÷２－12×３÷２＝12×(９－1.5)＝12×7.5＝90(㎠)

《2021　理科　解説》

1　(1)　①②口，食道，胃，小腸，大腸，こう門の順につながる食べ物の通り道を消化管という。　③口ではだ液，胃では胃液，すい臓ではすい液が出される。それぞれの消化液によって消化されるものが決まっている。　④⑤肺では空気中の酸素を血液中に取り入れている。肺には小さなふくろ(肺ほうという)がたくさん集まっており，表面積を大きくして，効率よく酸素を取り入れている。

(2)　ヨウ素液はデンプンによって青むらさき色に変化する。

(3)　肺では空気中の酸素を血液中に取り入れ，血液中の二酸化炭素や水蒸気を空気中に出している。

(4)　イ○…肺ほうと同じように，小腸のじゅうもうも表面積を大きくするつくりである。

2　(1)　ウ○…空気のおよそ78%はちっ素，およそ21%は酸素である。

(2)　イ○…空気はあたためられると体積が大きくなり，冷やされると体積が小さくなるので，湯につけるとせっけん水のまくはふくらみ，氷水につけるとせっけん水のまくはへこむ。

(3)　ア○…浮《う》き輪の中の空気があたためられてふくらむ現象である。　イ×…空気を入れたので，温度変化による体積の変化ではない。　ウ×…高い山の山頂は気圧が低いので，お菓子の袋がふくらむ。　エ×…冷蔵庫でパンの生地がふくらむのは，イースト菌《きん》のはたらきで，二酸化炭素が発生するからである。

(4)　イ○…水を冷やして氷にすると体積が大きくなるが重さは変わらない。このため，氷は水に浮かぶ。ア，ウ，エは起こる現象としては正しいが，氷の体積が水の体積よりも大きくなったことから予想できることではない。

(5)　１ｇの水の体積は氷の体積の$\frac{1}{1.1}$倍だから，水蒸気の体積は氷の体積の$\frac{1}{1.1}\times1700=1545.4\cdots\rightarrow1545$倍となる。

(6)　イ×…白い湯気の正体は水である。

3 (1) ③月の海は，図１の黒っぽい部分で，クレーターは白っぽい陸の部分に多く見られる。

(2) カ○…夕方西の空に見える月は，三日月である。月は太陽のある方向が光って見える。

(3) イ○…月は，新月→三日月→上弦の月→満月→下弦の月→新月の順に満ち欠けするので，三日月を観察してから３日間で，月の光って見える部分は満ちていく。また，月の出は１日に約 50 分おそくなるので，月が同じ位置に見える時刻はおそくなる。

(4) Ｅ○…満月は，太陽(光)，地球(観察者)，月(ボール)の順にほぼ一直線に並んだときに見える。

(5) 観察者からＨのボールを見ると，ボールの左側が光っていて，光が当たっている部分が半分よりもせまい。このようなときに，図４のように見えたことから，図５では，ボールの左側が光っていて，光が当たっている部分が半分よりも多いので，Ｆである。なお，満月(Ｅ)の後は月の右側から欠けていくので，図３で月の位置が反時計回り変化していくことから，Ｆと答えることもできる。

(6) ウ○…月の満ち欠けの周期はおよそ 29.5 日である。つまり，29.5 日で反時計回りに１周してＨの位置に戻るので，Ｈの位置から 270 度反時計回りに回転してＦの位置にくるのは $29.5\times\frac{270}{360}=22.125$(日後)である。

4 (1) てこを左右にかたむけるはたらき〔おもりの重さ(ｇ)×支点からの距離(cm)〕が左右で等しくなるときにつり合う。図１でてこを左にかたむけるはたらきは 100×８＝800 だから，Ａの重さは 800÷(24－８)＝50(ｇ)となる。

(2) 図２でてこを左にかたむけるはたらきは 300×12＝3600 だから，Ｂの重さは 3600÷(24－12－３)＝400(ｇ)となる。

(3) 図３でてこを左にかたむけるはたらきは 300×(24－12)＋100×(12－６)＝4200 だから，Ｃの重さは 4200÷12＝350(ｇ)となる。

(4) 机のはしを支点とし，棒を右にかたむけるはたらきの方が大きくなるときを調べる。50ｇのおもりが３個のとき，棒を右にかたむけるはたらきは 50×３×16＝2400，50ｇのおもりが４個のとき，棒を右にかたむけるはたらきは 50×４×16＝3200 だから，棒を左にかたむけるはたらきは 2400 から 3200 の間であると考えられる。机から棒の左はしまでの距離は 24－16＝８(cm)だから，2400÷８＝300，3200÷８＝400 より，300ｇより大きく，400ｇより小さい。

5 (1) 人の役に立つこん虫が益虫，人に害を与えるこん虫が害虫である。

(3) イ○…こん虫のからだは頭，胸，腹の３つの部分に分かれており，６本のあしはすべて胸から出ている。

(5) ウ，オ○…ウシガエル，オオクチバス，カミツキガメ，アライグマは外来種である。

《2021　社会　解説》

1 　表１は，石油を多く輸入しているサウジアラビアやアラブ首長国連邦が入っていることから輸入相手国，表２は輸出相手国と判断する。

問１　エを選ぶ。2000 年以降，台湾の金額は 3.87375(兆円)→4.58388(兆円)→4.64436(兆円)と増えている。

ア.「輸出相手国」ではなく「輸入相手国」である。　イ．貿易相手国の６位以下が不明なので，インドネシアとの貿易が「全くなくなった」とは言えない。　ウ．1990 年から 2000 年にかけての増加額は，輸出よりも輸入の方が少ない。

問２　日本における最大の貿易相手国は，2000 年以前はアメリカ(Ａ)，2010 年以降は中国(Ｃ)である。鉱産資源を多く輸入しているオーストラリアはBだから，韓国はDと判断できる。

問3　牛の成育には，飲み水の他，えさである大量の穀物が必要となるため，多くのバーチャルウォーターを輸入することになる。

問4　ウが正しい。日本は，食料の大半を海外からの輸入に頼っているため，飛行機や船などによる二酸化炭素排出量が多く，フードマイレージが高いという課題も抱えている。そのため，地域で生産した農産品を地元の人々が消費する「地産地消」の取組が進められている。

問5　輸入食品の食品ロスを減らすことは，バーチャルウォーターを減らすことにつながるので，現地の水を守ることになる。食べきれる量を残さず食べるなど，自分のできることから心がけよう。

2　問1　複数の目標を関連付けて考えるとよい。4の目標を達成することは，1の目標達成につながる。十分な教育を身につけていないと，将来，賃金の低い不安定な仕事に就くか失業することになり，児童労働を生み出す貧困の連鎖が生まれる。解答例のほか，13 の例文として，「二酸化炭素などの温室効果ガスの大量発生が，地球温暖化による海面上昇の原因となるから。」とすれば，15 の目標達成につながる。

問2　捨てられたレジ袋は海に流れ込み，微小なプラスチック粒子(マイクロプラスチック)となる。それを魚などが食べ，その魚を食べている人間の体に移行して影響を及ぼす危険性が問題視されている。そのため，買物にマイバックを持参して，レジ袋を削減することが推奨されている。

3　問1　ウが正しい。　①東郷平八郎は日本艦隊を指揮し，日露戦争の日本海の海戦でロシアのバルチック艦隊に勝利した。西郷隆盛は，不平士族らにかつぎあげられて明治時代前半に西南戦争を起こした元官僚。　②1894 年に外務大臣陸奥宗光がイギリスとの間で領事裁判権(治外法権)の撤廃に成功し，1911 年に外務大臣小村寿太郎がアメリカとの間で関税自主権の完全回復に成功した。

問2　アが正しい。ペストが日本に上陸したため，感染症の拡大防止に鼠とりが奨励されていた。交番が鼠を買いとったため，手柄を人間にとられる猫もいた。福沢諭吉は『学問のすゝめ』の著者・慶応義塾大学の創立者。

4　①は青森県のイ，②は島根県のク，③は福岡県のケ，④は栃木県のオ，⑤は鎌倉幕府がある神奈川県のカを選ぶ。アは北海道，ウは岩手県，エは宮城県，キは京都府，コは鹿児島県。

5　問1　④聖徳太子(飛鳥時代)→②鑑真(奈良時代)→③雪舟(室町時代)→①本居宣長(江戸時代)

問3　聖徳太子は，豪族に役人としての心構えを説くために十七条の憲法を制定した。また，仏教を広めるために法隆寺を建立し，蘇我馬子と協力して天皇中心の政治を目指した。

6　問1 A　「ソーシャルディスタンス」は，感染症の拡大を防ぐため，人混みを避けたり自宅にとどまったりして人との距離をたもつことで，お互いに手を伸ばしたら届く距離(少なくとも2メートル)が目安とされる。　B　マスクで口の動きや表情が隠れるため，聴覚障害者のコミュニケーションが難しくなっている。

7　問1　エが正しい。富岳は 2011 年に世界一となった「京」の後継機であり，2020 年 11 月の計算速度の国際ランキングでも世界一となった。新型コロナウイルス感染症の治療薬探索などに活用が期待されている。

問2　内閣官房長官として新元号「令和」を発表した菅義偉は，2020 年9月に内閣総理大臣に就任した。

■ ご使用にあたってのお願い・ご注意

（1）問題文等の非掲載

著作権上の都合により，問題文や図表などの一部を掲載できない場合があります。

誠に申し訳ございませんが，ご了承くださいますようお願いいたします。

（2）過去問における時事性

過去問題集は，学習指導要領の改訂や社会状況の変化，新たな発見などにより，現在とは異なる表記や解説になっている場合があります。過去問の特性上，出題当時のままで出版していますので，あらかじめご了承ください。

（3）配点

学校等から配点が公表されている場合は，記載しています。公表されていない場合は，記載していません。

独自の予想配点は，出題者の意図と異なる場合があり，お客様が学習するうえで誤った判断をしてしまう恐れがあるため記載していません。

（4）無断複製等の禁止

購入された個人のお客様が，ご家庭でご自身またはご家族の学習のためにコピーをすることは可能ですが，それ以外の目的でコピー，スキャン，転載（ブログ，ＳＮＳなどでの公開を含みます）などをすることは法律により禁止されています。学校や学習塾などで，児童生徒のためにコピーをして使用することも法律により禁止されています。

ご不明な点や，違法な疑いのある行為を確認された場合は，弊社までご連絡ください。

（5）けがに注意

この問題集は針を外して使用します。針を外すときは，けがをしないように注意してください。また，表紙カバーや問題用紙の端で手指を傷つけないように十分注意してください。

（6）正誤

制作には万全を期しておりますが，万が一誤りなどがございましたら，弊社までご連絡ください。

なお，誤りが判明した場合は，弊社ウェブサイトの「ご購入者様のページ」に掲載しておりますので，そちらもご確認ください。

■ お問い合わせ

解答例，解説，印刷，製本など，問題集発行におけるすべての責任は弊社にあります。

ご不明な点がございましたら，弊社ウェブサイトの「お問い合わせ」フォームよりご連絡ください。迅速に対応いたしますが，営業日の都合で回答に数日を要する場合があります。

ご入力いただいたメールアドレス宛に自動返信メールをお送りしています。自動返信メールが届かない場合は，「よくある質問」の「メールの問い合わせに対し返信がありません。」の項目をご確認ください。

また弊社営業日（平日）は，午前９時から午後５時まで，電話でのお問い合わせも受け付けています。

2025春

株式会社教英出版

〒422-8054　静岡県静岡市駿河区南安倍３丁目12-28

TEL　054-288-2131　　FAX　054-288-2133

URL　https://kyoei-syuppan.net/

MAIL siteform@kyoei-syuppan.net

教英出版　2025年春受験用　中学入試問題集

学校別問題集

✿はカラー問題対応

北海道

①[市立]札幌開成中等教育学校
②藤女子中学校
③北嶺中学校
④北星学園女子中学校
⑤札幌大谷中学校
⑥札幌光星中学校
⑦立命館慶祥中学校
⑧函館ラ・サール中学校

青森県

①[県立]三本木高等学校附属中学校

岩手県

①[県立]一関第一高等学校附属中学校

宮城県

①[県立]宮城県古川黎明中学校
②[県立]宮城県仙台二華中学校
③[市立]仙台青陵中等教育学校
④東北学院中学校
⑤仙台白百合学園中学校
⑥聖ウルスラ学院英智中学校
⑦宮城学院中学校
⑧秀光中学校
⑨古川学園中学校

秋田県

①[県立]
- 大館国際情報学院中学校
- 秋田南高等学校中等部
- 横手清陵学院中学校

山形県

①[県立]
- 東桜学館中学校
- 致道館中学校

福島県

①[県立]
- 会津学鳳中学校
- ふたば未来学園中学校

茨城県

①[県立]
- 日立第一高等学校附属中学校
- 太田第一高等学校附属中学校
- 水戸第一高等学校附属中学校
- 鉾田第一高等学校附属中学校
- 鹿島高等学校附属中学校
- 土浦第一高等学校附属中学校
- 竜ヶ崎第一高等学校附属中学校
- 下館第一高等学校附属中学校
- 下妻第一高等学校附属中学校
- 水海道第一高等学校附属中学校
- 勝田中等教育学校
- 並木中等教育学校
- 古河中等教育学校

栃木県

①[県立]
- 宇都宮東高等学校附属中学校
- 佐野高等学校附属中学校
- 矢板東高等学校附属中学校

群馬県

①
- [県立]中央中等教育学校
- [市立]四ツ葉学園中等教育学校
- [市立]太田中学校

埼玉県

①[県立]伊奈学園中学校
②[市立]浦和中学校
③[市立]大宮国際中等教育学校
④[市立]川口市立高等学校附属中学校

千葉県

①[県立]
- 千葉中学校
- 東葛飾中学校

②[市立]稲毛国際中等教育学校

東京都

①[国立]筑波大学附属駒場中学校
②[都立]白鷗高等学校附属中学校
③[都立]桜修館中等教育学校
④[都立]小石川中等教育学校
⑤[都立]両国高等学校附属中学校
⑥[都立]立川国際中等教育学校
⑦[都立]武蔵高等学校附属中学校
⑧[都立]大泉高等学校附属中学校
⑨[都立]富士高等学校附属中学校
⑩[都立]三鷹中等教育学校
⑪[都立]南多摩中等教育学校
⑫[区立]九段中等教育学校
⑬開成中学校
⑭麻布中学校
⑮桜蔭中学校
⑯女子学院中学校
✿⑰豊島岡女子学園中学校
⑱東京都市大学等々力中学校
⑲世田谷学園中学校
✿⑳広尾学園中学校(第2回)
✿㉑広尾学園中学校(医進・サイエンス回)
㉒渋谷教育学園渋谷中学校(第1回)
㉓渋谷教育学園渋谷中学校(第2回)
㉔東京農業大学第一高等学校中等部(2月1日 午後)
㉕東京農業大学第一高等学校中等部(2月2日 午後)

神奈川県

①[県立]
- 相模原中等教育学校
- 平塚中等教育学校

②[市立]南高等学校附属中学校
③[市立]横浜サイエンスフロンティア高等学校附属中学校
④[市立]川崎高等学校附属中学校
✿⑤聖光学院中学校
✿⑥浅野中学校
⑦洗足学園中学校
⑧法政大学第二中学校
⑨逗子開成中学校(1次)
⑩逗子開成中学校(2·3次)
⑪神奈川大学附属中学校(第1回)
⑫神奈川大学附属中学校(第2·3回)
⑬栄光学園中学校
⑭フェリス女学院中学校

新潟県

①[県立]
- 村上中等教育学校
- 柏崎翔洋中等教育学校
- 燕中等教育学校
- 津南中等教育学校
- 直江津中等教育学校
- 佐渡中等教育学校

②[市立]高志中等教育学校
③新潟第一中学校
④新潟明訓中学校

石川県

①[県立]金沢錦丘中学校
②星稜中学校

福井県

①[県立]高志中学校

山梨県

①山梨英和中学校
②山梨学院中学校
③駿台甲府中学校

長野県

①[県立]
- 屋代高等学校附属中学校
- 諏訪清陵高等学校附属中学校

②[市立]長野中学校

岐阜県

①岐阜東中学校
②鶯谷中学校
③岐阜聖徳学園大学附属中学校

静岡県

①[国立]静岡大学教育学部附属中学校(静岡·島田·浜松)

②
- [県立]清水南高等学校中等部
- [県立]浜松西高等学校中等部
- [市立]沼津高等学校中等部

③不二聖心女子学院中学校
④日本大学三島中学校
⑤加藤学園暁秀中学校
⑥星陵中学校
⑦東海大学付属静岡翔洋高等学校中等部
⑧静岡サレジオ中学校
⑨静岡英和女学院中学校
⑩静岡雙葉中学校
⑪静岡聖光学院中学校
⑫静岡学園中学校
⑬静岡大成中学校
⑭城南静岡中学校
⑮静岡北中学校

⑯
- 常葉大学附属常葉中学校
- 常葉大学附属橘中学校
- 常葉大学附属菊川中学校

⑰藤枝明誠中学校
⑱浜松開誠館中学校
⑲静岡県西遠女子学園中学校
⑳浜松日体中学校
㉑浜松学芸中学校

愛知県

①[国立]愛知教育大学附属名古屋中学校
②愛知淑徳中学校

③
- 名古屋経済大学市邨中学校
- 名古屋経済大学高蔵中学校

④金城学院中学校
⑤椙山女学園中学校
⑥東海中学校
⑦南山中学校男子部
⑧南山中学校女子部
⑨聖霊中学校
⑩滝中学校
⑪名古屋中学校
⑫大成中学校
⑬愛知中学校
⑭星城中学校
⑮名古屋葵大学中学校
(名古屋女子大学中学校)
⑯愛知工業大学名電中学校
⑰海陽中等教育学校(特別給費生)
⑱海陽中等教育学校(I·II)
⑲中部大学春日丘中学校
新刊⑳名古屋国際中学校

三重県

①[国立]三重大学教育学部附属中学校
②暁中学校
③海星中学校
④四日市メリノール学院中学校
⑤高田中学校
⑥セントヨゼフ女子学園中学校
⑦三重中学校
⑧皇學館中学校
⑨鈴鹿中等教育学校
⑩津田学園中学校

滋賀県

①[国立]滋賀大学教育学部附属中学校

②[県立]
- 河瀬中学校
- 守山中学校
- 水口東中学校

京都府

①[国立]京都教育大学附属桃山中学校
②[府立]洛北高等学校附属中学校
③[府立]園部高等学校附属中学校
④[府立]福知山高等学校附属中学校
⑤[府立]南陽高等学校附属中学校
⑥[市立]西京高等学校附属中学校
⑦同志社中学校
⑧洛星中学校
⑨洛南高等学校附属中学校
⑩立命館中学校
⑪同志社国際中学校
⑫同志社女子中学校(前期日程)
⑬同志社女子中学校(後期日程)

大阪府

①[国立]大阪教育大学附属天王寺中学校
②[国立]大阪教育大学附属平野中学校
③[国立]大阪教育大学附属池田中学校

④[府立]富田林中学校
⑤[府立]咲くやこの花中学校
⑥[府立]水都国際中学校
⑦清風中学校
⑧高槻中学校（A日程）
⑨高槻中学校（B日程）
⑩明星中学校
⑪大阪女学院中学校
⑫大谷中学校
⑬四天王寺中学校
⑭帝塚山学院中学校
⑮大阪国際中学校
⑯大阪桐蔭中学校
⑰開明中学校
⑱関西大学第一中学校
⑲近畿大学附属中学校
⑳金蘭千里中学校
㉑金光八尾中学校
㉒清風南海中学校
㉓帝塚山学院泉ヶ丘中学校
㉔同志社香里中学校
㉕初芝立命館中学校
㉖関西大学中等部
㉗大阪星光学院中学校

兵庫県

①[国立]神戸大学附属中等教育学校
②[県立]兵庫県立大学附属中学校
③雲雀丘学園中学校
④関西学院中学部
⑤神戸女学院中学部
⑥甲陽学院中学校
⑦甲南中学校
⑧甲南女子中学校
⑨灘中学校
⑩親和中学校
⑪神戸海星女子学院中学校
⑫滝川中学校
⑬啓明学院中学校
⑭三田学園中学校
⑮淳心学院中学校
⑯仁川学院中学校
⑰六甲学院中学校
⑱須磨学園中学校(第1回入試)
⑲須磨学園中学校(第2回入試)
⑳須磨学園中学校(第3回入試)
㉑白陵中学校
㉒夙川中学校

奈良県

①[国立]奈良女子大学附属中等教育学校
②[国立]奈良教育大学附属中学校
③[県立]（国際中学校
　　　　 青翔中学校
④[市立]一条高等学校附属中学校
⑤帝塚山中学校
⑥東大寺学園中学校
⑦奈良学園中学校
⑧西大和学園中学校

和歌山県

①[県立]（古佐田丘中学校
　　　　 向陽中学校
　　　　 桐蔭中学校
　　　　 日高高等学校附属中学校
　　　　 田辺中学校
②智辯学園和歌山中学校
③近畿大学附属和歌山中学校
④開智中学校

岡山県

①[県立]岡山操山中学校
②[県立]倉敷天城中学校
③[県立]岡山大安寺中等教育学校
④[県立]津山中学校
⑤岡山中学校
⑥清心中学校
⑦岡山白陵中学校
⑧金光学園中学校
⑨就実中学校
⑩岡山理科大学附属中学校
⑪山陽学園中学校

広島県

①[国立]広島大学附属中学校
②[国立]広島大学附属福山中学校
③[県立]広島中学校
④[県立]三次中学校
⑤[県立]広島叡智学園中学校
⑥[市立]広島中等教育学校
⑦[市立]福山中学校
⑧広島学院中学校
⑨広島女学院中学校
⑩修道中学校
⑪崇徳中学校
⑫比治山女子中学校
⑬福山暁の星女子中学校
⑭安田女子中学校
⑮広島なぎさ中学校
⑯広島城北中学校
⑰近畿大学附属広島中学校福山校
⑱盈進中学校
⑲如水館中学校
⑳ノートルダム清心中学校
㉑銀河学院中学校
㉒近畿大学附属広島中学校東広島校
㉓AICJ中学校
㉔広島国際学院中学校
㉕広島修道大学ひろしま協創中学校

山口県

①[県立]（下関中等教育学校
　　　　 高森みどり中学校
②野田学園中学校

徳島県

①[県立]（富岡東中学校
　　　　 川島中学校
　　　　 城ノ内中等教育学校
②徳島文理中学校

香川県

①大手前丸亀中学校
②香川誠陵中学校

愛媛県

①[県立]（今治東中等教育学校
　　　　 松山西中等教育学校
②愛光中学校
③済美平成中等教育学校
④新田青雲中等教育学校

高知県

①[県立]（安芸中学校
　　　　 高知国際中学校
　　　　 中村中学校

福岡県

①[国立]福岡教育大学附属中学校（福岡·小倉·久留米）
②[県立]
- 育徳館中学校
- 門司学園中学校
- 宗像中学校
- 嘉穂高等学校附属中学校
- 輝翔館中等教育学校

③西南学院中学校
④上智福岡中学校
⑤福岡女学院中学校
⑥福岡雙葉中学校
⑦照曜館中学校
⑧筑紫女学園中学校
⑨敬愛中学校
⑩久留米大学附設中学校
⑪飯塚日新館中学校
⑫明治学園中学校
⑬小倉日新館中学校
⑭久留米信愛中学校
⑮中村学園女子中学校
⑯福岡大学附属大濠中学校
⑰筑陽学園中学校
⑱九州国際大学付属中学校
⑲博多女子中学校
⑳東福岡自彊館中学校
㉑八女学院中学校

佐賀県

①[県立]
- 香楠中学校
- 致遠館中学校
- 唐津東中学校
- 武雄青陵中学校

②弘学館中学校
③東明館中学校
④佐賀清和中学校
⑤成穎中学校
⑥早稲田佐賀中学校

長崎県

①[県立]
- 長崎東中学校
- 佐世保北中学校
- 諫早高等学校附属中学校

②青雲中学校
③長崎南山中学校
④長崎日本大学中学校
⑤海星中学校

熊本県

①[県立]
- 玉名高等学校附属中学校
- 宇土中学校
- 八代中学校

②真和中学校
③九州学院中学校
④ルーテル学院中学校
⑤熊本信愛女学院中学校
⑥熊本マリスト学園中学校
⑦熊本学園大学付属中学校

大分県

①[県立]大分豊府中学校
②岩田中学校

宮崎県

①[県立]五ヶ瀬中等教育学校
②[県立]
- 宮崎西高等学校附属中学校
- 都城泉ヶ丘高等学校附属中学校

③宮崎日本大学中学校
④日向学院中学校
⑤宮崎第一中学校

鹿児島県

①[県立]楠隼中学校
②[市立]鹿児島玉龍中学校
③鹿児島修学館中学校
④ラ・サール中学校
⑤志學館中等部

沖縄県

①[県立]
- 与勝緑が丘中学校
- 開邦中学校
- 球陽中学校
- 名護高等学校附属桜中学校

もっと過去問シリーズ

北海道

北嶺中学校
7年分(算数・理科・社会)

静岡県

静岡大学教育学部附属中学校
(静岡·島田·浜松)
10年分(算数)

愛知県

愛知淑徳中学校
7年分(算数・理科・社会)
東海中学校
7年分(算数・理科・社会)
南山中学校男子部
7年分(算数・理科・社会)
南山中学校女子部
7年分(算数・理科・社会)
滝中学校
7年分(算数・理科・社会)
名古屋中学校
7年分(算数・理科・社会)

岡山県

岡山白陵中学校
7年分(算数・理科)

広島県

広島大学附属中学校
7年分(算数・理科・社会)
広島大学附属福山中学校
7年分(算数・理科・社会)
広島学院中学校
7年分(算数・理科・社会)
広島女学院中学校
7年分(算数・理科・社会)
修道中学校
7年分(算数・理科・社会)
ノートルダム清心中学校
7年分(算数・理科・社会)

愛媛県

愛光中学校
7年分(算数・理科・社会)

福岡県

福岡教育大学附属中学校
(福岡·小倉·久留米)
7年分(算数・理科・社会)
西南学院中学校
7年分(算数・理科・社会)
久留米大学附設中学校
7年分(算数・理科・社会)
福岡大学附属大濠中学校
7年分(算数・理科・社会)

佐賀県

早稲田佐賀中学校
7年分(算数・理科・社会)

長崎県

青雲中学校
7年分(算数・理科・社会)

鹿児島県

ラ·サール中学校
7年分(算数・理科・社会)

※もっと過去問シリーズは
国語の収録はありません。

教英出版
〒422-8054
静岡県静岡市駿河区南安倍3丁目12−28
TEL 054-288-2131
FAX 054-288-2133
詳しくは教英出版で検索
教英出版 検索
URL https://kyoei-syuppan.net/

令和６年度

前期

入学試験問題

国語

（50分）

注意事項

１．試験問題は指示があるまで開かないでください。
２．解答は必ず解答用紙に記入してください。
３．字数制限のある問題は，句読点や符号《ふごう》も解答の字数に含《ふく》みます。
４．問題冊子・解答用紙に，受験番号と氏名を記入してください。
５．問題冊子は必ず持ち帰ってください。

受験番号	氏名	

近畿大学附属広島中学校東広島校

2024(R6) 近畿大学附属広島中東広島校
K 教英出版

一　次の各問いに答えよ。

問一　次の――線部のカタカナは漢字に直し、漢字は読みをひらがなで答えなさい。

① 県庁ショザイ地に住む。

② トランプのエフダを数える。

③ 母親トクセイのハンバーグ。

④ チクジョウ当時の瓦《かわら》が見つかる。

⑤ 生糸《きいと》で布をオる。

⑥ 合格の朗報が届いた。

⑦ 家路を急ぐ。

⑧ 花を供える。

問二　次の表現の空欄《くうらん》□にあてはまる漢字一字を答えなさい。

①　□刀直入（前置きなしにすぐ本題にはいること。）

②　火に□を注ぐ（勢いの激しいものに、さらに勢いを加えることのたとえ。）

問三　次のことわざとほぼ同じ意味を持つものを、次のア～エから一つ選び、記号で答えなさい。

猿《さる》も木から落ちる

ア　犬も歩けば棒に当たる　　イ　河童《かっぱ》の川流れ

ウ　猫《ねこ》に小判　　エ　鬼《おに》に金棒

問四　次の慣用句の意味として最も適当なものを、次のア～エから一つ選び、記号で答えなさい。

板に付く

ア　立場を有利にするように何かを利用する。　　イ　いつまでも恨《うら》みに思っていて忘れない。

ウ　仕事や役柄《やくがら》がその人によく合っている。　　エ　驚《おどろ》きや恐《おそ》れのために顔が真っ青になる。

二　次の文章を読んで、後の問いに答えなさい。

　食物を分配する特徴《とくちょう》をもった種とそうでないものに分けると面白《おもしろ》いことがわかります。ここでいう分配とは、相手に食物を差し出すような積極的な行動ではなく、相手が目の前の食物を取ってもそれを許容するといった消極的なものです。［Ａ］、ニホンザルは、基本的に食物を分配しません。序列のはっきりしたサルは、エサを前にすると、必ず強いほうが独《ひと》り占《じ》めをし、弱いほうが引き下がります。一方、チンパンジーやゴリラは分配をします。エサを持っているオスは、弱い立場にあるメスや子どもから分配を要求されれば、取っていくのを見逃《みのが》すことがある。これが霊《れい》長類《ちょうるい》の食物分配です。

　霊長類には４５０（日本モンキーセンター編『霊長類図鑑《ずかん》』（京都通信社）２０１８年による）ほどの種があるとされますが、おとな同士で食物が分配される種では必ず、おとなから幼児に対しても食物が分配されています。［Ｂ］、おとなから幼児に食物が分配されていても、おとな同士で分配されるとは限りません。これはつまり、元々はおとなが、そのおとなが養育している子どもに食物を分配し、その行為《こうい》が、おとなの間に普及《ふきゅう》していったということでしょう。

　さらに興味深いのは、①この食物分配が、ゴリラや人間など、高い知性をもった種にだけ起こることではないということです。南米には、タマリンやマーモセットなど、ポケットモンキーと呼ばれる小さなサルたちがいますが、彼《かれ》らの社会では、おとな同士の間でも食物の分配が見られます。彼らは、双子《ふたご》、三つ子を当たり前のように産みます。複数の子どもたちをお母さんだけでは育てることができないので、年上の子どもや複数のオスたちが、生まれた子どもを背中に乗せて運び、子どもたちに食物を分配するなど、皆《みな》で世話をします。

　つまり、②食物の分配は、知性の高さではなく、子育ての負担の大きい社会で起こる現象であるということです。子育てにかかる親の負担が大きいと、ほかの個体が子育てに関与《かんよ》する機会が生じる。ゴリラをはじめ類人猿《るいじんえん》の場合、子どもの成長が遅《おそ》いので、子育ての期間が長く、お母さんのお乳を長期間吸っています。離乳《りにゅう》期間も長く、その間徐々《じょじょ》におとなの食物を覚えていきます。お母さんが長い間手をかけなくてはいけないことも、負担が大きいということです。短期間に成長の遅い子どもをたくさんつくる人間は、ポケットモンキーのような多産と、類人猿のような遅い成長という、食物分配を引き起こす二つの要因をあわせもっているのです。

　食物分配と共感力には強い関係があります。食物分配をしないニホンザルと、食物分配をするタマリンやマーモセットで、他者をいたわる行動（アザー・リガーディング・ビヘイビア）がどれくらい違《ちが》うかを調べた結果、ニホンザルではこの行動が見られなかったのに対し、タマリンやマーモセットでは、脳が小さいにもかかわらず、この行動が多く見られました。

　こうした研究から、共感力は、共同で子どもを育てる種、子どもの成長に時間がかかる種で発達した可能性が高いと推測できます。こうした共感力が、おとなと子どもの間だけでなく、おとな同士の間へと拡大したのでしょう。

　ただし、③<u>人間の共感力の強さは、ほかの霊長類の比ではありません。</u>

　サルにも共感力はあります。１９９０年代の初めにジャコモ・リゾラッティというイタリアの学者は、サルの脳の中では、ほかのサルの行動を見ているときと、［　Ⅰ　］がその行動をしているときと同じ部分に電気が発生することを発見しました。まるで鏡に映したような反応であることから、ミラーニューロンと名付けられましたが、これは［　Ⅱ　］の考えていることを「理解する」能力ではありません。［　Ⅲ　］の感じていることを「同じように感じる」エンパシーと呼ばれる能力です。サルには「サル真似《まね》」ができません。相手の行動を即座《そくざ》にそっくり真似をすることはできないし、ましてや真似をする相手がそこにいない状態で同じことをすることはできないのです。

　一方、人間は目の前にその人物がいなくても、そっくり真似ることができます。悲しい映画を観《み》ると、映画館を出たときに気分が落《お》ち込《こ》んでいるとか、ヒーロー映画を観たときには、自分もヒーローになった気分になるとか、こういう現象が起こるのは人間だけのものでしょう。他者と同じ動きができるだけでなく、同じような心持ちにもなります。他者が悲しんでいたら自分も悲しくなるし、他者が怒《おこ》っているのを見ると自分も怒りたくなる。コピーする能力ともいえるこの感情の動きもまた、人間の高い共感力の証《あかし》です。

「教える」という行為ができるのも人間だけです。

「学ぶ」ことはどんな動物でもします。動物の子どもは、親や年上の仲間に叱《しか》られて学ぶのが基本です。ニホンザルの子どもも、これをやったらまずいということを年上の仲間に叱られて学ぶ。「教える」のではなく、「叱る」ことで学ばせるのです。ゴリラは、ぼくのように、ゴリラになろうとしてゴリラの群れに入ってきた人間に対しても叱ってくれますが、これも「教える」ではありません。「教える」には条件があります。自分と相手の知識の違いを互《たが》いに理解している状況《じょうきょう》で、知識のあるほうが足りないほうに自分の不利益を顧《かえり》みずに行うのが「教える」で、教えるほうが、自分の利益になるような誘導《ゆうどう》の仕方をしたら、それは「利用」であって教えたことになりません。

人間は、「教える」をさらに発展させ、親と親以外のおとなたちが、一生懸命《いっしょうけんめい》子どもを先導します。④サルやゴリラの世界から見ると、人間は、とてつもなくおせっかいな生き物に違いありません。子どもがやろうとしていることに手を貸すだけではなく、まだやろうともしていないことに対しても、「こうなったらいい」「あれを見て。君もいずれあのようになる」などと言って、背中を押《お》したり、子どもの手を引いたりする。こんなことはほかの動物は絶対にしません。共同保育が人間のおとなをおせっかいにしました。そして教育を生みました。人間はおせっかいになったからこそ、子どもは目標というものをもつようになったのです。

（山極寿一《やまぎわじゅいち》『スマホを捨てたい子どもたち』より）

問一　空欄《くうらん》［A］・［B］にあてはまることばとして最も適当なものを、次のア～オからそれぞれ一つずつ選び、記号で答えなさい。（同じ記号は一度しか使わないこと）

ア　やはり　　イ　また　　ウ　しかし　　エ　きっと　　オ　たとえば

問二　空欄《くうらん》［Ⅰ］～［Ⅲ］に入ることばの組み合わせとして最も適当なものを、次のア～エから一つ選び、記号で答えなさい。

ア　Ⅰ　自分　Ⅱ　他者　Ⅲ　他者

イ　Ⅰ　自分　Ⅱ　自分　Ⅲ　他者

ウ　Ⅰ　他者　Ⅱ　自分　Ⅲ　自分

エ　Ⅰ　他者　Ⅱ　他者　Ⅲ　自分

問三　――線部①「この食物分配」の説明として最も適当なものを、次のア～エから一つ選び、記号で答えなさい。

ア　序列がはっきりしているサルの世界では、強いサルが弱いサルにエサを分《わ》け与《あた》えている。

イ　チンパンジーやゴリラは、弱い立場にあるメスや子どもにオスが食物を分け与えている。

ウ　おとなから食物を分け与えられた子どもは、自分の子どもにも食物を分け与えるようになった。

エ　子どもに食物を分け与えたおとなは、おとなの間でも食物を分け与えるようになった。

問四　――線部②「食物の分配は、知性の高さではなく、子育ての負担の大きい社会で起こる現象である」と筆者が言うのはどうしてですか。最も適当なものを、次のア～エから一つ選び、記号で答えなさい。

ア　産まれてくる多くの子どもを共同で育てるタマリンやマーモセットに、他者をいたわる行動が多く見られたから。

イ　タマリンやマーモセットは、多くのおとなに囲まれて育つなかで、少しずつおとなの生き方を覚えるようになるから。

ウ　集団で行動していても自分と他者の違《ちが》いを意識して生きるニホンザルに、自分の役割だけを果たそうとする傾向《けいこう》が見られるから。

エ　他の種よりも高い知能を持つニホンザルは、計画的に食物を分配するが、他者をいたわる行動が極端《きょくたん》に少ないから。

問五　――線部③「人間の共感力の強さは、ほかの霊長類《れいちょうるい》の比ではありません」とありますが、人間の共感力が強いといえるのはどうしてですか。五十字以内で説明しなさい。

〈下書き〉

問六　――線部④「サルやゴリラの世界から見ると、人間は、とてつもなくおせっかいな生き物に違《ちが》いありません」とありますが、人間のどういう点が「おせっかい」と言えるのですか。サルやゴリラと比べながら、六十字以内で説明しなさい。

〈下書き〉

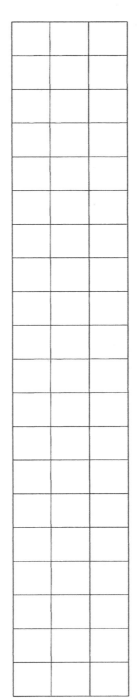

問七　本文の説明として適当でないものを、次のア～エから一つ選び、記号で答えなさい。

ア　食物分配が起こるのは多産である種や成長が遅《おそ》い種であるが、人間はどちらの要因も兼《か》ね備《そな》えている。

イ　人間と同じ霊長類《れいちょうるい》であるサルにも共感力があるが、相手の行動をすぐにそっくり真似《まね》することはできない。

ウ　「教える」という行為《こうい》は、知識のある者が知識の足りない者に対して自分の利益を求めずに行うことである。

エ　人間は他の類人猿《るいじんえん》よりも高い知性を持った種になるために、子どもたちに目標を持つ大切さを教えている。

三　次の文章を読んで、後の問いに答えなさい。

二十年近い前のことだから、もうむかしといっていいかもしれない。ぼくはまだ小学校の三年生だった。

その年の夏休みには、町の子どものあいだで、もちの木の皮から、㊟とりもちを作ることがはやった。だれがどこでおぼえてきたものか、もちの木の皮をしばらく水にさらし、すりつぶしながら、かすをあらい流していくと、上等のとりもちができる。

近所の家の庭に、五本ばかりもちの木があって、皮はそこからとった。ところが、大勢がよってたかって、その庭をねらったものだから、たちまち見つかって、ぼくたちは大目玉をくった。

「平気だよ。峠《とうげ》の向こうにいけば、きっとあるさ。」

①大目玉のあとで、年上のがき大将は、舌をだして、自信たっぷりにそういった。みんなもそう思った。②〝峠の向こう〟には、町にはないものがなんでもあった。もちの木だって、あるにちがいない。ぼくもやはりそう考えたのだ。

峠というのは町のはずれにあった。裏通りからつづく細い道が、町のうしろの丘《おか》にぶつかって、ゆきどまりのように見える。それでもかまわずに丘のふもとまでいくと、左におれて、きゅうな石段があった。それをのぼりつめると、やっとひとりが通れるくらいの、せまい切り通しの道になる。

ここが峠だ。ぼくたちはそうよんでいた。このうす暗いトンネルのような切り通しをぬけると、ぽっかりと明るい村の景色が目の下にひろがってくる。いままでの町の感じが、いきなり村の景色にかわるのだ。どういうわけか、風のふきぐあいまで逆になってしまう。

ⓐここは町から村へぬける近道だった。しかし自転車も荷車も通れないから、この道を使う人はめったにいない。いちばん使うのは、ぼくたち子どもだったかもしれない。

ぼくたちは、ⓑここを通ってよく峠の向こうへ遊びにいった。そこには、小さな流れや、迷路《めいろ》のような細道があり、いろいろな獲物《えもの》があった。春はさくらんぼ、夏は木いちご、秋になると、くりの実やあけびがとれる。やまいもを掘《ほ》るのもおもしろかった。小川のふなやどじょうを追いまわすのはもちろん、夏休みの宿題の昆虫《こんちゅう》採集もⓒここでする。学校で使う竹細工の材料もⓓここでまにあわせる。

だから、もちの木も、ここへいけばきっとあるだろうと、みんなが考えた。

「だいぶ遠くまでいかなくちゃいけないぞ。」

がき大将はそういった。③ぼくたちはうなずいた。峠の向こうは奥《おく》が深いのだ。近くでは、農家の目が光っているから、いままでも、ろくな獲物はなかった。そればかりか、うっかり畑にはいったりすると、どなられることもあるのだ。

こんどは、かなり奥の、山の中までいかなくてはならないだろうと思った。

ぼくたちは、みんなでもちの木をさがした。皮をはいでも、しかられないようなところにあるのを見つけるのは、なかなかたいへんだった。やっとさがしあてたのは、峠から三十分もはいった山の中で、さいわいそれはかなり太い木だった。

しかし、がき大将は、その木の前で、ぼくたちにいった。

「この木はおれの木だぞ。だまってとったら承知しない。そのかわり、すこしずつわけてやる。」

それはやむをえないことだったが、④ぼくはがっかりした。三年生のちびのぼくには、ほんのお情けに、わけてくれるだけだ。ぼくはいつも指の先でひねるくらいのとりもちで、がまんしなければならなかった。

ぼくは、思いきって、もちの木を自分ひとりでさがそうと考えた。しかしあんなにみんなでさがしたのに、一本きりなかったのだから、かんたんにさがせるとは思えなかった。それに、ひとりでは、あんまり遠くまでいく元気もなかった。

ぼくは、とりあえず、みんながばかにしている峠の近くを、あたってみるつもりになった。このあたりを峠山といっていたが、だれもさがしてみなかったところだ。

暗い切り通しの道に立ちどまり、せみの声をききながら、ぼくは右がわによじのぼろうか、それとも左がわにしようか、と、しばらくまよった。そしてのぼりにくい左がわの山にきめて、もぐりこんでいった。

顔にはねかえる笹《ささ》や小えだをよけて、もちの木の葉の色をさがした。しばらく進むと、足もとがきゅうに落ちこんでいて、ぼくはがけの上に出た。向かいにも山があったし、草が深くて先が見えなかったので、ぼくはあやうくころげ落ちるところだった。

きもをひやして、木につかまった。そのままのぞきこむと、かなり高そうだった。ぼくは左に大まわりした。

がけをまわっておりると、大きな杉林《すぎばやし》にはいった。杉林の中はしいんとしていた。もちの木は見つかりそうにもなかった。ぼくは、さっきのがけの下へいってみようと思い、杉林をつっきっていった。正面にはがけの上からも見えた、とがった小山があった。つきあたりのやぶをむりやりおしわけて、小山にのぼりはじめた。

いくらものぼらないうちに、ぼくは、その小山がかくしていた、奇妙《きみょう》な三角の平地にひょっこりと顔を出した。

ふいに、そこへ出たときの感じは、いまでも、わすれない。まるでほらあなの中に落ちこんだような気持ちだった。

思わず空を見あげると、杉のこずえの向こうに、いせいのいい入道雲があった。

右がわが高いがけで、木がおおいかぶさっている。左はこんもりとした小山の斜面《しゃめん》だ。ぼくのはいってきたところには、背の高い杉林がある。この三つにかこまれて、平地は三角の形をしていた。杉林の面が南がわだから、一日じゅう、ほとんど日がささないのだろう。足もとは、しだやふきやいらくさがびっしりはえていた。

そのときまでの、⑤いきごんだ足どりは、ここですっかり消えてしまった。こういう湿気《しっけ》のある場所には、よく、まむしがいるのだ。ぼくは、ふきやいらくさを棒でたたきながら、一歩一歩進んだ。左手の三角のかどに、小さないずみがわいているのを、すぐに見つけた。
水の流れていくほうをのぞいてみると、かすかに明るく見える。
そのとき、ふとぼくは、この岩に見おぼえがあるような気がした。
——いつかここへきたことがあるぞ。いつだっけ。そうだ。みんなで、川の中を歩いていったときだった。どこまでも、どこまでも、川をさかのぼっていたときだ。なんだ。こんな近くだったのか——。
ぼくは、段々岩の上に立って、あたりを見まわした。いま三角平地から出てきたところには、二本の木がならんで立っていた。その木のあいだが黒くあなのように見えるが、そこが三角平地の出入口だった。
「あっ。」
と、ぼくは、声をあげた。その木は二本とも、もちの木だった。
ぼくは、声を出してわらった。こんなところにあった！
「この山はぼくの山だぞ！」
ぼくは思わずそういった。⑥得意でたまらなかった。もちの木のそばまでもどり、皮をすこしはいでポケットへ入れた。

（佐藤《さとう》さとる『だれも知らない小さな国』より）

※　出題にあたり、本文を省略したところがあります。

（注）　とりもち——さおの先などに塗《ぬ》って小鳥や昆虫《こんちゅう》を捕《と》らえるのに使う粘《ねば》りけの強いもの。

問一　〜〜線部ⓐ〜ⓓ「ここ」の指示内容が同じものの組み合わせとして最も適当なものを、次のア〜エから一つ選び、記号で答えなさい。

ア　ⓐⓑ——ⓒⓓ

イ　ⓐⓑⓒ——ⓓ

ウ　ⓐⓒ——ⓑⓓ

エ　ⓐ——ⓑⓒⓓ

問二　——線部①「大目玉のあとで、年上のがき大将は、舌をだして、自信たっぷりにそういった」とありますが、この時の「がき大将」の説明として最も適当なものを、次のア〜エから一つ選び、記号で答えなさい。

ア　大勢で近所の庭にあったもちの木をねらって失敗してしまったので、今度は見つからないように少人数で事を運ぼうと考えている。

イ　持ち主の許しを得ずにもちの木から皮を取ろうとしたことを反省し、誰《だれ》にも迷惑《めいわく》をかけない方法を考えなければならないと心を改めている。

ウ　勝手にもちの木の皮を取ろうとしたことが発覚してひどくしかられてしまったが、今度は別の場所で探せばいいと気持ちを切《き》り替《か》えている。

エ　仲間たちが好き勝手にもちの木の皮を取って怒《おこ》られたことに腹を立て、次は自分の言いつけを守れる者だけを連れて行こうと決意している。

問三　――線部②「峠《とうげ》の向こう」とありますが、「峠の向こう」はどのような場所ですか。最も適当なものを、次のア～エから一つ選び、記号で答えなさい。

ア　町にないものが何でもあると、子どもも大人も信じている夢のような場所。

イ　普段《ふだん》住んでいる町とは異なる雰囲気《ふんいき》があり、子どもたちに期待を抱《いだ》かせる場所。

ウ　四季の自然を感じることができ、つらいことがあったら必ず訪《おとず》れたくなる場所。

エ　険しい道を越《こ》えた先にあり、不気味であるため大人たちでも近づかない場所。

問四　――線部③「ぼくたちはうなずいた」の説明として最も適当なものを、次のア～エから一つ選び、記号で答えなさい。

ア　遠くまでいかなければもちの木を見つけることはできないという意見に同意している。

イ　農家の目を避《さ》けるためには山の中まで行くべきだという主張に納得《なっとく》したふりをしている。

ウ　もちの木を見つけるために険しい道を進まなければならないことに恐《おそ》れを抱《いだ》いている。

エ　目的を果たすためには自分たちの団結が必要になるとそれぞれが覚悟《かくご》している。

問五　――線部④「ぼくはがっかりした」とありますが、どうしてですか。五十字以内で説明しなさい。

〈下書き〉

問六　――線部⑤「いきごんだ足どり」とありますが、この時の「ぼく」の心情を表すような情景描写《びょうしゃ》を、本文中から九字で抜《ぬ》き出《だ》して答えなさい。

問七　――線部⑥「得意でたまらなかった」とありますが、「ぼく」がこのような気持ちになったのはどうしてですか。六十字以内で説明しなさい。

〈下書き〉

令和６年度

前　期

入　学　試　験　問　題

算　　　数

（50分）

注　意　事　項

1．試験問題は指示があるまで開かないでください。
2．解答は必ず解答用紙に記入してください。
3．問題冊子・解答用紙に，受験番号と氏名を記入してください。
4．問題冊子は必ず持ち帰ってください。

受　験　番　号	氏名	

近畿大学附属広島中学校東広島校

1 次の（1）～（7）の計算をしなさい。分数で答える場合は約分した形にしなさい。帯分数，仮分数どちらで答えてもかまいません。また，（8）は□にあてはまる数を答えなさい。

（1）　$56-32\div8+12\times4$

（2）　$2\times6+(21-14)\div7$

（3）　$126\times74-252\times32$

（4）　$1+9+99+999+9999+99999$

（5）　$4 \div 0.02 \times 0.2 \div 0.4$

（6）　$1\frac{5}{8} \div 2\frac{1}{4} \div 1\frac{5}{9}$

（7）　$3\frac{1}{4} + 0.875 - \frac{3}{8}$

（8）　$\left(\square + 20 - 4\right) \div 5 = 6$

2 次の問いに答えなさい。

（1） 次の ア ， イ にあてはまる数を求めなさい。

0.4日＝ ア 時間 イ 分

（2） 6を加えると7の倍数になり，7を加えると6の倍数になる数のうち，最小の数を求めなさい。

（3） 牛乳が入った牛乳ビンの重さは1160 g です。牛乳を40％飲んでから重さをはかると800 g になりました。空の牛乳ビンの重さは何 g ですか。

（4）　ある中学校の生徒は，4市（A市，B市，C市，D市）のどれかの市に住んでいて，自転車，徒歩，バスのどれか1つだけを使って通学しています。図1の円グラフは，全校生徒の4市の割合を表しています。また，図2の円グラフは，A市に住んでいる生徒の通学方法の割合を表しています。A市に住んでいる生徒のうち，徒歩で通学している生徒の人数は42人です。このとき，この学校の全校生徒の人数は何人ですか。ただし，考え方も，式とことばを使って説明しなさい。

図1

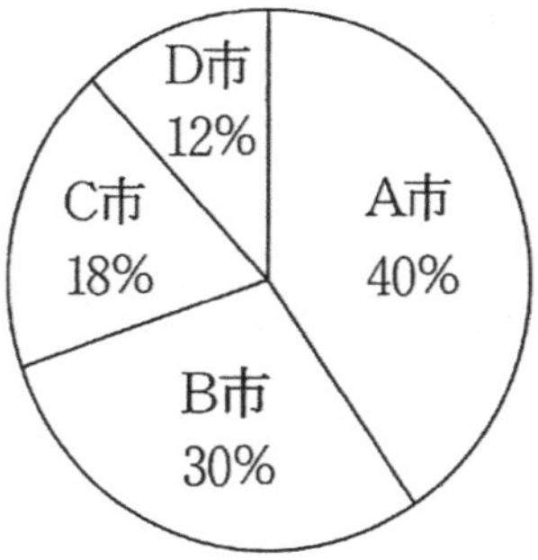

図2

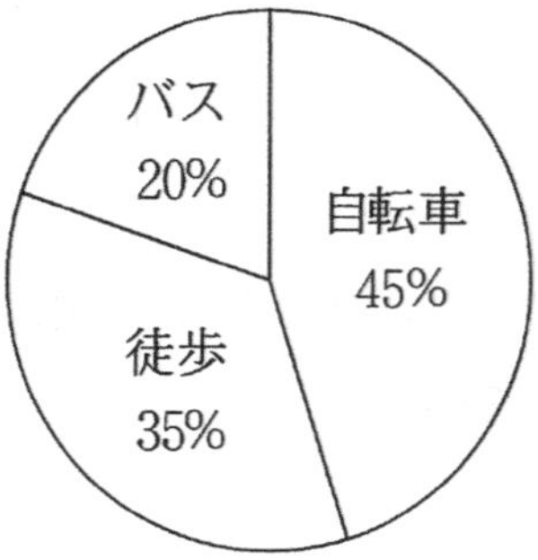

（5）　下の図のように，台形ABCDがあります。点Eは辺AB上の点とします。角アの大きさは何度ですか。また，三角形CDEの面積は何cm^2ですか。

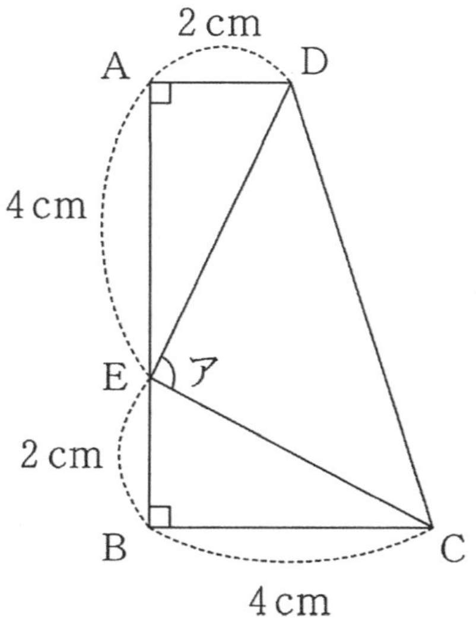

（6）　下の図は，1辺が6 cmの立方体です。2点M，Nはこの立方体の辺上の点で，BM＝2 cm，CN＝2 cmです。3点A，M，Nを通る平面でこの立方体を2つに分けるとき，次の問いに答えなさい。

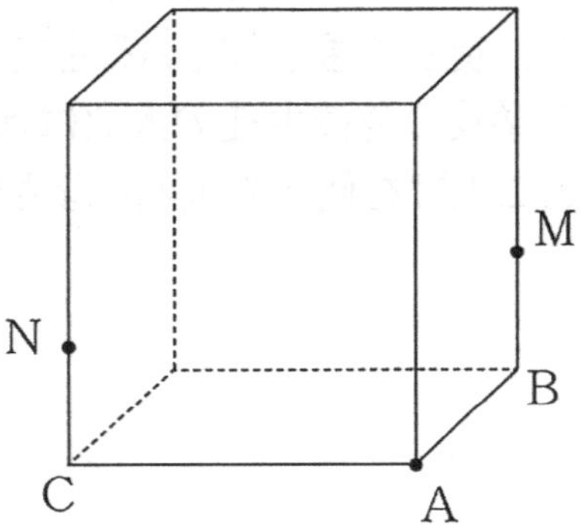

①　切り口の形を，次の［　　］の中から1つ選び，記号で答えなさい。

ア：　台形	イ：　ひし形
ウ：　長方形	エ：　正方形

②　2つに分かれた立体の表面積の差は何 cm^2 ですか。

（計　算　用　白　紙）

3 アレンさんは，家から公園までは分速60m，公園から家までは分速40mのそれぞれ一定の速さで移動し，行きも帰りも同じ道を通ります。アレンさんは15時に家を出て20分で公園に着きました。公園で遊んでから家に帰ってきたのは16時30分でした。下の図は，そのときのアレンさんの移動の様子を表したものです。このとき，次の問いに答えなさい。

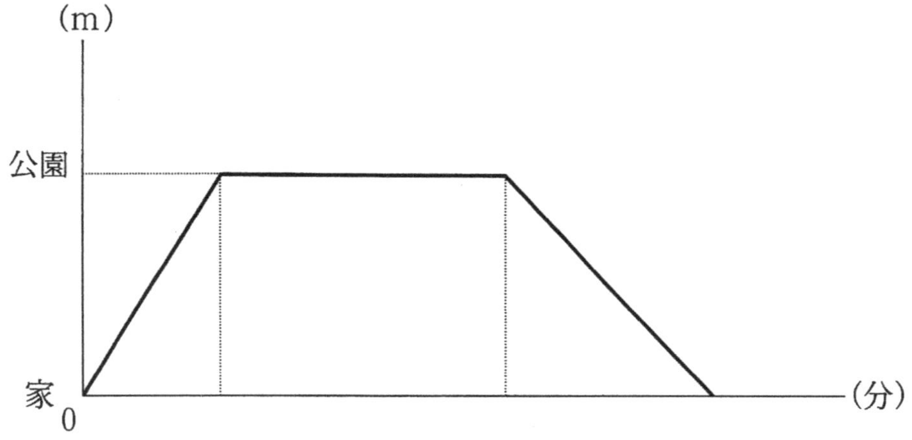

（1） 家から公園までの道のりは何mですか。

（2） アレンさんが公園にいた時間は何分間ですか。

（3）　アレンさんが水とうを忘れていることに気づいたお母さんは，アレンさんが家を出発した1時間後に家を出発し，時速12 km の一定の速さで公園に向かいました。お母さんは家から何 m の地点でアレンさんと出会うことができますか。また，その時刻は何時何分ですか。

4　たて20 cm，高さ4 cmで横の長さがわからない直方体の箱の中に，1から順に番号のついた半径2 cmのボールをぴったりくっつけて並べていきます。下の図は，これを真上から見た図です。左上から1から順にボールを反時計回りに並べ，最後のボールが(あ)であることを表しています。このとき，次の問いに答えなさい。ただし，横の並びを行，たての並びを列といいます。

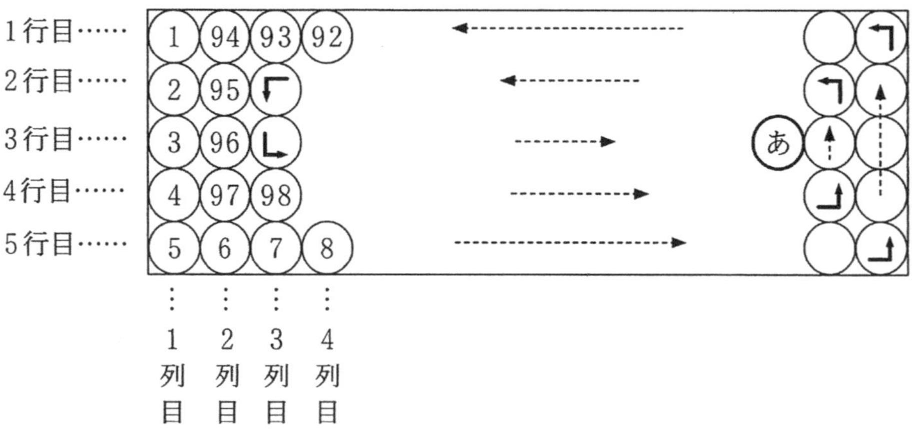

（1）　この箱の横の長さは何 cm ですか。

（2）　番号(あ)のボールまで並べたとき，この箱には何個のボールが入っていますか。

（3）　次のＡさんとＢさんの会話文の**ア～オ**にあてはまる数をそれぞれ求めなさい。ただし，[　] の中の同じ文字には同じ数が入ります。

Ａ「箱に並べたボールの並び方を順に見ていこうよ。」

Ｂ「１番から並べたボールは，5行目に入ると1列目から [**ア**] 列目まで右に1つ進むごとに番号が [**イ**] ずつ増えて，5行目の一番右のボールの番号は [**ウ**] だよ。」

Ａ「そうだね。そこから上に進んで，[ア] 列目 の一番上のボールから1行目に入ると，[ア] 列目から2列目まで左に1つ進むごとに番号は [イ] ずつ増えている。そして，94番のボールから下に進むと，97番のボールから4行目に入るよ。ここから [**エ**] 列目まで 右に1つ進むごとに番号は [イ] ずつ増えている。」

Ｂ「そして，上に進んで2行目に入り，[エ] 列目から3列目まで左に1つ進むごとに番号は [イ] ずつ増えている。」

Ａ「最後の3行目は， 3列目から [**オ**] 列目まで右に1つ進むごとに番号は [イ] ずつ増えて，(あ)のボールで並び終わる。」

Ｂ「そうだね。3列目から [オ] 列目までの並び方をまとめると，1行目，2行目と3行目，4行目，5行目では，[イ] ずつ増えていく向きが逆だね。」

（4）　たてに並んでいる5個のボールの番号の和をそれぞれ計算します。それらの和のうち，一番大きい数を求めなさい。

令和６年度

前　期

入　学　試　験　問　題

理　　　　科

(30分)

注　意　事　項

１．試験問題は指示があるまで開かないでください。

２．解答は必ず解答用紙に記入してください。

３．問題冊子・解答用紙に，受験番号と氏名を記入してください。

４．問題冊子は必ず持ち帰ってください。

受　験　番　号	氏 名	

近畿大学附属広島中学校東広島校

1　ヒトの体はさまざまなはたらきをするつくりが集まってできています。**図１**は，心臓を正面から見たときのようすを模式的に表したものであり，矢印は血液の流れる向きを示しています。**図２**は，うでの骨のようすを模式的に表したものです。これについて，次の問いに答えなさい。

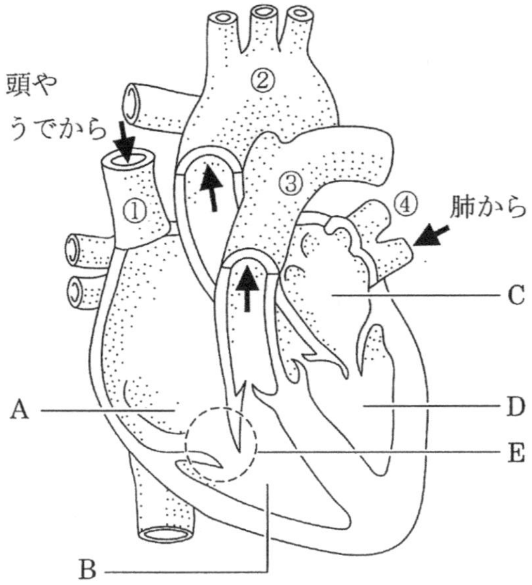

図１

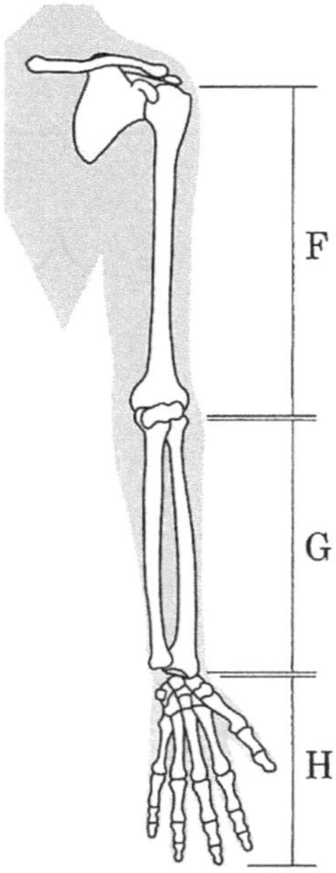

図２

（１）**図１**の血管①～④のうち，心臓から肺へ血液が流れていく血管を１つ選び，番号で答えなさい。

（２）**図１**において，血液中に含《ふく》まれる酸素が多く，二酸化炭素が少ない血液が流れる部屋の組み合わせとして最も適当なものを，次の**ア**～**カ**から１つ選び，記号で答えなさい。

ア　AとB　　**イ**　AとC　　**ウ**　AとD
エ　BとC　　**オ**　BとD　　**カ**　CとD

（３）**図１**のつくりEの役割を簡単に説明しなさい。

（4）**図2**において，ひじを曲げるときの説明として最も適当なものを，次の**ア**～**カ**から１つ選び，記号で答えなさい。

ア　ひじを曲げるときに縮む筋肉とひじを伸《の》ばすときに縮む筋肉は同じもので，主に**F**にある。

イ　ひじを曲げるときに縮む筋肉とひじを伸ばすときに縮む筋肉は同じもので，主に**G**にある。

ウ　ひじを曲げるときに縮む筋肉とひじを伸ばすときに縮む筋肉は異なるが，主に**F**にある。

エ　ひじを曲げるときに縮む筋肉とひじを伸ばすときに縮む筋肉は異なるが，主に**G**にある。

オ　ひじを曲げるときに縮む筋肉は主に**F**にあり，ひじを伸ばすときに縮む筋肉は主に**G**にある。

カ　ひじを曲げるときに縮む筋肉は主に**G**にあり，ひじを伸ばすときに縮む筋肉は主に**F**にある。

（5）骨と骨のつなぎ目で，体の曲がるところを何といいますか。漢字で答えなさい。

（6）**図2**の**H**には，たくさんの骨と骨のつなぎ目があります。これにより，どのような利点がありますか。簡単に説明しなさい。

2　次の表は，5本の試験管に入った水よう液A～Eの性質について調べたものです。水よう液は，アンモニア水，塩酸，食塩水，石灰水，炭酸水の5種類のいずれかです。これについて，次の問いに答えなさい。

	におい	リトマス紙の変化	水を蒸発させたときに残るもの
A	ある	青色→赤色	ない
B	ない	変化なし	白い固体
C	ない	赤色→青色	白い固体
D	ある	赤色→青色	ない
E	ない	青色→赤色	ない

（1）水よう液を用いる実験を行うときの注意点として**適当でない**ものを，次の**ア**～**オ**から2つ選び，記号で答えさない。

ア　保護眼鏡をかける。
イ　においをかぐときには手であおぐようにする。
ウ　気体が発生する実験では窓は必ず閉めておく。
エ　水よう液を直接さわったりなめたりしない。
オ　手に水よう液がついたらすぐにふき取る。

（2）固体がとけている水よう液として適当なものを，水よう液A～Eからすべて選び，記号で答えなさい。

（3）水よう液Dは5種類のうち，どの水よう液ですか。

（4）水よう液Eからは泡《あわ》（気体G）が発生しています。水よう液A～Dのうち，1種類の水よう液を用いた実験によって，気体Gが何かを確かめることができます。次の文は，その実験と結果を説明したものです。文中の空欄《くうらん》①にはA～Dから適当な記号を，②には適当な説明を，③には気体の名前を，それぞれ答えなさい。

集めた気体Gを水よう液（　①　）に通すと，水よう液（①）は（　　②　　）。これより，気体Gは（　③　）という気体であることがわかる。

（5）成分表に塩酸が書かれているトイレ用洗剤《せんざい》があり，金属製品には使えないという注意書きがありました。金属製品に使えないのはなぜですか。簡単に説明しなさい。

問題は，次のページに続きます。

3 **図1**は，星座早見を表したものです。星座早見と実際の星空を見くらべることで，星や星座を探すことができます。星座早見は，2枚の円形の板が中心で止められていて，ぐるぐる回転できるようになっています。下の板を星座盤《ばん》，上の板は地平盤といい，地平盤には大きく窓が開けてあり，その窓の中から見える範囲《はんい》が，実際に見える星空のようすを表しています。ただし，**図1**では星座盤に示された星座などは省略してあります。**図2**は，**図1**の星座盤に示されていた3つの星座E～Gです。これについて，次の問いに答えなさい。

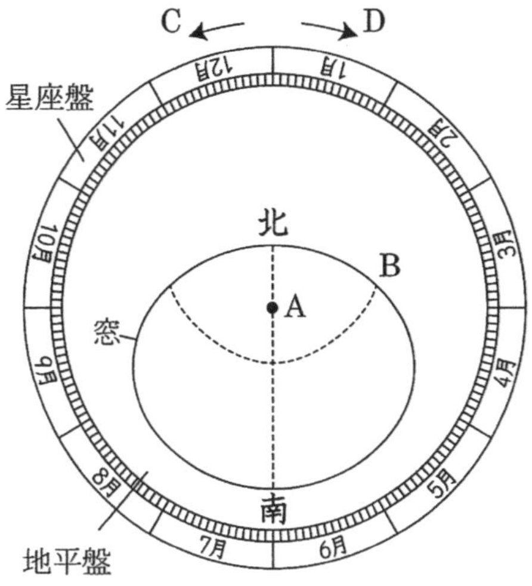

図1

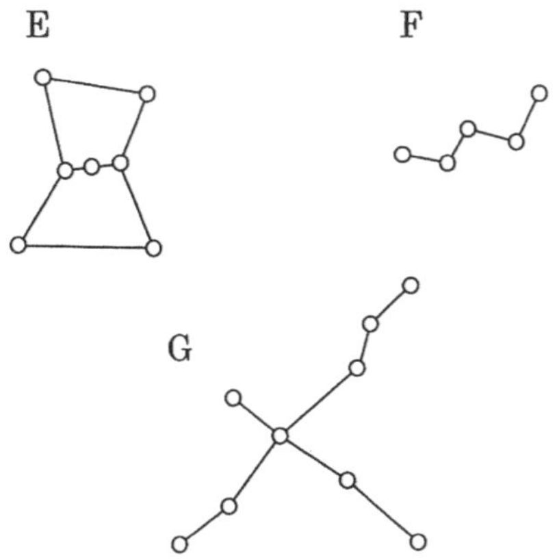

図2

（1）**図1**において，中心のAの位置にある星を何といいますか。

（2）**図1**において，星座早見に示されたBは，東西どちらの方位を示していますか。また，同じ日に星が動いていく向きを知るためには，地平盤を動かないようにして，星座盤をCとDのどちらの向きに回していけばよいですか。最も適当な組み合わせを，次の**ア**～**エ**から1つ選び，記号で答えなさい。

	Bの方位	星座盤を回す向き
ア	東	C
イ	東	D
ウ	西	C
エ	西	D

（3）一般《いっぱん》的な星座早見に示されているものを，次の**ア**～**エ**から1つ選び，記号で答えなさい。

ア　天の川　　**イ**　月　　**ウ**　金星　　**エ**　太陽

（4）**図2**の星座E～Gについて，次の①～③に答えなさい。

①　星座E～Gの名前をそれぞれ答えなさい。

②　日本において，冬の南の夜空に見られる代表的な星座はE～Gのどれですか。記号で答えなさい。

③　星座Eには，赤っぽくかがやく1等星と，青白くかがやく1等星があります。このうち，青白くかがやく1等星の名前を答えなさい。

4 タオルや靴下《くつした》などの小物類を一度に干す道具として**図1**のようなピンチハンガーがあります。ピンチハンガーがつり合う条件を調べるために，**図2**のように，同じ大きさの16マスの正方形からなる丈夫《じょうぶ》な枠《わく》を用意して，**図3**のように，中央の⑬の位置に糸を結びつけてつり下げました。おもりをつるしていないとき，枠は水平につり合いました。また，①と㉕の位置におもりを2個ずつつるすと，水平につり合いました。これについて，次の問いに答えなさい。ただし，用いるおもりはすべて同じ重さとします。

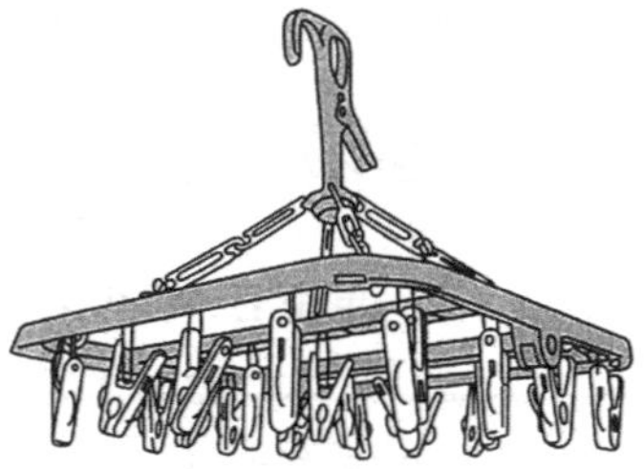

図1

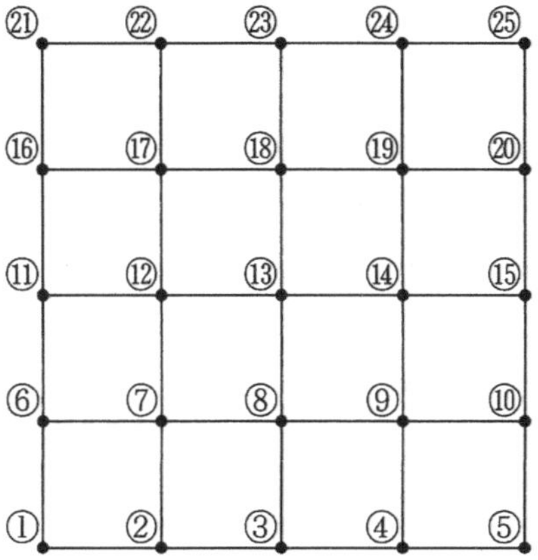

図2

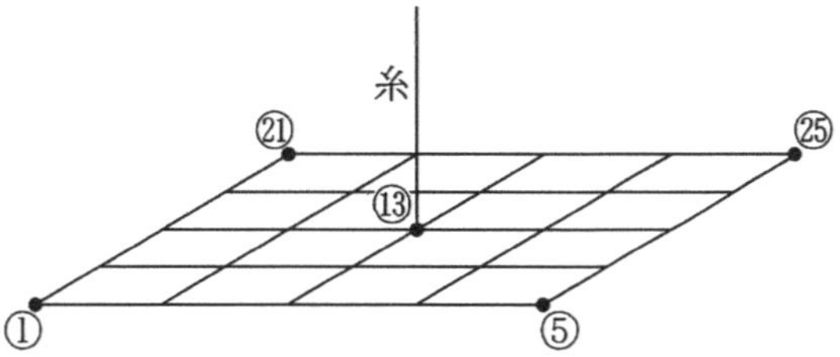

図3

（1）①の位置におもりを2個つるしたとき，⑲の位置におもりを何個つるすと，水平につり合いますか。

（2）①と⑤の位置におもりを2個ずつつるしたとき，1か所におもりを4個つるして水平につり合わせるには，どの位置につるせばよいですか。①～㉕から1つ選び，番号で答えなさい。

（3）①と⑤の位置におもりを2個ずつつるしたとき，2か所におもりを2個ずつつるして水平につり合わせるには，2通りの方法が考えられます。どの位置とどの位置につるせばよいですか。2通りの組み合わせを，①～㉕からそれぞれ2つずつ選び，番号で答えなさい。

（4）③と⑪の位置におもりを3個ずつつるしたとき，2か所におもりを2個ずつつるしてつり合わせるには，2通りの方法が考えられます。どの位置とどの位置につるせばよいですか。2通りの組み合わせを，①～㉕からそれぞれ2つずつ選び，番号で答えなさい。

5　夏休みに，栄一《えいいち》さんと諭吉《ゆきち》さんとおじさんはキャンプ場でバーベキューをするために，レンガを重ねてバーベキューコンロを作ることにしました。次の文章はそのときの会話です。これについて，後の問いに答えなさい。

おじさん：まずはレンガを積んで，コンロを作ってみよう。バランスと火が消えにくいように考えること。

栄一さん：四角くまわりを囲んでみたよ（**図１**）。まわりを囲んで，熱が逃《に》げないようにしたんだよ。

諭吉さん：僕《ぼく》は，前を開けて，囲んでみたけど（**図２**）。どっちがいいんだろう。

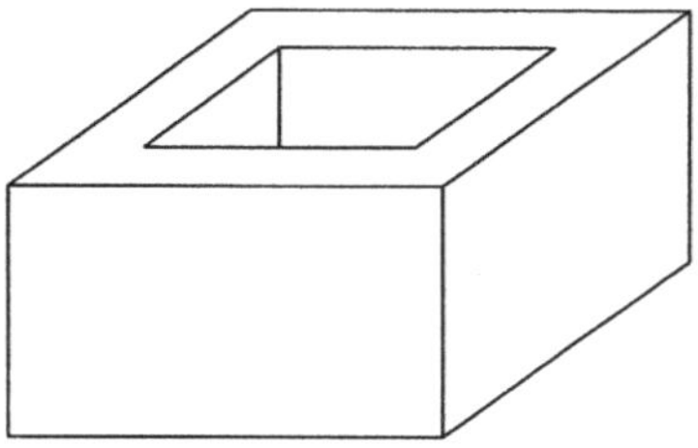

図１

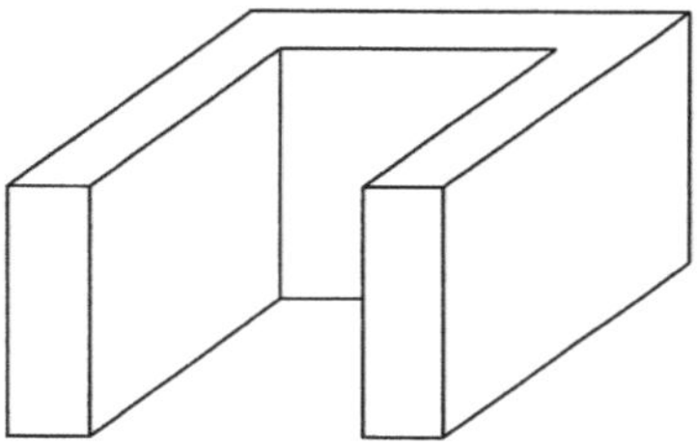

図２

おじさん：真ん中に木を入れて燃やして上にあみを置くと考えると，a 栄一さんのようにレンガを積み上げてしまうと逆に木が燃えにくくなるぞ。

栄一さん：そうなんだ！？

諭吉さん：ええと，おじさん，木の枝を集めてくるよ。

栄一さん：どんな木がいいの？

おじさん：一般的に，b 火がつきやすいのはマツとかヒノキの針葉樹だね。でも，火の持ち時間がいいのはサクラやクヌギの広葉樹だな。

諭吉さん：とりあえず両方探してくるよ。最初に針葉樹の枝を燃やしておいて，火が大きくなったら，広葉樹の枝をくべていくようにしよう。

おじさん：うん，そうだね。集めたら，いろんな大きさに切って，細いものから燃やしていこう。c 木に火がついたら勢いよく火の粉が上にのぼっていくだろうね。

（1）ものを燃やすはたらきのある気体を何といいますか。漢字で答えなさい。

（2）空気中の（1）の気体は，空気全体の体積を1としたとき，どのくらいの割合をしめますか。最も適当なものを，次の**ア**～**エ**から1つ選び，記号で答えなさい。

ア $\frac{1}{5}$　　**イ** $\frac{2}{5}$　　**ウ** $\frac{3}{5}$　　**エ** $\frac{4}{5}$

（3）下線部aのように，**図1**のコンロのほうが，燃料の木が燃えにくくなるのはなぜですか。

（4）下線部bのように，サクラやクヌギよりも，マツやヒノキのほうが火がつきやすい理由として適当なものを，次の**ア**～**オ**から2つ選び，記号で答えなさい。

ア　乾燥《かんそう》させたときの木の密度が大きい。
イ　木が含んでいる空気の量が多い。
ウ　油脂《ゆし》を多く含む。
エ　水分を多く含む。
オ　多くが1年中，葉をつけている。

（5）下線部cのように，木が燃えると勢いよく火の粉が上にのぼるのはなぜですか。

令和６年度

前　期

入　学　試　験　問　題

社　　会

(30分)

注　意　事　項

１．試験問題は指示があるまで開かないでください。
２．解答は必ず解答用紙に記入してください。
３．問題冊子・解答用紙に，受験番号と氏名を記入してください。
４．問題冊子は必ず持ち帰ってください。

受　験　番　号	氏名	

近畿大学附属広島中学校東広島校

1　修学旅行で四国へ行くことになった山内さんは，事前調査をしました。調査で利用した次の地図を見て，後の問いに答えなさい。

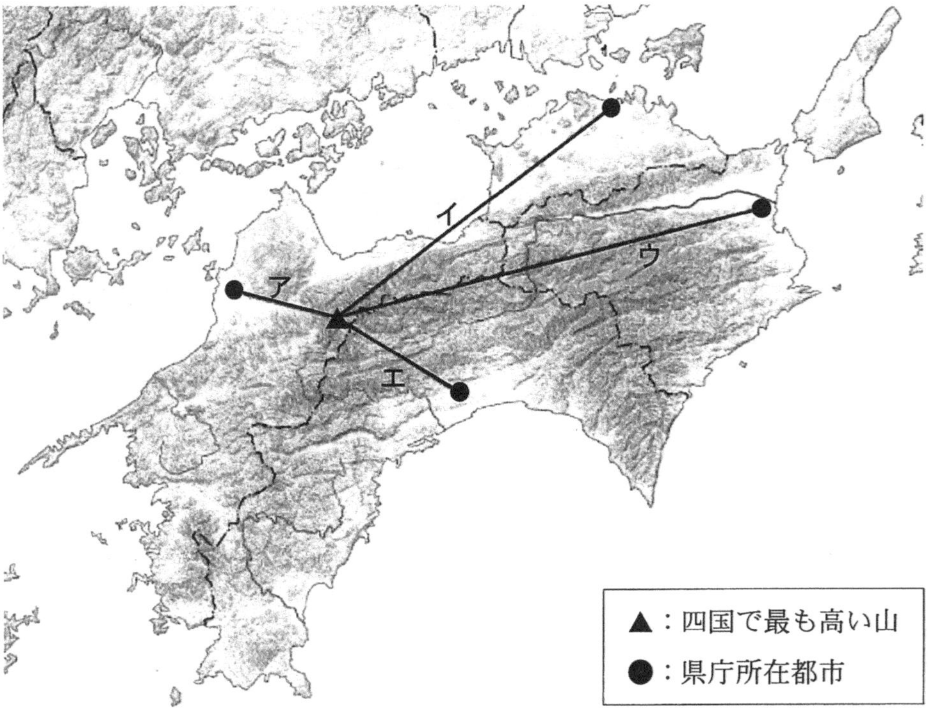

問１　山内さんは地図の等高線を利用して，四国地方で最も高い山と県庁所在都市を結ぶ断面図を作成しました。次の断面図にあてはまるものを，地図中の**ア**～**エ**から１つ選び，記号で答えなさい。

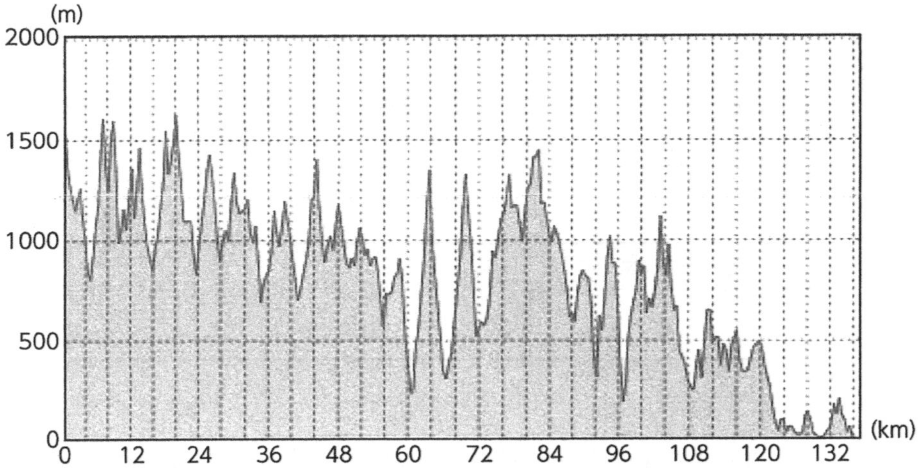

（地理院地図より作成）
縦軸《たてじく》は標高（m）を表している

問２　山内さんは高知市と高松市の１月・７月の月平均気温と月降水量を調べて，グラフを作成しました。次のグラフの**Ａ**と**Ｂ**は高知市か高松市のどちらかであり，●と■は１月か７月のどちらかを示しています。高知市と７月の月平均気温・月降水量を示したものの正しい組み合わせを右の**ア**～**エ**から１つ選び，記号で答えなさい。

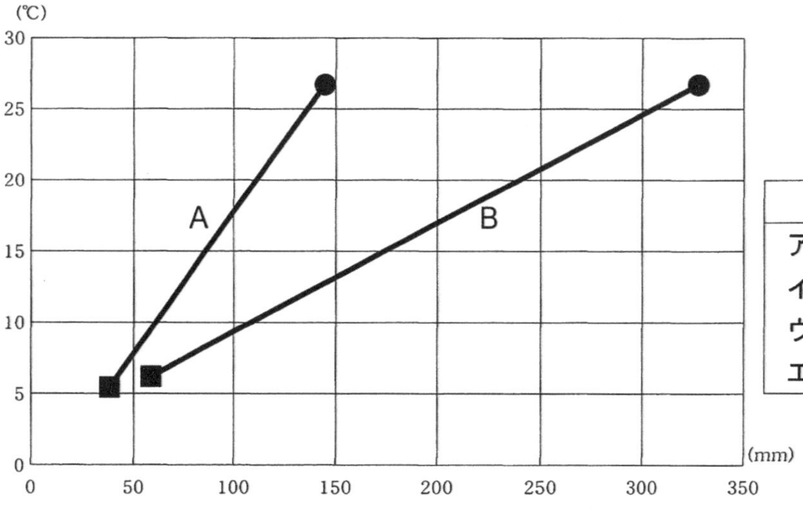

(気象庁ホームページより作成)

	高知市	７月
ア	A	●
イ	A	■
ウ	B	●
エ	B	■

問３　山内さんは，四国地方の農業の特徴《とくちょう》を県ごとにまとめることにしました。山内さんのまとめを参考にして，後の【語群】にある用語から３つ選んで愛媛県の農業の特徴を説明しなさい。（ただし，選んだ語句には下線を引くこと）

～山内さんのまとめ～

【高知県】

　温暖な気候を活用して，高知平野ではビニールハウスでキュウリやナスなどの促成栽培《そくせいさいばい》がさかん。

【語群】

ため池　　稲作《いなさく》　　みかん　　斜面《しゃめん》　　らく農　　りんご　　段々畑

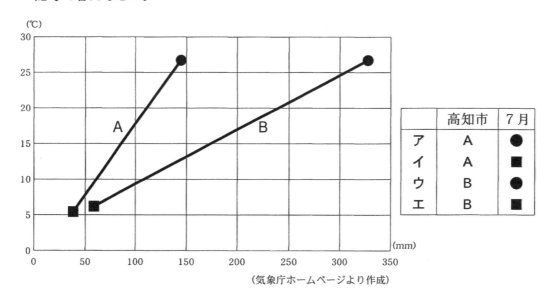

問4　山内さんは，瀬戸内しまなみ海道を利用して四国へ移動するようです。そこで，四国と本州を結ぶ橋について調べました。明石海峡大橋以外のルートは四国側と本州側のそれぞれどの都市を結んでいますか，次の表の①～④に入る都市名を答えなさい。

<table>
<tr><td>ルート</td><td rowspan="3">西側</td><td>しまなみ海道</td><td>瀬戸大橋</td><td>明石海峡大橋</td><td rowspan="3">東側</td></tr>
<tr><td>本州側</td><td>①○○市</td><td>②××市</td><td>神戸市</td></tr>
<tr><td>四国側</td><td>③□□市</td><td>④△△市</td><td>鳴門市</td></tr>
</table>

問5　山内さんは，ゴミを細かく分別することで，リサイクル率80％を越《こ》える町が徳島県にあることを知りました。これはSDGsのゴール12「つくる責任つかう責任」の達成に向けた取り組みだと感じ，興味を持ちました。「つくる責任つかう責任」の達成のために，ゴミの分別以外で私たちができることはどのようなことがありますか，答えなさい。

2　次の地図中のA～Dは，昨年５月に開かれたＧ７広島サミット2023のヨーロッパの参加国を記したものです。この地図をみて，後の問いに答えなさい。

問１　ヨーロッパの西に広がる海洋の名前を答えなさい。

問２　ヨーロッパの南に広がる大陸の名前を答えなさい。。

問３　次の文章は，地図中のA～Dのどの国を説明したものですか，地図中の記号とその国名をそれぞれ答えなさい。

> かつてローマ帝国《ていこく》が栄え，現在もその当時の建造物が観光資源として生かされている。また，ピザやパスタなどの料理は，この国から世界各地へ広まったとされている。

問４　地図に記されていないＧ７サミットの参加国のうち，右の国旗が示す国名を答えなさい。

問５　次の地図は，Ｇ７広島サミットが開かれた会場周辺の現在の地図を，明治29年発行のものと比較《ひかく》したものです。現在と明治29年発行の地図の２つで，宇品島の形が異なるのはなぜですか，その理由として正しいものを，次の**ア**～**エ**から１つ選び，記号で答えなさい。

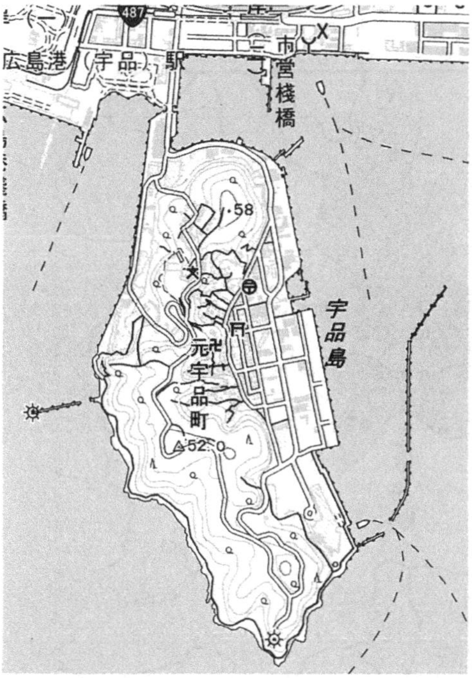

現在

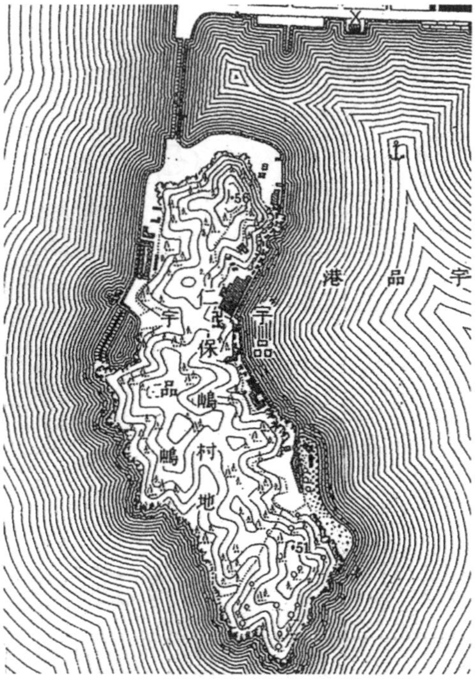

明治29年発行

（今昔マップより作成）

ア　火山活動によって溶岩《ようがん》が山頂より流出し、海岸に広がったから。

イ　地震《じしん》活動によって宇品島全体が海面からもり上がったから。

ウ　大雨によって山から土砂が流出して海岸を埋《う》めたから。

エ　経済活動によって海岸の埋め立てや干拓《かんたく》が進められたから。

3　次の資料を見て，後の問いに答えなさい。

資料

■創業寛永元年（1624年）

福砂屋《ふくさや》は1624年、寛永《かんえい》元年の創業《そうぎょう》。日本が鎖国へと向かっていく激動《げきどう》の時代でした。前年の1623年に①徳川家光が三代将軍となり、②キリシタンの布教禁止を強化。創業時の寛永元年にはスペイン船の来航を禁止して、スペインとの国交を断絶しています。

その後1633年（寛永10年）に幕府は第一次鎖国令を出し、３年後の1636年には③出島が完成しました。

■長崎市観光案内『長崎案内』にみる創業のエピソード

福砂屋の創業は、1937年（昭和13年）に長崎市から刊行された『長崎案内』でも紹介《しょうかい》されています。そこには「315年前の寛永元年に、ポルトガル人よりカステラ製造を伝授。その原名はカストルボルという。カストルとはスペインの州名、ボルは菓子《かし》の意味」とあります。また、「カストルとはカスティーリャのこと、ボルはボーロ、お菓子のこと」とも書かれています。

（福砂屋ホームページより作成）

問１　下線部①について説明した文として正しいものを，次の**ア**～**エ**から１つ選び，記号で答えなさい。

ア　農民が一揆を起こさないように，刀や鉄砲などの武器を取り上げた。

イ　大名が領地と江戸を１年おきに行き来する参勤交代の制度を定めた。

ウ　幕府と御家人の「ご恩と奉公」の関係をくわしく取り決めた。

エ　関ヶ原の戦いに勝利して，征夷大将軍となり，幕府を開いた。

問２　下線部②について，次の写真は布教禁止のために使われたものです。その使用方法について，描《えが》かれている人物の名前を明らかにして，40字以内で説明しなさい。

前期

令和6年度　近畿大学附属広島中学校東広島校　入学試験　国語　解答用紙

受験番号	氏名

一

問一
①
②
③
④
⑤
⑥
⑦
⑧

問二
①
②

問三

問四

得点

二

問一
A
B

問二

問三

問四

問五

得点

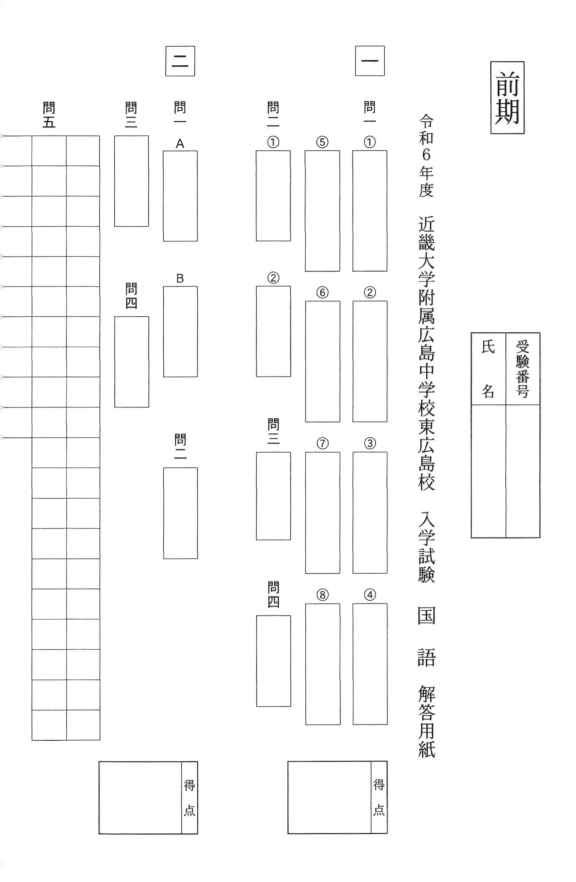

答え　　　　　　人

(5) 角ア　　　度 ｜ 面積　　　cm^2　(6) ①　　　｜ ②　　　cm^2

得点

3

(1)　　　m　(2)　　　分間

(3)　　　m ｜ 　　時　　分

得点

4

(1)　　　cm　(2)　　　個

(3) ア ｜ イ ｜ ウ ｜ エ ｜ オ

得点

(4)

総得点

※100点満点
（配点非公表）

② ③

得点

4

(1) 個 (2) (3) と と

(4) と と

得点

5

(1) (2)

(3)

(4) と

(5)

得点

総得点

※60点満点
（配点非公表）

4

①	記号	都道府県名
②	記号	都道府県名
③	記号	都道府県名
④	記号	都道府県名
⑤	記号	都道府県名

得　点

5

問 1		問 2		問 3			
問 4	（　　　　　　　　）ので					問 5	

得　点

6

問 1	
問 2	

得　点

7

問 1		問 2	

総 得 点
※60点満点 （配点非公表）

受験番号	
氏　　名	

前期

令和６年度　近畿大学附属広島中学校東広島校　入学試験　社　会　解答用紙

1

問１		問２				
問３						
問４	本州側	西側	①　　市	②　　市	神戸市	東側
	四国側		③　　市	④　　市	鳴門市	
問５						

得　点

2

問１		問２			
問３	記号	国名	問４		問５	

得　点

3

問１	
問２	（20）
	（40）

得　点

受験番号	
氏　　名	

前期

令和6年度　近畿大学附属広島中学校東広島校　入学試験　理　科　解答用紙

1

(1)　　(2)　　(3)

(4)　　(5)

(6)

得点	

2

(1) と　　(2)　　(3)

(4) ①　②　③

(5)

得点	

3

(1)　　(2)　　(3)

【解答

受験番号	
氏　　名	

前期

令和6年度　近畿大学附属広島中学校東広島校　入学試験　算　数　解答用紙

1

(1)

(2)

(3)

(4)

(5)

(6)

(7)

(8)

得　点

2

(1) ア　　イ

(2)

(3) g

【解答

問六

問七

三

問一

問二

問三

問四

得点

問五

問六

問七

総得点

※100点満点
（配点非公表）

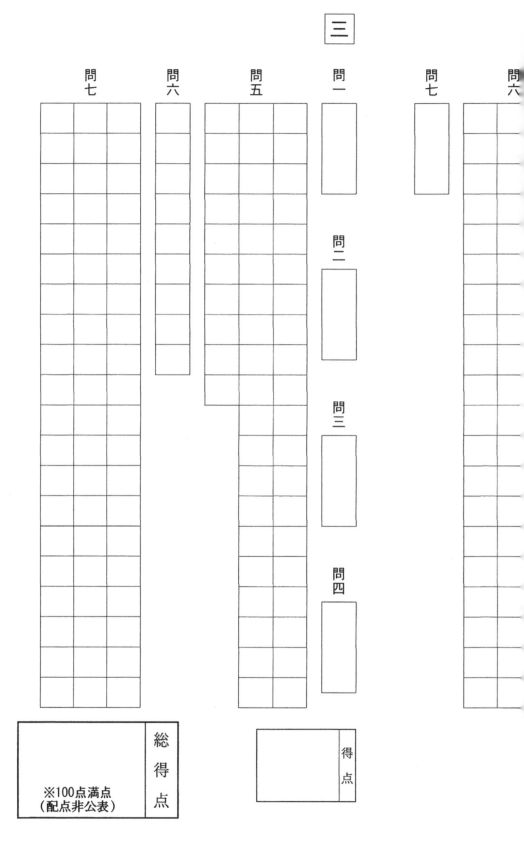

問３　下線部③の出島の場所は，次の地図のＡ・Ｂどちらですか。また，出島で通商していたはどこの国ですか。その組み合わせとして正しいものを，後の**ア**～**カ**から１つ選び，記号で答えなさい。

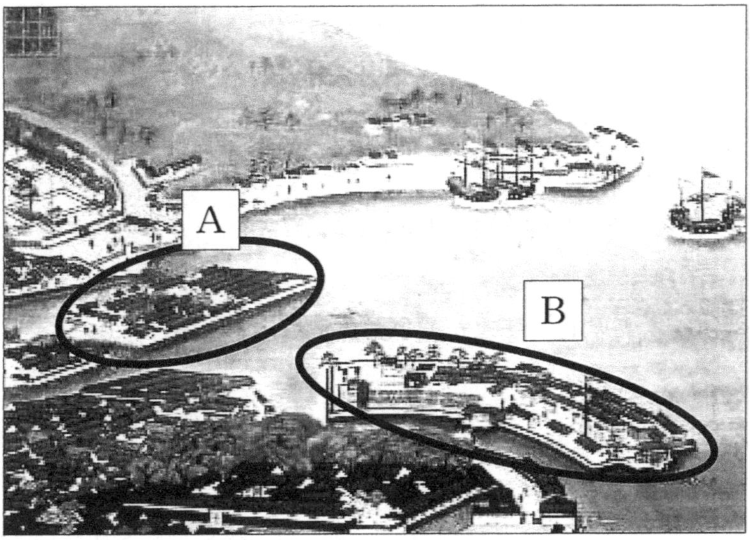

ア　Ａ　中国　　　**イ**　Ｂ　中国
ウ　Ａ　オランダ　　　**エ**　Ｂ　オランダ
オ　Ａ　ポルトガル　　　**カ**　Ｂ　ポルトガル

問４　「カステラ」を日本へ伝えた国が日本へ伝えたものを，次の**ア**～**エ**から１つ選び，記号で答えなさい。

ア　ガス灯　　**イ**　鉄砲　　**ウ**　ジャガイモ　　**エ**　サツマイモ

4　次の①～⑤の文にあてはまる都道府県を，後の地図中の**ア**～**コ**からそれぞれ１つずつ選び，記号とその都道府県名を答えなさい。

①　明治政府軍と旧幕府軍が戦った五稜郭がある。

②　東海道の起点となっている日本橋がある。

③　織田信長と徳川家康の連合軍が武田勝頼をたおした長篠がある。

④　源氏と平氏が戦った壇ノ浦がある。

⑤　僧《そう》たちが学ぶために，鑑真が開いた唐招提寺がある。

5　タケシさんは日本と大陸との関係について発表するために，４枚のカードにまとめました。これを見て，後の問いに答えなさい。

①

・中国（明）を征服しようと考え，２度にわたって朝鮮《ちょうせん》に大軍を送ったが，自身が亡くなったので，引き上げた。

②

・遣唐使が，中国の進んだ政治のしくみや大陸の文化を学び，法《ほう》律《りつ》や歴史についての書物や仏教の経典を手に入れた。

③

・元が２度にわたって九州北部に攻《せ》め込《こ》んできたが，暴風にあうなど大きな損害を受けて引き上げた。

④

・聖徳太子が，進んだ政治の仕組みや文化を取り入れようと，小野妹子らを遣隋使として送った。

問１　カード①～④を時代の古い順番にならびかえたときに**3番目**になるものを選び，カードの番号を答えなさい。

問２　カード①にある出兵を指示した人物を答えなさい。

問３　カード②の遣唐使が日本へ伝えたものを，次の**ア**～**エ**から１つ選び，記号で答えなさい。

ア

イ

ウ

エ

問４　カード③について，このあと幕府の力はおとろえていくことになります。

次の文の（　　　）に文をおぎなって，その原因を説明しなさい。

> 御家人たちは多くの費用を使い，命がけで戦ったにもかかわらず，（　　　　　　　　　　　　　　）ので，しだいに幕府に不満を持つようになり，幕府と御家人との関係が崩れてしまった。

問５　カード④の聖徳太子について説明した文として誤《あやま》っているものを，次の**ア**～**エ**から１つ選び，記号で答えなさい。

ア　天皇を助ける地位について，天皇を中心とした国をつくろうとした。

イ　仏教を重んじて，日本各地に国分寺や国分尼寺を建てた。

ウ　十七条の憲法によって，政治を行う役人の心構えを示した。

エ　能力がある人物を役人に取り立てる冠位十二階をつくった。

6　次の新聞記事を読み，後の問いに答えなさい。（一部表現をわかりやすくしたり，省略したりしています。）

〈調査や申請《しんせい》の「性別欄《らん》」なくす動きがあるの？〉

Q　いろいろな調査やアンケートで「性別欄」をなくす動きがあるんだってね。

A　そうなんだ。国の統計調査や自治体の申請書などの様式は，男女のどちらかを選ぶものがほとんど。ただ，心と体の性が一致《いっち》しない[　あ　]など，性的少数者への配慮《はいりょ》を求める声が強まっている。性別欄自体をなくしたり，「その他（どちらともいえない・わからない）」という選択肢《せんたくし》を設けたりする動きが広がっているよ。

Q　具体的にどういう事例があるの？

A　例えば公立高校の入学願書。内閣府によると，大阪府と福岡県が2019年春の入試から性別欄をなくすと，今年春の入試までに東京都をのぞく46道府県に広がった。そのほか，公共施設《しせつ》の使用申請書やボランティアの申込《もうしこみ》書，選挙の投票所の入場券など，性別を聞く必要がないものから廃止《はいし》する自治体も徐々《じょじょ》に増えている。性別欄がない履歴《りれき》書も売られているよ。

Q　いずれ性別欄はなくなるのかな。

A　そうとも言い切れない。性的少数者への配慮は必要だけど，調査によっては男女別のデータをきちんと把握《はあく》する必要がある。例えば，[　　　い　　　]。

Q　線引きが難しいね。（後略）

（2022年6月28日　朝日新聞「いちから わかる！」より作成）

問1　空欄《くうらん》[　あ　]に入る言葉を，次の**ア**～**エ**から1つ選び，記号で答えなさい。

ア　プライバシー　　　**イ**　トランスジェンダー

ウ　マイノリティー　　**エ**　ポジティブアクション

問2　空欄[　い　]に入る事例を，記事の内容に沿うように考えて答えなさい。

7　次の時事問題に答えなさい。

問１　２０２４年の３月にはロシアで，11月にはアメリカで実施が予定されている共通のできごとは何ですか，次の**ア**～**エ**から１つ選び，記号で答えなさい。

ア　通貨のデザイン刷新　　**イ**　ＮＡＴＯへの加盟
ウ　中国との国交締結《ていけつ》　　**エ**　自国の大統領選挙

問２　２０２４年の秋から，欧州《おうしゅう》連合（ＥＵ）域内で販売《はんばい》されるスマートフォンやタブレット端末《たんまつ》など電子機器の充電器端末が統一される予定です。これについて書かれた次の①～④のうち，組み合わせとして正しいものを，後の**ア**～**エ**から１つ選び，記号で答えなさい。

①　「ライトニングケーブル」が統一規格に採用されている。
②　「ＵＳＢタイプＣ」が統一規格に採用されている。
③　統一されれば，充電するためのコンセントが増加すると心配されている。
④　統一されれば，余分な充電器を生産しなくてよくなると考えられている。

ア　①・③　　**イ**　①・④
ウ　②・③　　**エ**　②・④

2024(R6) 近畿大学附属広島中東広島校
教英出版

令和５年度

前期

入学試験問題

国語

（50分）

注意事項

１．試験問題は指示があるまで開かないでください。
２．解答は必ず解答用紙に記入してください。
３．問題冊子，解答用紙に受験番号，氏名を記入してください。
４．問題冊子は必ず持ち帰ってください。

受験番号	氏名	

近畿大学附属広島中学校東広島校

一　次の文章を読んで、後の問いに答えなさい。

ある湖に近く高い山寺がありました。その山寺の鐘《かね》は、凪《なぎ》の時は七里四方も聴《き》こえると噂《うわさ》されていました。

清坊《せいぼう》は、その山寺の鐘楼守《しゅろうもり》のお爺《じい》さんのたった一人の孫でありました。清坊のお父《とっ》つぁんも、おっ母《か》さんも、清坊が生まれて間もなく死にましたので清坊は世界にお爺さん一人を頼《たよ》りにして成長しました。

清坊は朝も晩も、お爺さんがつく鐘の声を聴いては、大きくなってきたのでした。

「僕《ぼく》もいまに大きくなったら、お爺さんのように鐘をついてやるぞ！」

清坊は鐘楼の下から、鐘をついているお爺さんを見上げては、そう思うのでした。

けれどもお爺さんは、なかなか清坊に鐘をつかせませんでした。

「ねえ、お爺さん、僕にも鐘をつかせて下さい。」

と清坊は一日に幾度《いくたび》もねだるのでした。

「ばかを言わっしゃい、お前はまだ小さいからつけない。鐘の数一つⓐつきそこねても大変なんだからのう！」と言って、お爺さんは少しも鐘をつかせてくれませんでした。

清坊が八つになった年の春でした。冬の寒い間を、夜遅く起きて鐘をついたせいか、お爺さんはこのころになって骨の節々が痛んで、鐘楼の階段を昇《のぼ》り降《お》りするのさえ、たいへん難儀《なんぎ》なように思われました。

「お爺さん、今度ⓧは僕に鐘をつかしておくれ！」清坊はお爺さんのいたいたしい風《ふう》を見ているにしのびないでそう言いました。

お爺さんは、はじめのほどは、どうしてもききいれてくれませんでしたが、おしまいには自分の足腰《あしこし》が立たなくなったので、やっと清坊に鐘をつくことをゆるしてくれました。

①清坊がはじめて鐘をつくのだからと言って、山寺の和尚《おしょう》さまは清坊に小さな黒い法衣《ほうえ》を一枚拵《こしら》えてくれました。

清坊は、うれしくてたまりませんでした。

「ええかな、鐘楼に上る時は、和尚さまが仏さまの前にお坐《すわ》りなさるような心持《こころも》ちで行くのだよ。撞木《しゅもく》を握《にぎ》って鐘の前に立った時は、自分の心をお月さまのように清くしてつくのだよ。心が曇《くも》れば、鐘《かね》の音まで曇ってくる……」

お爺さんはそう言って、清坊を鐘楼に上らせてやりました。

清坊はその日の真夜中の鐘を、はじめてつくのでした。

清坊は和尚さまにいただいた黒い法衣を着て、鐘楼の階段を昇って行きました。かすかな月の光のなかに、花が白く咲《さ》いているのが見えました。高いお山の寺なので、夜はまだなかなか寒くありました。清坊はお爺さんに教えられた通りに自分の心を清めて、鐘の前に立ちました。

満身の力をこめて、鐘をつきました。

ゴーン……ゴーン……ゴーン……【Ⅰ】

鐘の声は夜の空を静かに湖の上につたわって行きました。

②清坊が心を清めて、鐘楼で鐘をついている時でした。湖の上を、一艘《そう》の船が岸から遠く離《はな》れて、沖へ沖へと隔《へだ》って行きました。その船の上には、湖の岸の農家に生まれた三吉《さんきち》という若者が乗っていました。

Ⓨ若者は年とったただ一人の母親と、貧しく暮らしていたのでしたが、田舎《いなか》では幾《いく》ら働いてもお金持ちになれませんでしたので、今夜おっ母さんを捨てて、こっそり湖をわたって向こう岸の鉱山に逃《に》げて行くつもりだったのです。

三吉は船を漕《こ》ぎ出《だ》しては、振《ふ》りかえって岸の方を見ました。何にも知らないで眠《ねむ》っているたった一人のおっ母さんの家の窓からは、小さな燈《あかり》がちらちらと、戸外へ洩《も》れていました。

三吉は、そのかすかな燈を振りかえって見ては泣きました。それでも船を［A］沖の方へ漕いで行きました。

湖の上には霧《きり》がかかって、ⓑ間もなくおっ母さんの家の窓の燈も見えなくなりました。
三吉はやっと思い切って、沖へ沖へと船を漕ぎました。
一里ばかりも船を漕いでからでした。
ゴーン……ゴーン……ゴーン……と清坊がついているお山の寺の鐘が、湖の上を静かにひびいて来ました。
三吉は昨夜までおっ母さんと二人っきりで、炉《ろ》の火を焚《た》きながら、鐘の声を聴いていたことを思い出しました。
おっ母さんが今夜はただ一人で、あの鐘の声を聴いていなさるかも知れぬと思うと、どうしても帰らないではいられないようになりました。
それでも三吉は「おっ母さんは、今日は麦畑で働いて疲《つか》れておいでだったから、[B]眠っていて、鐘の音なんかお知りにならないかもしれないッ！」と思い直して、また船を沖の方へ漕ぎ出しました。
ゴーン……ゴーン……ゴーン……【Ⅱ】
と、清坊がついている鐘の音が、再び湖の上に聞こえてまいりました。
「おっ母さんが眼《め》をさまして、ⓩ私がいないので、あの鐘の声を聴きながら、どんなに泣いていらっしゃるかしれない。」
三吉はそう思って、船を漕ぐ手をちょっと止めました。
けれども直《す》ぐ「おっ母さんは疲れて眠っていらっしゃるにちがいない……」と思い直して、三吉はまた船を沖の方へ漕ぎました。
ゴーン……ゴーン……ゴーン……【Ⅲ】
清坊がつく鐘の声が三度、湖の上を静かにひびいて来ました。
「やっぱり駄目《だめ》だ、あんなに鐘が鳴るんだもの、おっ母さんは眼をさまして見て、私がいないので泣いていらっしゃるにちがいない……」

三吉はそう思いました。そしておっ母さんのことを思って泣きました。どうしてもおっ母さんを捨てて、旅に逃げて行くことはできなくなりました。

三吉は船をぐるりと廻《まわ》してしまって、一生懸命《いっしょうけんめい》に岸の方へ船を漕ぎもどしました。霧のなかからおっ母さんの家の窓の燈が、だんだん明るく、大きくなって、近よって来ました。三吉は岸に飛び上がって、おっ母さんの家に帰って行きました。おっ母さんは眠りもしないで、炉の火を焚いて三吉の帰って来るのを待っていました。

「おっ母さん！　勘忍《かんにん》して下さい。」

三吉は土間から飛んで行って、③おっ母さんの胸にすがりついて泣きました。おっ母さんは何にも言わないで、優《やさ》しく三吉の背を撫《な》でてやりました。

ゴーン……ゴーン……ゴーン……【Ⅳ】

清坊はしばらく鐘をついて、鐘楼から降りて、お爺さんのところに行きました。

お爺さんは寝《ね》ないで、炉のなかに焚火《たきび》をしながら、清坊を待っていました。

「おう、よくつけた。たいへんよい音に響《ひび》いた。寒かっただろうのう！」と言ってお爺さんは冷たくなった清坊の手をごしごしとこすってくれました。

清坊は幸福に輝《かがや》いた顔をして、お爺さんといっしょに眠りました。

（吉田絃二郎《よしだげんじろう》『清坊《せいぼう》と三吉《さんきち》』より）

※出題にあたり、原文の表記を改めたところがあります。

問一　空欄《くうらん》［A］・［B］にあてはまることばとして最も適当なものを、次のア～オからそれぞれ一つずつ選び、記号で答えなさい。

［A］　ア　ぐんぐん　イ　はらはら　ウ　とうとう　エ　ぽつぽつ　オ　さらさら

［B］　ア　ぱっと　イ　もっと　ウ　そっと　エ　きっと　オ　やっと

問二　～～線部ⓐ「つきそこねても」・ⓑ「間もなく」の意味として最も適当なものを、次のア～オからそれぞれ一つずつ選び、記号で答えなさい。

ⓐ「つきそこねても」

ア　つきかけても　イ　つき間違《まちが》えても　ウ　つこうとしても

エ　つき続けても　オ　つきたくても

ⓑ「間もなく」

ア　いつも通り　　イ　ようやく　　ウ　すぐに

エ　少しずつ　　オ　はじめて

問三　＝＝線部Ⓧ「僕《ぼく》」・Ⓨ「若者」・Ⓩ「私」はそれぞれ誰《だれ》のことですか。組み合わせとして最も適当なものを、次のア～エから一つ選び、記号で答えなさい。

ア　Ⓧ　清坊《せいぼう》　Ⓨ　清坊　Ⓩ　三吉《さんきち》

イ　Ⓧ　清坊　Ⓨ　三吉　Ⓩ　清坊

ウ　Ⓧ　三吉　Ⓨ　三吉　Ⓩ　三吉

エ　Ⓧ　清坊　Ⓨ　三吉　Ⓩ　三吉

問四　――線部①「清坊《せいぼう》がはじめて鐘《かね》をつく」までの説明として適当でないものを、次のア～エから一つ選び、記号で答えなさい。

ア　お爺《じい》さんがつく鐘《かね》の音を聞いて育った清坊《せいぼう》は、時機が来れば自分もおじいさんのように鐘をつきたいという思いを何度もお爺さんに伝えた。

イ　鐘をつくことの責任は重大だと考えていたお爺さんは、自分以外に鐘をつかせるわけにはいかないと考え、清坊の願いを無視し続けた。

ウ　清坊は、体の調子が悪いお爺さんが無理をして鐘をつこうとする様子を見過ごすことができず、自分が代わりに鐘をつきたいと言った。

エ　お爺さんは鐘をつきたいという清坊の希望を聞き入れないでいたが、自分の体が老いていることを実感したため、最終的には許可した。

問五　――線部②「清坊《せいぼう》が心を清《きよ》めて、鐘楼《しゅろう》で鐘《かね》をついている」とありますが、清坊が「心を清め」て「鐘をつ」くのはどうしてですか。四十字以内で説明しなさい。（句読点や符号《ふごう》も一字に数えます）

〈下書き〉

問六　——線部③「おっ母《か》さんの胸にすがりついて泣きました」とありますが、ここには三吉《さんきち》のどのような気持ちが表れていますか。六十字以内で説明しなさい。（句読点や符号《ふごう》も一字に数えます）

〈下書き〉

問七　【Ⅰ】～【Ⅳ】の「ゴーン……ゴーン……ゴーン……」に関する説明として最も適当なものを、次のア～エから一つ選び、記号で答えなさい。

ア　【Ⅰ】では和尚《おしょう》さまやお爺《じい》さんと一緒《いっしょ》に鐘楼《しゅろう》に来た清坊《せいぼう》が、鐘《かね》をつくことに優越感《ゆうえつかん》を抱《いだ》いていることを明示している。

イ　【Ⅱ】では自分の行動に対して迷いを抱く三吉《さんきち》が、清坊のつく鐘の音に励《はげ》まされつつあることを明示している。

ウ　【Ⅲ】では家で鐘の音を聞く母親への思いを抱きつつも、沖の方へ進もうとする三吉の強い決意を暗示している。

エ　【Ⅳ】では母親の元に帰った三吉の思いと、仕事をやり終えた清坊の達成感が重なっていることを暗示している。

問八　次に示すのは本文を読んだ生徒たちの会話です。これを読んで後の(1)・(2)の問いに答えなさい。

Aさん　この文章は清坊《せいぼう》と三吉《さんきち》の話だったね。

Bさん　文章の最初は清坊についてだったね。清坊はお爺《じい》さんとの関わりの中で成長しているんだね。

Cさん　清坊に関わっていたのはお爺さんだけではないよね。

Aさん　そうだね。清坊は鐘《かね》をつく時に［　C　］を身に付けていることから分かるね。

Bさん　全体を通して見ると、清坊が鐘をつき始めてから三吉の話に移って、最後は清坊の話に戻《もど》っているね。

Cさん　この二人は直接関わっているわけではないけど、鐘の音を通して間接的に関わっているみたいだね。

Aさん　二人には共通点があるね。

Bさん　「おっ母さんは何にも言わないで、優《やさ》しく三吉の背を撫《な》でてやりました」や「お爺さんは冷たくなった清坊の手をごしごしとこすってくれました」を含《ふく》む部分に注目すればいいよね。

Cさん　なるほど。三吉と清坊の二人には、自分を［　D　］家族がいたということだね。

(1) 空欄《くうらん》 C に入る十四字を、本文中から抜《ぬ》き出《だ》して答えなさい。（句読点や符号《ふごう》も一字に数えます）

(2) 空欄 D に入る十字以内の表現を、自分で考えて答えなさい。（句読点や符号も一字に数えます）

〈下書き〉

二

次の文章を読んで、後の問いに答えなさい。

お詫び
著作権上の都合により、文章は掲載しておりません。
ご不便をおかけし、誠に申し訳ございません。
教英出版

お詫び

著作権上の都合により、文章は掲載しておりません。
ご不便をおかけし、誠に申し訳ございません。

教英出版

お詫び

著作権上の都合により、文章は掲載しておりません。
ご不便をおかけし、誠に申し訳ございません。

教英出版

（森《もり》由民《ゆうみん》『ウソをつく生きものたち』より）

※　出題にあたり、本文を省略したところがあります。

問一　空欄《くうらん》［A］・［B］にあてはまることばとして最も適当なものを、次のア～エからそれぞれ一つずつ選び、記号で答えなさい。（同じ記号は一度しか使わないこと）

ア　なぜなら　　イ　つまり　　ウ　さらに　　エ　しかし

問二　本文の最終段落には次の一文が抜《ぬ》けています。この文が入るところとして最も適当なものを、本文中の〔㋐〕～〔㋓〕から一つ選び、記号で答えなさい。

ここからパターンは2つに分かれます。

問三　――線部①「ビーグル」の説明として適当でないものを、次のア〜エから一つ選び、記号で答えなさい。

ア　白い体に黒い耳で有名なキャラクターの犬種である。

イ　耳や尾《お》などの特徴《とくちょう》が、一般的《いっぱんてき》に飼われるイヌとは異なっている。

ウ　数百年前のヨーロッパの権力者が飼っていた。

エ　狩《か》りの時に獲物《えもの》を追《お》い詰《つ》める役割を与《あた》えられている。

問四　――線部②「狩《か》りの最中にイヌはしばしばウソをつく」とありますが、「ウソ」はどのような行動に表れていますか。二十字以内で答えなさい。（句読点や符号《ふごう》も一字に数えます）

〈下書き〉

問五　――線部③「クセノポン」は、猟犬《りょうけん》をどのようなものであると言っていますか。本文中から十四字で抜《ぬ》き出《だ》して答えなさい。（句読点や符号《ふごう》も一字に数えます）

問六　――線部④「イヌのウソを考えるのにも、人との関係を重視するのがよいのではないかと考えられます」とありますが、その理由として最も適当なものを、次のア～エから一つ選び、記号で答えなさい。

ア　イヌもオオカミも人間にとって役立つ生き物と思われているから。

イ　イヌの行動は人間の正しい訓練によって改善されるものだから。

ウ　イヌは仲間のイヌと一緒《いっしょ》になって自由に行動しようとするから。

エ　イヌの性格は人との暮らしに影響《えいきょう》を受けて形成されるものだから。

問七　——線部⑤「オオカミとイヌの比較《ひかく》実験」とありますが、この実験におけるオオカミとイヌの違《ちが》いを、六十字以内で説明しなさい。（句読点や符号《ふごう》も一字に数えます）

〈下書き〉

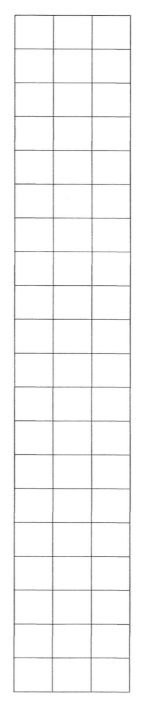

問八　本文の構成と内容についての説明として最も適当なものを、次のア～エから一つ選び、記号で答えなさい。

ア　前半は、クセノポンの記述を中心にイヌとオオカミの共通点について述べている。後半は、イヌと人間がお互《たが》いのことを生活していくうえで欠かせない存在であると捉《とら》え、他の動物にはない信頼《しんらい》関係が築かれていることを、複数の実験から導いている。

イ　前半は、世界的に有名なキャラクターを持ち出してイヌと人間の深い関わりについて述べている。後半は、イヌが人間を信じつつも、自分の利益を優先する時は人間のことをあっさり見捨てることなどが、複数の実験をもとに述べられている。

ウ　前半は、狩《か》りの様子を具体的に論じながら人間に縛《しば》られないイヌの自由さについて述べている。後半は、イヌが自分の損得を考えて行動していることや、親密な飼い主が相手であれば素直《すなお》に従おうとすることを、複数の実験から導いている。

エ　前半は、歴史や他者の考えをふまえてイヌと人間の関わりについて述べている。後半は、イヌが相手を見定めたうえで行動することや、自分だけではなく飼い主のことも考えて行動していることなどが、複数の実験をもとに述べられている。

三

次の——線部のカタカナは漢字に直し、漢字は読みをひらがなで答えなさい。

① 遠足は雨天ケッコウです。

② 畑にヒリョウをまく。

③ ヒョウザンの一角。

④ 科学にカンシンを持つ。

⑤ 港町が交易でサカえる。

⑥ 国家の存亡をかけた戦い。

⑦ 早起きは三文の徳。

⑧ 大きな川の源をたどる。

令和５年度

前　期

入　学　試　験　問　題

算　　　数

（50分）

注　意　事　項

１．試験問題は指示があるまで開かないでください。
２．解答は必ず解答用紙に記入してください。
３．問題冊子，解答用紙に受験番号，氏名を記入してください。
４．問題冊子は必ず持ち帰ってください。

受験番号	氏名	

近畿大学附属広島中学校東広島校

1 次の計算をしなさい。分数で答える場合は，約分した形にしなさい。帯分数，仮分数どちらで答えてもかまいません。また，（8）は，ア～エに1～9のいずれかの数が入ります。あてはまる数を答えなさい。同じ数をくり返し使ってもかまいません。

（1） $784-397+73$

（2） $3293 \div 37$

（3） $29-3 \times 8+12$

（4） $0.2 \times 0.3+1.48$

（5）　$\dfrac{9}{2} \div 2\dfrac{13}{16} \times 3\dfrac{1}{8}$

（6）　$\dfrac{7}{4} - 3 \times \left(\dfrac{5}{12} - \dfrac{1}{6} \right)$

（7）　$\dfrac{5}{9} \times \left(\dfrac{13}{5} - \dfrac{2}{7} \right) - \dfrac{1}{24} \div 0.125$

（8）　$\dfrac{\boxed{9\text{ア}}}{\boxed{\text{イ}2\text{ウ}}} = \dfrac{7}{\boxed{\text{エ}}}$

2　次の問いに答えなさい。

（1）　次の ア，イ にあてはまる数をそれぞれ求めなさい。

秒速 340 m ＝ 分速 [ア] m ＝ 時速 [イ] km

（2）　2けた以上の数の各位の数をすべてかけてできる数について，さらに各位の数をすべてかけます。これをくり返し，はじめて1けたの数になったらかけるのをやめます。

例えば，43は，$4 \times 3 = 12$，$1 \times 2 = 2$ となり，273は，$2 \times 7 \times 3 = 42$，$4 \times 2 = 8$ となります。

このとき，6874はどのような1けたの数になりますか。

（3）　下の図は算数の授業などで使う2つの三角定規です。ア～カの角の大きさはそれぞれ何度ですか。

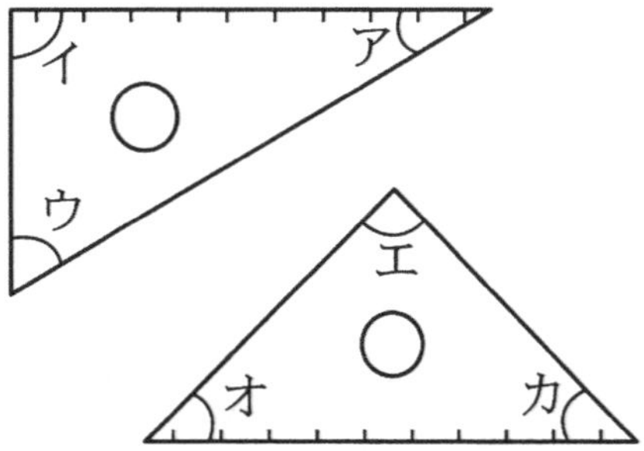

（4）　1辺の長さが5 cmの正三角形の紙を，図1のように1辺が2 cmずつ重なるように規則正しく並べて図形を作ります。この紙を6枚並べてできる図形の周の長さは何cmですか。

例えば，この紙を3枚並べてできる図形の周の長さとは，図2の太線の部分の長さです。

図1

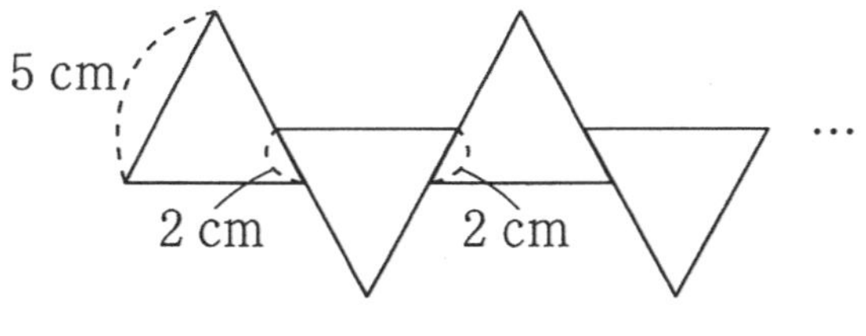

図2

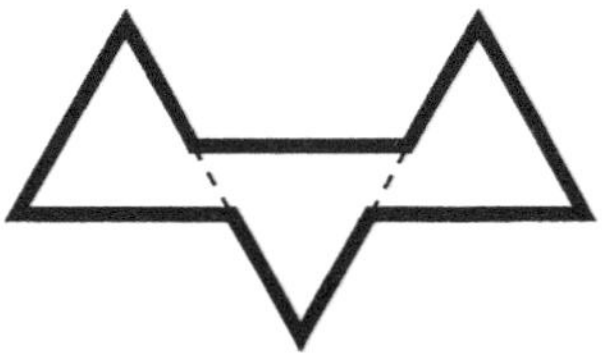

（５）　下の図のように，形と大きさが同じ4個のさいころが平らな木の板の上にぴったりくっついて並んでいます。さいころは向かい合った面の目の数をたすと７です。このとき，次の問いに答えなさい。ただし，さいころは図の状態から動かしません。

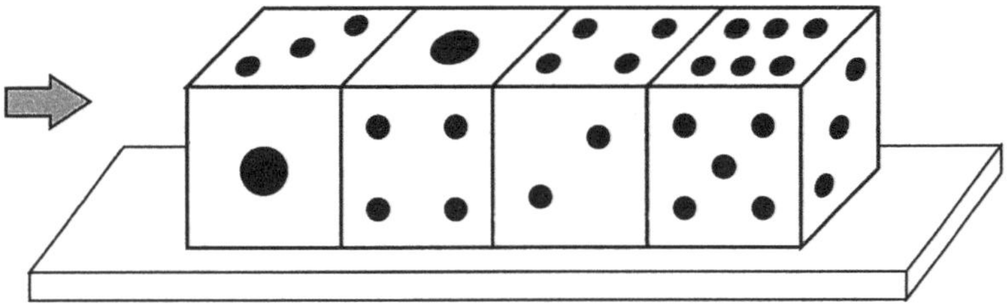

①　図の  の方向から見える面の目の数は何ですか。

②　どこからも見えないさいころの面は全部で何面ありますか。

③　どこからも見えないさいころの面の目の数の和を求めなさい。

（計算用白紙）

3　図1のように，コンクリートの地面に縦30 cm，横40 cm，高さ60 cmの水をためることができる囲いがあります。囲まれた地面の中央部分には深さ30 cmの穴があり，そこに「貯水中」と書かれたプラカードを立てることができます。図2は，囲いとプラカードを立てるための穴の断面図です。

この囲いとプラカードと水を用いて，チカさんとカズさんが話をしながら実験をしています。会話を読んで，次の問いに答えなさい。ただし，プラカードの柱は直方体の形で，穴にすきまなくぴったりと入り，「貯水中」の表示は囲いよりも上に出るものとします。さらに，囲いとコンクリートの厚さは考えないものとし，水はコンクリートにしみないものとします。

図1　　図2

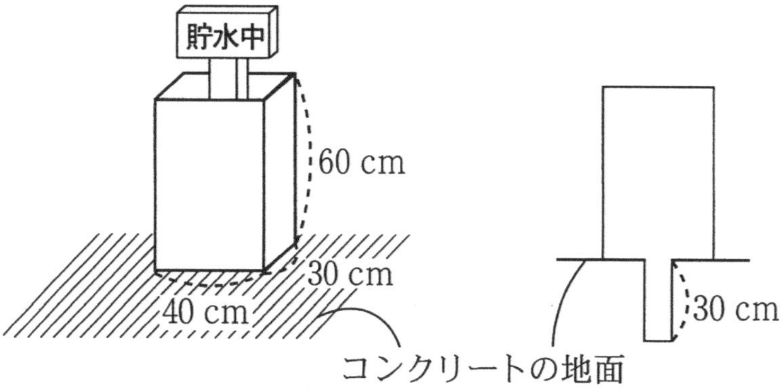

チカ「プラカードを立てるための穴は，縦と横の長さがどちらも10 cmだって。」

カズ「プラカードを立てていない状態で空の囲いの中に水をいっぱいに入れるよ。」

チカ「入った水の体積は全部で ア cm^3 ね。」

カズ「水がいっぱいに入っている状態で，プラカードを静かに入れて立てるよ。」

チカ「水が囲いからこぼれたわ。こぼれた水の体積は全部で イ cm^3 ね。」

（1）　アにあてはまる数を求めなさい。

（2）　イにあてはまる数を求めなさい。

（3）　チカさんとカズさんの会話の後，カズさんは囲いの中の水がこぼれないように，プラカードを静かにぬき去りました。このとき，コンクリートの地面から水面までの高さは何 cm になりますか。求め方も式を使って説明しなさい。

4 あおいさんとはなさんは，算数の授業で，速さ・道のり・時間についての問題を作ることになりました。このとき，次の問いに答えなさい。

最初に，あおいさんが問題を作りました。

あおいさんが作った問題

兄は，午前8時に家を出発し，家から1200 mはなれた駅に向かって，一定の速さで歩きます。 ※ 妹は，兄の忘れ物に気づき，午前8時5分に家を出発して，兄と同じ道を一定の速さで走って，忘れ物を届けることにしました。

兄は午前8時15分に駅に着き，妹は兄がちょうど駅に着いたときに兄に追いつきました。兄と妹の動く速さはそれぞれ分速何 mですか。

（1） あおいさんが作った問題を解きなさい。ただし，問題文中の ※ と □ は後の問いで用いるもので，あおいさんが作った問題を解くときには関係ありません。

はなさんは，あおいさんが作った問題の ※ のところに次の下線部の設定をくわえ，さらに［　］の部分を変えて問題を作り変えました。

はなさんが作った問題

兄は，午前８時に家を出発し，家から1200 m はなれた駅に向かって，一定の速さで歩きます。<u>兄は午前８時９分に，家から720 m 歩いたところで忘れ物に気づいて，すぐに同じ道を同じ速さで引き返しました。</u>

妹は，兄の忘れ物に気づき，午前８時５分に家を出発して，兄と同じ道を一定の速さで走って，忘れ物を届けることにしました。

妹の走る速さが分速 ア m であるとき，妹が，引き返してきた兄と出会うのは，家から何 m はなれた所ですか。

（２）　はなさんは，自分が作った問題の答えが「640 m」となるようにしたいと考えています。アにどのような数を入れるとよいですか。

令和５年度

前　期

入　学　試　験　問　題

理　　　科

（30分）

注　意　事　項

１．試験問題は指示があるまで開かないでください。

２．解答は必ず解答用紙に記入してください。

３．問題冊子，解答用紙に受験番号，氏名を記入してください。

４．問題冊子は必ず持ち帰ってください。

受験番号	氏名	

近畿大学附属広島中学校東広島校

1 次の文章はインゲンマメの発芽の条件と，発芽した後の成長について説明したものです。これについて，後の問いに答えなさい。

インゲンマメの発芽には，「水」と「空気」と「適した温度」の３つの条件が必要です。また，a 種子の中にたくわえられている（　A　）は発芽するときの養分として使われます。発芽した後，b 植物がよく成長するためには，発芽するために必要な３つの条件以外に，（　B　）と肥料が必要です。

（１）文章中の（A）・（B）に当てはまる適当な語句をそれぞれ答えなさい。

（２）下線部 a について，（A）をたくわえている部分を何といいますか。漢字２字で答えなさい。

（３）（A）がたくわえられているかどうかを調べる指示薬を何といいますか。また，その指示薬は（A）と反応して，うすい茶色から何色に変化しますか。

（４）インゲンマメの発芽に必要な条件を調べるために，条件を変えながら観察を行いました。表はその結果をまとめたものです。発芽に空気が必要であることは，表の①～⑥のうち，どの２つを比べるとわかりますか。番号で答えなさい。

	条件		結果
	水と空気	温度〔℃〕	
①	かわいた脱脂《だっし》綿の上に置く	20	発芽しなかった
②	かわいた脱脂綿の上に置く	5	発芽しなかった
③	水にひたした脱脂綿の上に空気にふれるように置く	20	発芽した
④	水にひたした脱脂綿の上に空気にふれるように置く	5	発芽しなかった
⑤	水にしずめて空気にふれないようにする	20	発芽しなかった
⑥	水にしずめて空気にふれないようにする	5	発芽しなかった

（5）下線部bについて，肥料を与《あた》えるか与えないかで，植物の育ち方にちがいが生じます。「肥料を与えずに育てたインゲンマメの葉」は,「肥料を与えて育てたインゲンマメの葉」に比べて，どのようなちがいが生じますか。2つ答えなさい。ただし，肥料以外に必要な条件はすべて同じにしてあったとします。

2　次のグラフは，水 100g にとけるミョウバンと食塩の限度の量と水の温度の関係を表しています。これについて，次の問いに答えなさい。

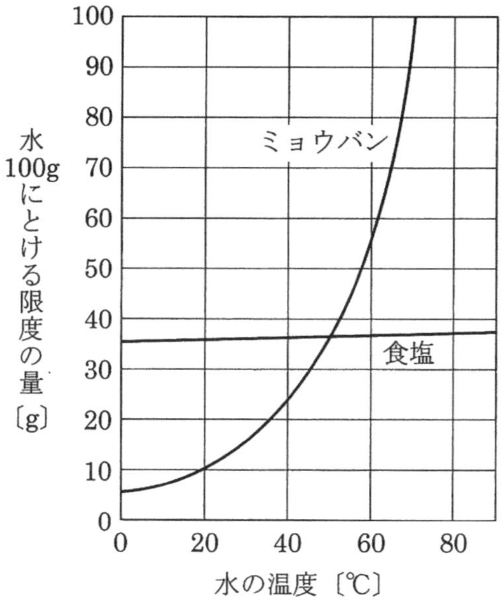

（1）水よう液について説明した次の文章中の（A）に当てはまる適当な語句を答えなさい。また，（B）に当てはまる語句として最も適当なものを，後の**ア**～**エ**から1つ選び，記号で答えなさい。

水に物がとけるとは，水の中に入れた物の粒《つぶ》がとても小さくなり，目に見えなくなったことをいい，水に物がとけて，粒が均一に広がって（　A　）になった液を水よう液といいます。一方，水に入れた物の粒が，水よう液にとけている物の粒ほど小さくならずに，にごっている液は水よう液とはいいません。また，水よう液を作って置いておくと，水に物がすべてとけたままのときは，水よう液の中の物の粒は（　B　）います。

ア　上の方にたまって　　　**イ**　下の方にたまって
ウ　均一に広がって　　　**エ**　なくなって

（2）グラフからわかることとして適当なものを，次の**ア**〜**カ**から３つ選び，記号で答えなさい。

ア　食塩もミョウバンも水の温度に関係なく，水 100g にとける限度の量は変わらない。
イ　水 100g にとける限度の量は，食塩よりミョウバンの方が多い。
ウ　60℃より高い温度では，水 100g にとける限度の量は，食塩よりミョウバンの方が多い。
エ　60℃の水 100g にとけるミョウバンの限度の量は，約 56g である。
オ　80℃の水 100g にとける食塩の限度の量は，20℃の水 100g にとける食塩の限度の量の４倍になる。
カ　50℃より低い温度では，水 100g にとける限度の量は，ミョウバンより食塩の方が多い。

（3）20℃の水 200g に，食塩を限度の量までとかしました。この食塩水の重さは約何 g ですか。最も適当なものを，次の**ア**〜**オ**から１つ選び，記号で答えなさい。

ア　200g　　**イ**　210g　　**ウ**　220g　　**エ**　236g　　**オ**　272g

（4）ビーカーa に 60℃の水 100g を入れて，ミョウバンを加えてゆっくりとかき混ぜてとかすと，少量のミョウバンがとけ残りました。水にとけ残ったミョウバンを右の図のような方法で取り除き，ビーカーb にたまった水よう液をしばらく置いておきました。水よう液が冷えていくと，ビーカーb の底にミョウバンが現れました。このとき，次の①・②に答えなさい。

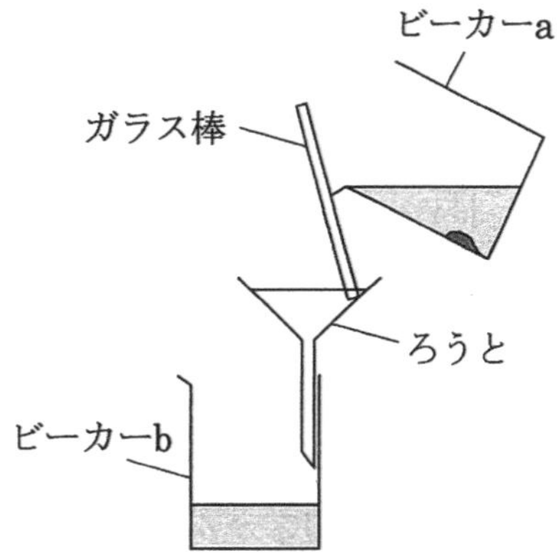

①　下線部の方法を何といいますか。

②　水の温度が 20℃になったとき，ビーカーb の底に現れたミョウバンの重さは約何 g ですか。最も適当なものを，次の**ア**〜**オ**から１つ選び，記号で答えなさい。

ア　10g　　**イ**　26g　　**ウ**　32g　　**エ**　46g　　**オ**　56g

3 次の表は，2022年7月の広島市の，日の出，日の入り，月の出，月の入りの時刻を表したものです。これについて，次の問いに答えなさい。

日付	日の出	日の入り	月の出	月の入り
7/1	5:01	19:27	6:28	21:18
2	5:02	19:27	7:26	21:54
3	5:02	19:26	8:25	22:25
4	5:03	19:26	9:24	22:54
5	5:03	19:26	10:23	23:21
6	5:04	19:26	11:22	23:47
7	5:04	19:26	12:23	―
8	5:05	19:26	13:27	0:14
9	5:05	19:25	14:34	0:44
10	5:06	19:25	15:45	1:19
11	5:06	19:25	16:59	2:00
12	5:07	19:24	18:13	2:50
13	5:08	19:24	19:20	3:52
14	5:08	19:24	20:17	5:02
15	5:09	19:23	21:05	6:18
16	5:09	19:23	21:44	7:33
17	5:10	19:22	22:17	8:45
18	5:11	19:22	22:46	9:53
19	5:11	19:21	23:13	10:57
20	5:12	19:21	23:41	11:59
21	5:13	19:20	―	12:59
22	5:13	19:20	0:09	13:59
23	5:14	19:19	0:39	14:58
24	5:14	19:18	1:14	15:57
25	5:15	19:18	1:53	16:53
26	5:16	19:17	2:37	17:46
27	5:17	19:16	3:27	18:35
28	5:18	19:16	4:22	19:18
29	5:18	19:15	5:20	19:55
30	5:19	19:14	6:19	20:28
31	5:20	19:13	7:18	20:57

（1）次の①～③の文は2022年7月の広島市の，日の出，日の入りについて説明したものです。正しいものには○を，誤っているものには×をそれぞれ答えなさい。

① 日の出の時刻はしだいに遅《おそ》くなっている。

② 日の入りの時刻はしだいに早くなっている。

③ 日の出から日の入りまでの時間はしだいに短くなっている。

（2）表から，2022年7月7日に広島市では月が12:23に東の空から上り始めることが読み取れます。この日の夕方，広島市では月はおよそどの方位に見えますか。また，その月を何といいますか。最も適当なものを，次の**ア**～**ク**からそれぞれ1つずつ選び，記号で答えなさい。

ア 東　　**イ** 西　　**ウ** 南　　**エ** 北

オ 新月　　**カ** 満月　　**キ** 上弦《げん》の月　　**ク** 下弦の月

（3）表から，2022年7月1日の6:28に出た月は，その日の21:18にしずむことが読み取れます。2022年7月に広島市において，「**出た月が，その日の翌日にしずむ日**」は，何日から何日ですか。

（4）次の会話は，ひろしさんとみさえさんが月の見え方や位置について話し合ったときのものです。下線部a～dから**誤りを含《ふく》む**ものを1つ選び，記号で答えなさい。

ひろし：月っていつ見てもきれいだよね。月ってどうやって光っているんだっけ。

みさえ：a 月は太陽の光を反射して光っているよ。月の光っている側にはいつも太陽があるよ。

ひろし：ということは，月と太陽の角度が大きいほど，月の形は丸く見えるはずだから，b 満月のときには，月，地球，太陽の順に並んでいるってことか。

みさえ：そうだね。そして，c 月が満ち欠けして見えるのは，観察する人から見た月と太陽の位置関係が変わるからだね。

ひろし：ところで，月の出の時刻は毎日遅《おそ》くなっていくんだね。昨日は満月が真夜中に南の空に見えたから，今日も同じ時刻に月を見ると，d 昨日の位置よりも西に少し欠けた月が見えるはずだね。

みさえ：じゃあ，予想があっているか今夜も月を見てみよう。晴れているといいね！

4 **図１**のように，かん電池と豆電球A～Dをつないで豆電球の明るさを比べました。これについて，次の問いに答えなさい。ただし，かん電池と豆電球はすべて同じものを使ったとします。

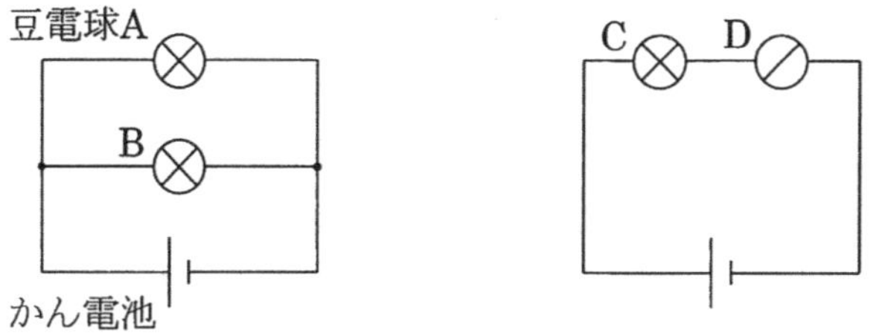

回路１　　**回路２**

図１

（１）豆電球A～Dの明るさの大小関係を表したものとして最も適当なものを，次の**ア～ケ**から１つ選び，記号で答えなさい。

ア　A＜B＜C＜D　　**イ**　A＜B＝C＜D　　**ウ**　A＜B＝C＞D
エ　A＝B＜C＝D　　**オ**　A＝B＝C＝D　　**カ**　A＝B＞C＝D
キ　A＞B＞C＞D　　**ク**　A＞B＝C＞D　　**ケ**　A＞B＝C＜D

（２）かん電池が長持ちするのは，**回路１**と**回路２**のどちらですか。また，そう考えた理由を「電流」という言葉を用いて説明しなさい。

（３）豆電球AとCをソケットから外したとき，BとDの明るさはどのようになりますか。最も適当なものを，次の**ア～エ**からそれぞれ１つずつ選び，記号で答えなさい。

ア　明るくなる　　**イ**　暗くなる　　**ウ**　変化しない　　**エ**　消える

（４）**図２**のように，かん電池と豆電球E～Hをつないで豆電球の明るさを比べました。明るさが明るい順に並べて，記号で答えなさい。ただし，かん電池と豆電球はすべて同じものを使ったとします。

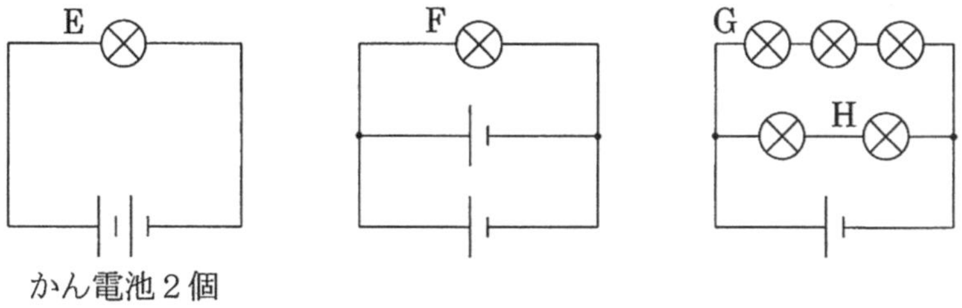

図２

問題は，次のページに続きます。

5 次の文章を読み，後の問いに答えなさい。

しめった空気が山をこえて反対側にふき下りたときに，風下《かざしも》側でふく乾燥《かんそう》した高温の風のことを「フェーン」といい，そのために付近の気温が上昇《じょうしょう》することを「フェーン現象」と呼びます。フェーンがふくとき，風下側の風が非常に乾燥した強い突風《とっぷう》ともなることがあるので，火災が発生すると消火しにくく，広がりやすくなったり，農作物に影響《えいきょう》が出たりすることがあります。では，どうして風が山をこえただけで風下側が高温になるのでしょうか。

空気のかたまりは山を上って高いところへ動くと温度が下がり，山を下って低いところへ動くと温度が上がります。このとき，雲がないところでは高さ 100m につき 1℃変化し，雲があるところでは高さ 100m につき 0.5℃変化します。

図のように，風上《かざかみ》側のＡ地点（高さ 0m）で 25℃のしめった空気のかたまりが標高 1500m の山を上っていき，Ｂ地点（高さ 500m）で雲が発生し，山頂のＣ地点で雲が消え，風下のふもとＤ地点（高さ 0m）まで下っていったとします。Ａ地点からＢ地点までは雲がないので 100m につき 1℃下がり，Ｂ地点での空気のかたまりの温度は（　①　）℃になります。Ｂ地点からＣ地点までは雲があるため 100m につき 0.5℃下がり，Ｃ地点での空気のかたまりの温度は（　②　）℃になります。Ｃ地点からＤ地点までは雲がないため 100m につき 1℃上がっていき，Ｄ地点での空気のかたまりの温度は（　③　）℃になります。

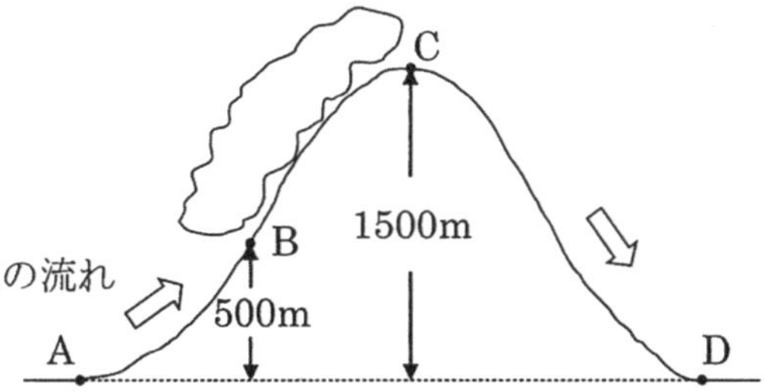

（1）文章中の（①）～（③）に当てはまる数値をそれぞれ答えなさい。

（2）風上側にある山のふもと（高さ 0m）の温度 21℃の空気のかたまりが，標高 2000m の山をこえていったとき，風下側にある山のふもと（高さ 0m）では温度が 27.5℃に上がりました。ただし，風上側では途中《とちゅう》から雲が発生し，山頂で雲が消え，山頂より風下側では雲がなかったとします。このとき，次の①・②に答えなさい。

① 山頂での空気のかたまりの温度は何℃と考えられますか。

② 風上側の山の高さ何 m 地点から山頂まで雲ができたと考えられますか。

（3）下線部の他に，春先に南寄りの風の影響で，日本の日本海側でフェーン現象が起こり，日本海側で川が増水したり，洪水《こうずい》が起きたりすることがあります。それはなぜだと考えられますか。

令和５年度

前　期

入　学　試　験　問　題

社　　　会

（30分）

注　意　事　項

1．試験問題は指示があるまで開かないでください。
2．解答は必ず解答用紙に記入してください。
3．問題冊子，解答用紙に受験番号，氏名を記入してください。
4．問題冊子は必ず持ち帰ってください。

受験番号	氏名	

近畿大学附属広島中学校東広島校

1　修学旅行で北海道へ行くことになった松前さんは，事前調査をしました。調査で利用した次の地図を見て，後の問いに答えなさい。

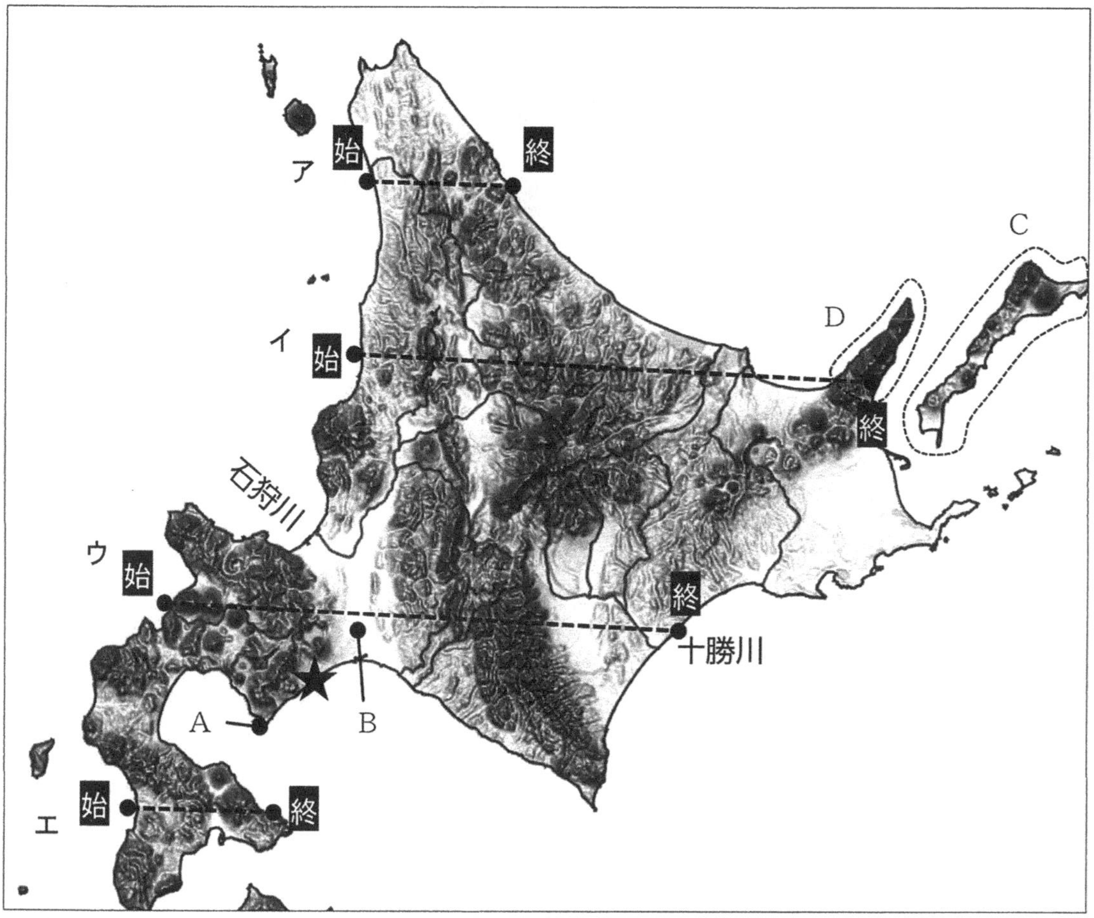

(地理院地図Vectorより作成)

問１　地図中Ａ～Ｄについて調査した松前さんのメモのうち内容が正しいものを，次の**ア**～**エ**から１つ選び，記号で答えなさい。

ア　Ａは戊辰戦争最後の戦場となった五稜郭《ごりょうかく》がある函館《はこだて》市である。
イ　Ｂは広島空港から直行便が出ている新千歳《しんちとせ》空港である。
ウ　Ｃは北方領土のうち最も面積の広い択捉《えとろふ》島である。
エ　Ｄは珍《めずら》しい生態系が評価され世界遺産に登録された津軽《つがる》半島である。

問２　松前さんは地図の等高線を利用して，次の断面図を作成しました。この図にあてはまる線分 ●----● を，地図中のア～エから１つ選び，記号で答えなさい。
始　終

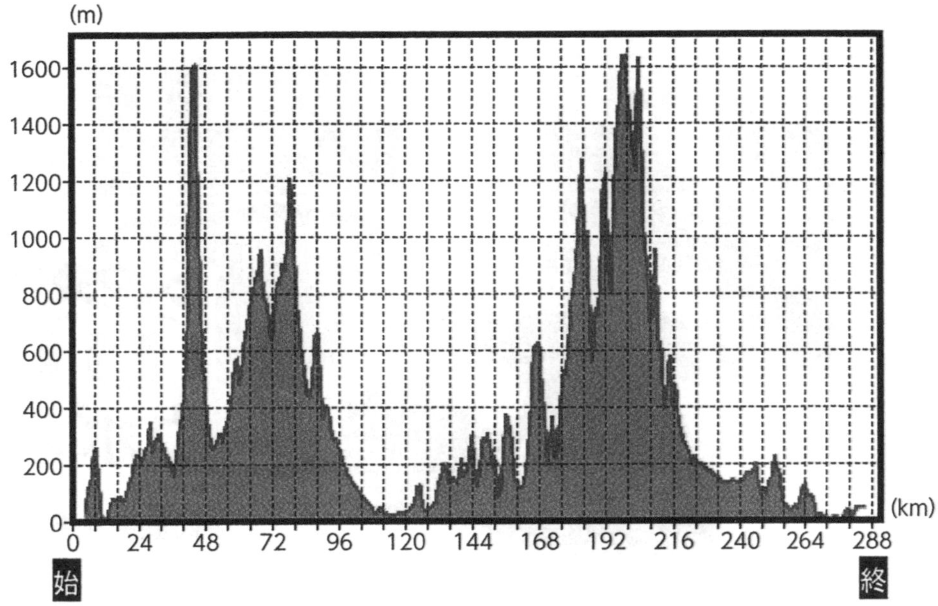

※縦軸《じく》は標高（m）を表している。
（地理院地図Vectorより作成）

問３　松前さんは石狩《いしかり》川と十勝川の流域に広がる平野について調べました。次のａ～ｄのうち，石狩川に広がる平野を示した文の組合せとして正しいものを，後のア～エから１つ選び，記号で答えなさい。

ａ　下流に形成された平野に帯広市は立地する。
ｂ　下流に形成された平野に札幌《さっぽろ》市は立地する。
ｃ　火山灰地で水はけがよいため，小麦や大豆などの畑作地帯になった。
ｄ　農業には向かない泥炭地《でいたんち》だったが，土を入れかえて稲作《いなさく》地帯になった。

ア　ａ・ｃ　　**イ**　ａ・ｄ　　**ウ**　ｂ・ｃ　　**エ**　ｂ・ｄ

問４　地図中に★で示された場所は，松前さんが訪れる予定の“ウポポイ”という施設《しせつ》です。ここは何民族に関する施設か，次の写真を参考にして答えなさい。

（“ウポポイ” 公式インスタグラムより）

問５　次の表は，札幌市と全国平均の月別降水量（平成３年～令和２年の平年値）を示しています。札幌市の雨の降り方の特徴《とくちょう》を１つあげて，そのようになる理由を説明しなさい。

	降水量（mm）												
	年計	1月	2月	3月	4月	5月	6月	7月	8月	9月	10月	11月	12月
札幌	1,146	108	92	78	55	56	60	91	127	142	110	114	115
全国平均	1,662	83	78	112	120	141	205	220	163	201	149	99	90

（統計局ホームページ／日本の統計より作成）

2 世界の食糧《しょくりょう》生産や自給率に関する後の問いに答えよ。

問1 次の図は，日本，フィリピン，ロシア，オーストラリアの農産物自給率（%）を示しています。この図に関連して述べた文として正しいものを，後の**ア～エ**から1つ選び，記号で答えなさい。

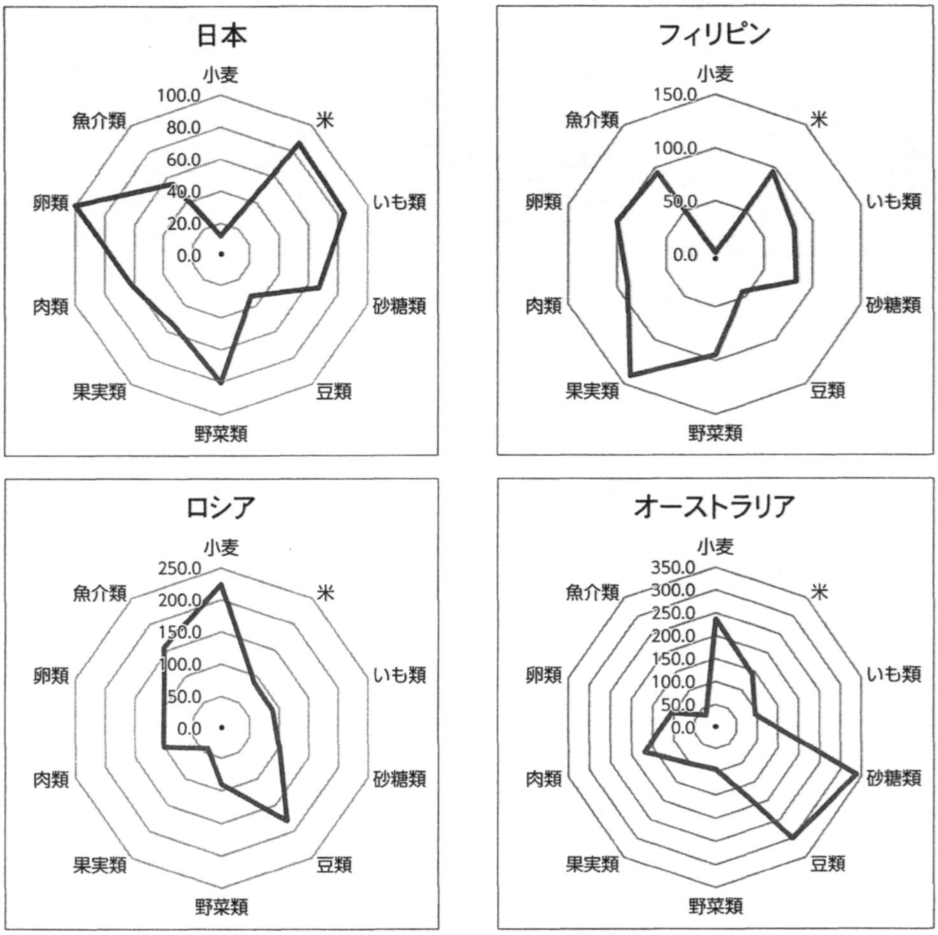

（統計局ホームページ／世界の統計より作成）

ア 四方を海で囲まれている国ほど，魚介類の自給率は高くなると考えられる。

イ 果実類は，高温多雨な気候の方が自給率は高くなると考えられる。

ウ 自給率100％以上の農作物は，家畜《かちく》の飼料に加工されていると考えられる。

エ 卵類やいも類などは，どの国でも自給率100％以上であると考えられる。

問２　次の写真は，近年世界的に市場を拡大している代替肉《だいたいにく》（大豆など植物性原料を使って肉の食感を再現しようとした食品）に関する商品です。これらの商品が次々と発売されている理由について，後の**資料１・２**を利用して説明しなさい。

（左からNEXT MEATS / marukome / 伊藤ハムのHPより）

資料１

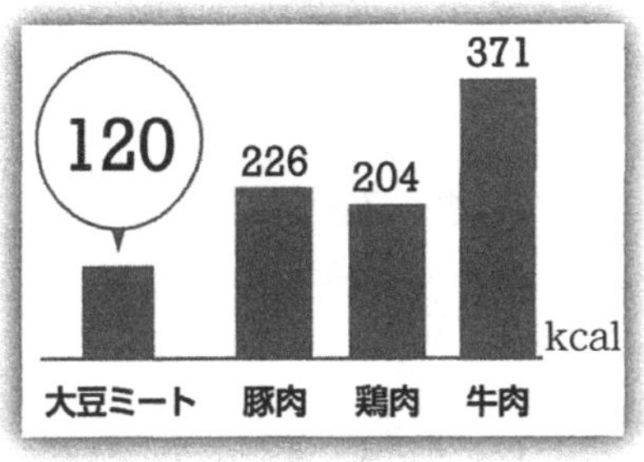

100グラムに対するカロリー(kcal)

資料２

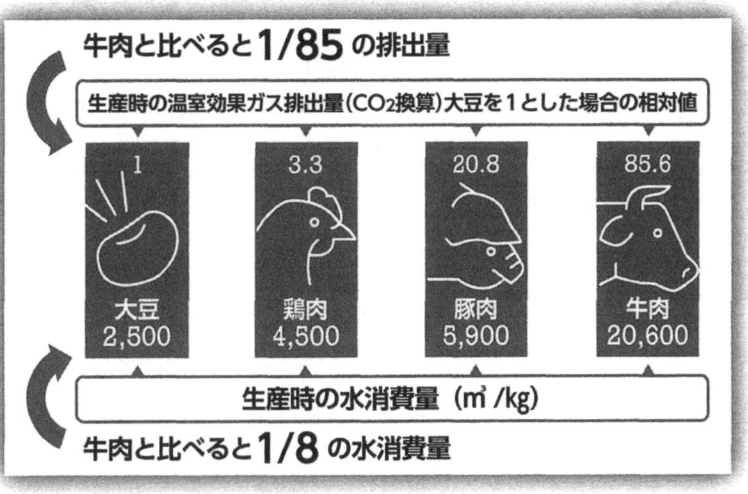

（不二製油HPより）

3　次の文章を読み，後の問いに答えなさい。

安土桃山時代は，室町幕府が滅《ほろ》びてから，[1]が江戸幕府を開くまでわずか30年ほどの時代です。この時代は政治的，文化的に大きな変革をとげた時代といえます。戦国時代の後半，ぬきんでた力をもっていた尾張《おわり》（愛知県）の大名織田信長は，他の戦国大名を圧倒《あっとう》し，天下統一へと前進します。しかし，1582年，家臣である[2]に京都の本能寺でたおされてしまいました。

その後，[2]は同じ信長の家臣の豊臣秀吉に，山崎（京都府）のたたかいでたおされます。秀吉はこれをきっかけに，各地の大名を次々としたがえ，天下統一をなしとげました。天下をとった秀吉は，検地・刀狩などによって武士の支配体制を確立し，外国との貿易の奨励《しょうれい》などの政策を実施《じっし》して，権力をつよめていきました。それは同時に，日本が，戦国時代の分裂から，統一へと進んだときでもありました。

秀吉は晩年，２度にわたって朝鮮に出兵をおこないましたが，朝鮮民衆のはげしい抵抗《ていこう》をうけて失敗します。この朝鮮出兵の失敗は，豊臣政権がくずれる大きな原因となりました。

『歴史見学にやくだつ遺跡と人物７』より
（一部表現をわかりやすくしています）

問１　文章中の空欄《くうらん》[1]・[2]に入る適当な人名を，それぞれ答えなさい。

問２　文章の内容として誤っているものを，次の**ア**～**エ**から１つ選び，記号で答えなさい。

ア　安土桃山時代は，鎌倉幕府が滅びてから室町幕府ができる間の時代をさす。
イ　織田信長は，もともと現在の愛知県の一部を支配していた戦国大名である。
ウ　豊臣秀吉は，山崎のたたかいでの勝利をきっかけにして，天下の統一を進めた。
エ　二度の朝鮮出兵は，豊臣政権がおとろえる大きな理由の１つになった。

問３　下線部について，豊臣秀吉は天下統一後，武士による支配を確立するために色々な政策を行いました。次の資料１～３は秀吉が行った３つの政策に関するものです。秀吉がこのような政策を実施した目的を，後の①～④のようにしてまとめた場合，①～③の空欄［あ］～［う］には選択肢《せんたくし》Ａ・Ｂのどちらを選べばよいですか，それぞれ選び，記号で答えなさい。

資料１　検地をしっかり行うように命じた，秀吉から家来への手紙（現代語訳）

> 一　検地については先日伝えたように，念入りにおこなうようにしなさい。
> 一　もし検地に従わないような者がいた場合には，きびしく取りしまりなさい。また，山の奥から島々など全ての土地で必ずおこないなさい。

資料２　刀狩令（現代語訳）

> 一　諸国の百姓が，刀，やり，鉄砲などの武器をもつことをかたく禁止する。その理由は武器を持っていると，その力をもとに年貢を出ししぶり，一揆をくわだてて領主に反抗しようとするからである。
> 一　取り上げた刀などは，京都に新しくつくる大仏のくぎなどにする。百姓は仏の恵みを受けて，この世ばかりか，死んだ後も，救われるであろう。

資料３　人ばらい令（現代語訳）

> 一　武士に仕える者で，去年（1590年）以後，新たに町人・百姓になった者があれば，その地域の責任で調査し，一切そのような者をおいてはならない。もし隠しておけばその町・村全体を罰《ばっ》する。
> 一　村々の百姓が田畑を捨て，商人になる者があれば，その者はもちろんのこと村人全員を処罰《しょばつ》する。

前期

受験番号	氏名

令和5年度　近畿大学附属広島中学校東広島校　入学試験　国語　解答用紙

一

問一　A　B

問二　ⓐ　ⓑ

問三

問四

問五

問六

問七

得点

3 (1) (2)

(3)

答え　　　cm

得　点

4 (1) （兄）分速　　m　（妹）分速　　m　(2)

得　点

総　得　点

※100点満点
（配点非公表）

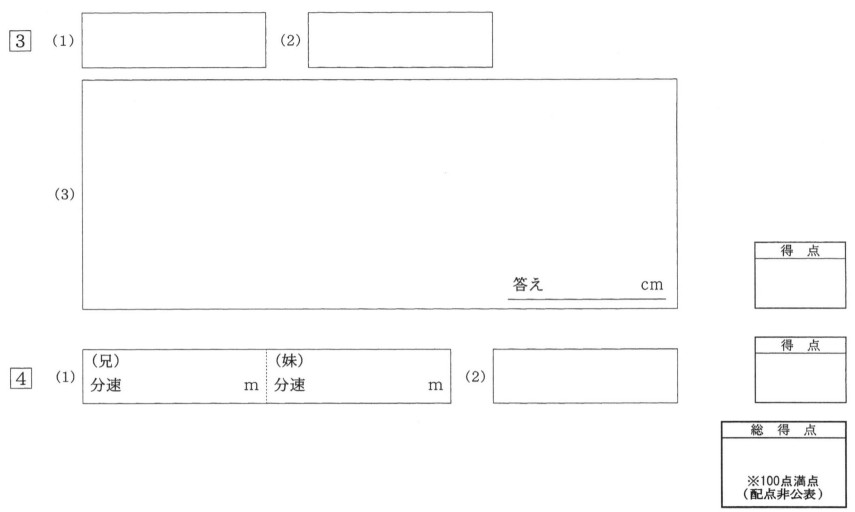

(3) 日から　日　(4)

点

4

(1)　(2) 回路

(2) 説明

(3) B　D　(4) ＞　＞　＞

得点

5

(1) ①　②　③　(2) ① ℃　② m

(3)

得点

総得点

※60点満点
（配点非公表）

②	記号	都道府県名
③	記号	都道府県名
④	記号	都道府県名
⑤	記号	都道府県名

得　点

5

問 1		問 2		問 3	
問 4	人物				
	理由				

得　点

6

問 1			
問 2		理由	

得　点

7

問 1		問 2	

総 得 点
※60点満点 （配点非公表）

受験番号	
氏　　名	

前期

令和５年度　近畿大学附属広島中学校東広島校　入学試験　社　会　解答用紙

1

問１		問２		問３		問４	民族
問５	特徴						
	理由						

得　点

2

問１	
問２	

得　点

3

問１	１		２	
問２		問３	あ	い	う

得　点

【解答

受験番号	
氏　　名	

前期

令和5年度　近畿大学附属広島中学校東広島校　入学試験　理　科　解答用紙

1

(1) A　　B

(2)

(3) 指示薬　　色

(4) と

(5)

得点

2

(1) A　　B

(2)

(3)

(4) ①　　②

得点

【解答

受験番号	
氏　　名	

前期

令和５年度　近畿大学附属広島中学校東広島校　入学試験　算　数　解答用紙

1

(1)		(2)		(3)	
(4)		(5)		(6)	
(7)		(8)	ア ｜ イ ｜ ウ ｜ エ		

得　点

2

(1)	ア ｜ イ	(2)	

(3)

ア　　度	イ　　度	ウ　　度	エ　　度	オ　　度	カ　　度

(4)

cm

【解答

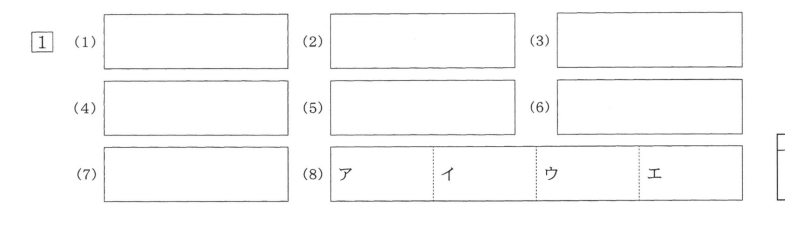

二

問一
A
B

問二

問三

問四

問五

問六

問七

問八

得点

得点

三

①

②

③

④

⑤

⑥

⑦

⑧

総得点

※100点満点
（配点非公表）

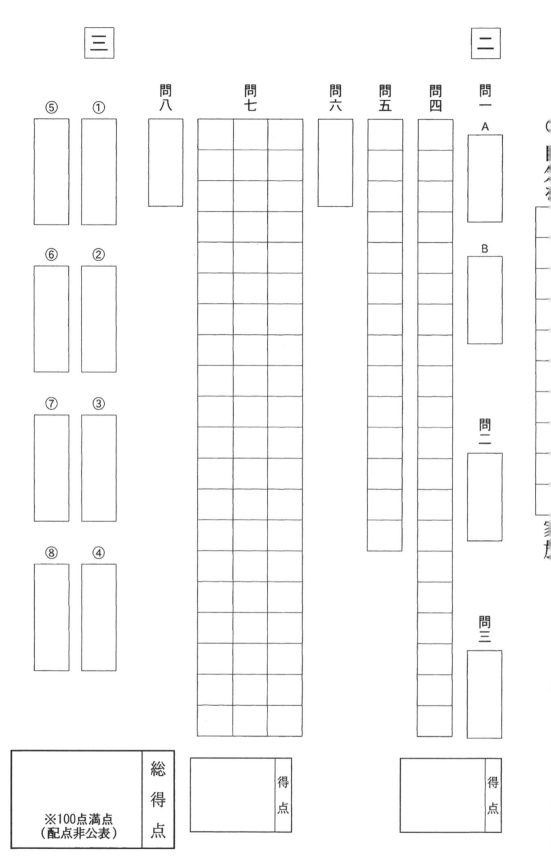

① 資料1を読むと，秀吉は日本全国で検地を徹底的《てっていてき》におこないたい，と考えていると思われる。検地を行う大きな目的は[あ]である。

A 田畑の広さや土地のよしあし，耕作している人物を調べるため
B キリスト教をひそかに信仰している百姓をみつけるため

② 資料2を読むと，刀狩令のねらいが2つ書いてあるが，秀吉が考えた本来の目的は，[い]と考えられる。

A 一揆を防止するため　　B 大仏をつくるときのくぎにするため

③ 資料3を読むと，人ばらい令で[う]を禁止していることがわかる。これによって農業をする人が基本的には減ることはなくなると思われる。

A 同じ身分のままでいること　　B 他の身分に変わること

④ この3つの資料から，百姓に農業に集中させて，毎年安定した量の年貢を集めたいという秀吉の考えを読み取ることが出来る。

4　次の①～⑤の文にあてはまる都道府県を，後の地図中の**ア**～**コ**からそれぞれ１つずつ選び，記号とその都道府県名を答えなさい。

① 弥生時代の大規模集落である吉野ヶ里遺跡がある。

② 徳川家康をとむらった日光東照宮がある。

③ 源頼朝が幕府の拠点《きょてん》とした鎌倉がある。

④ 琉球王国の王が住む城である首里城がある。

⑤ 縄文時代の大規模集落である三内丸山遺跡がある。

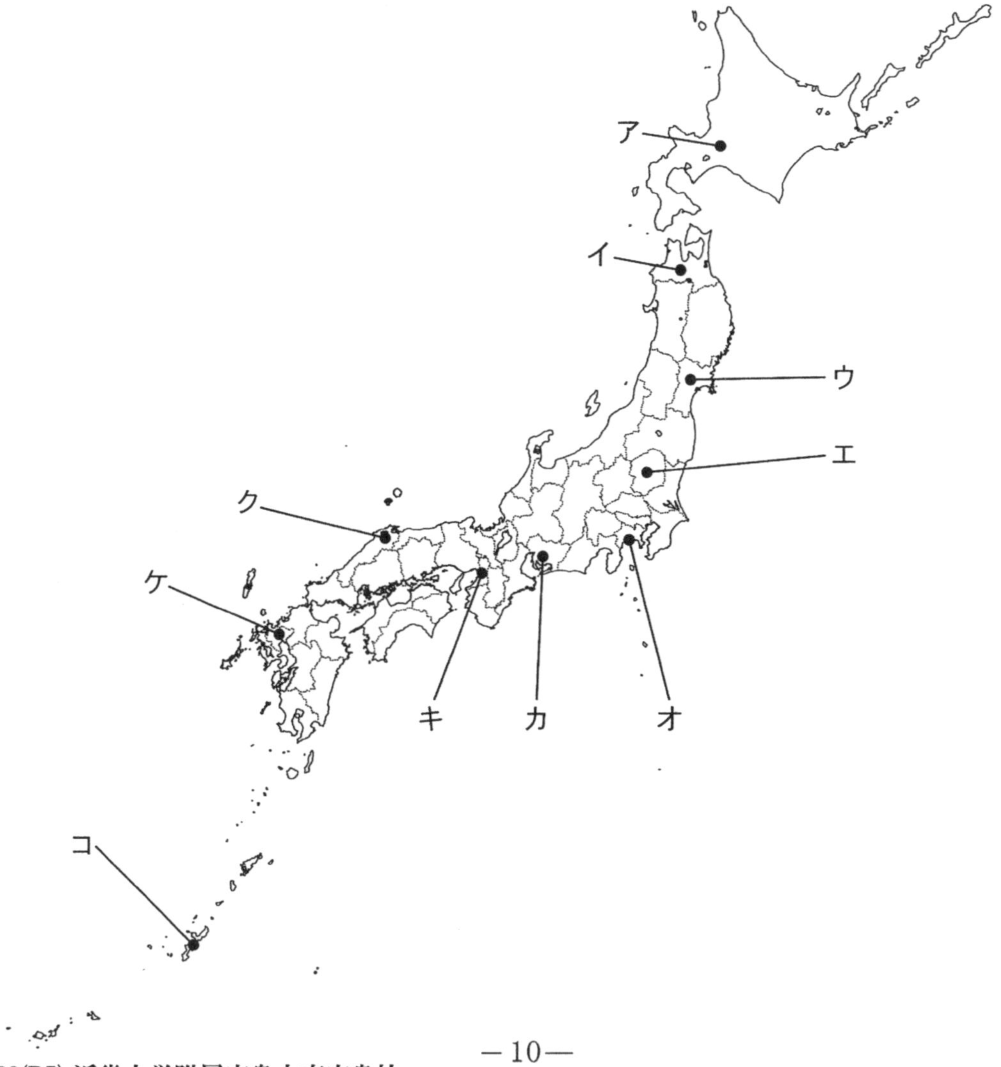

5　２０２４年度に新しい紙幣《しへい》の発行が予定されています。次の資料１は財務省ホームページにある新しい紙幣の予定されているデザイン，資料２は国立印刷局のホームページにある質問への回答の一部，資料３は新紙幣の肖像《しょうぞう》となった人物の業績です。これらを見て，後の問いに答えなさい。

資料１　新紙幣の予定デザイン

財務省ホームページより

資料２　お札の肖像はどのように選ばれるのですか？　という質問に対しての回答

> 　肖像をはじめとするお札の様式は，通貨行政を担当している財務省，発行元の日本銀行，製造元の国立印刷局の三者で協議し，最終的には日本銀行法によって財務大臣が決めることになっています。お札の肖像の選び方には，特別な制約はありませんが，おおよそ次のような理由で選定されています。
>
> ・日本国民が世界にほこれる人物で，教科書にのっているなど，一般《いっぱん》によく知られていること。
> ・偽造《ぎぞう》防止の目的から，なるべく精密な人物像の写真や絵画を入手できる人物であること。
>
> 国立印刷局ホームページより

資料３　新紙幣の肖像となった人物の業績

> 新１万円札　人物：渋沢栄一《しぶさわえいいち》
> ・生涯《しょうがい》に約500もの企業《きぎょう》の設立等に関わったといわれ，実業（農業・商業・工業などのこと）界で活躍《かつやく》した。
>
> 新５千円札　人物：津田梅子
> ・1900年に女子英学塾《えいがくじゅく》（現在の津田塾大学）を創立するなど，近代的な女子高等教育に努めた。
>
> 新1000円札　人物：北里柴三郎
> ・世界で初めて破傷風菌《はしょうふうきん》の純粋培養《じゅんすいばいよう》に成功し血清療法《けっせいりょうほう》を確立。また，ペスト菌を発見した。

問１　現在発行されている紙幣に描《えが》かれている人物で，新1000円札の北里柴三郎と同様に医学界で活躍した人物はだれですか，答えなさい。

問２　新１万円札の裏に描かれている建築物は，1914年に完成した後，太平洋戦争で大きな被害《ひがい》がでましたが，2012年に復元工事が完了《かんりょう》しました。この建築物の名称《めいしょう》を，次の**ア**〜**エ**から１つ選び，記号で答えなさい。

ア　東京駅　　**イ**　大阪駅　　**ウ**　羽田空港　　**エ**　関西国際空港

問３　津田梅子は1871年，明治政府の使節団に同行して６歳《さい》の時に留学しました。この時，使節団として派遣《はけん》された人物を，次の**ア**〜**エ**から１つ選び，記号で答えなさい。

ア　西郷隆盛　　**イ**　大久保利通　　**ウ**　板垣退助　　**エ**　陸奥宗光

問４　資料２に書いてあるように，肖像の選び方には特別な制約はありません。もし，次のＡ〜Ｃの３人が新しい紙幣の肖像に選ばれるとしたら，あなたはその理由は何だと思いますか。３人のうち１人だけを記号で選び，選ばれる理由を資料３のように説明しなさい。

Ａ　伊能忠敬　　Ｂ　与謝野晶子　　Ｃ　清少納言

6　次の新聞記事を読み，後の問いに答えなさい。（一部表現をわかりやすくしたり，省略したりしています。）

東京五輪・パラリンピックでは計73競技種目の[あ]が登場し，会場案内などに使われました。「文字を書いたらいいのに」と思った人もいるでしょう。でも小さな子どもや外国の人は文字を読めないかもしれません。文字の代わりに，[あ]は伝えたい意味を図や絵で表します。

どんな[あ]があるか身の回りで探《さが》してみましょう。まちを歩くと平和記念公園（広島市中区）などでたくさん発見しました。「もし自分が外国に旅行したら」と想像してみてください。分からないことばかりで不安になりませんか。そんなとき[あ]を見ると助けになります。

約20年の間に海外から多くの人が日本を訪《おとず》れるようになりました。公共施設《しせつ》などでは国が標準化したJIS（日本工業規格）の[あ]を使っています。外国の人を含《ふく》む多くの人にもっと伝わりやすくするため，政府は他の国と共通する図記号に変更《へんこう》したり，追加したりしました。

2021年11月　ちゅーピー子ども新聞　第289号より

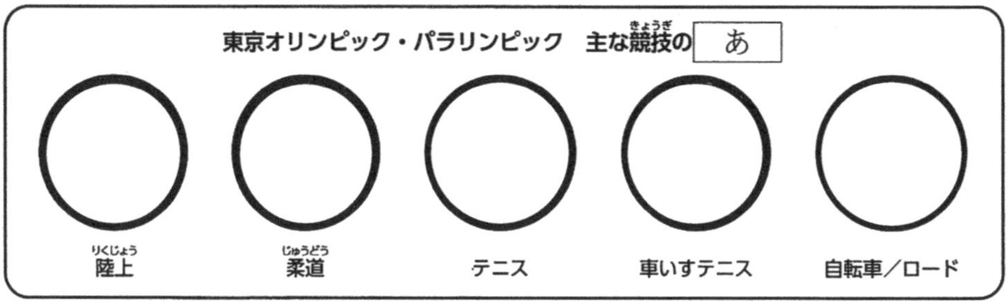

問１　空欄《くうらん》[あ]に入る言葉を，次のア～エから１つ選び，記号で答えなさい。

ア　地図記号　　**イ**　道路標識　　**ウ**　ピクトグラム　　**エ**　アナグラム

問２　次の**図**の[あ]は，東京オリンピックを前に旧から新へと変更しようとしていましたが，結局新旧どちらも使用可能となりました。どのような施設を表しているものですか。また，なぜ変更しようとしたのですか。その理由を答えなさい。

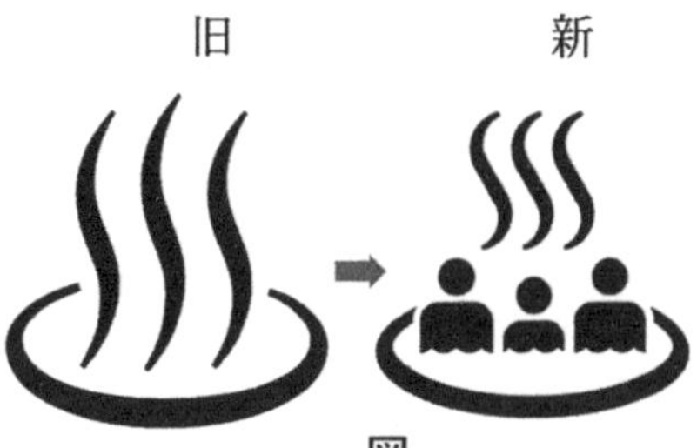

図

7　次の時事問題に答えなさい。

問１　2022年６月15日にすべての子どもが自立した個人として健やかに成長できる，意見を言うことができるなど，子どもの権利を定めた子ども基本法が成立しました。これにともない2023年に新たに設立されることになった庁の名称を，次の**ア**～**エ**から１つ選び，記号で答えなさい。

ア　子ども家庭庁　　**イ**　子ども基本庁
ウ　子ども権利庁　　**エ**　子ども教育庁

問２　2023年の５月に広島で開催されることが決まった国際的な会議を，次の**ア**～**エ**から１つ選び，記号で答えなさい。

ア　先進７カ国首脳会議（Ｇ７サミット）
イ　気候変動枠組条約締約国会議（ＣＯＰ）
ウ　核兵器禁止条約第１回締約国会議
エ　第12回ＷＴＯ閣僚会議

令和４年度

前　期

入 学 試 験 問 題

国　　語

（50分）

注 意 事 項

1．試験問題は指示があるまで開かないでください。
2．解答は必ず解答用紙に記入してください。
3．問題冊子，解答用紙に受験番号，氏名を記入してください。
4．問題冊子は必ず持ち帰ってください。

<table>
<tr><td>受 験 番 号</td><td rowspan="2">氏
名</td><td rowspan="2"></td></tr>
<tr><td></td></tr>
</table>

近畿大学附属広島中学校東広島校

2022(R4) 近畿大学附属広島中東広島校
K 教英出版

一　次の文章を読んで、後の問いに答えなさい。

張り付けをやろうと提案されて、サチはまっ先に返事をした。この遊びがいちばん好きだった。たんぼと桑畑《くわばたけ》を仕切っている高い石垣《いしがき》に軟式《なんしき》テニスボールをぶつけて、跳《は》ね返《かえ》ったボールが落ちた位置を競《きそ》うゲームである。もちろん距《きょ》離《り》の長いものの勝ちだが、投げる力の強いものが勝つとはかぎらない。一学年ごとに二メートルほど投げる位置を下げられるうえに、でこぼこの石垣に向かってボールを投げるのである。ボールが石に当たる角度によっては一年生がいちばんになることもあり、六年生がビリになることもある。この遊びの、張り付けという名前は、ばつゲームからきているが、張り付けられるのはびりになった者で、それぞれがはじめに投げた位置からボールを投げてくるのと、ボールそのものが軟《やわ》らかいせいで、さして痛くはない。サチは、なぜか、張り付けにされたとき、ボールが当たったりはずれたりするスリルがおもしろかった。

それぞれの投げる位置が決められ、いちばん年下のブンヤンにボールが手渡《てわた》された。テツオが、ブンヤンに近よって石垣の上の方を指さしながら何かを教えた。ブンヤンはこくりとうなずいてから、石垣のいちばん高いところめがけてボールを投げた。当たった角度がよく、ボールは高く跳ね返って、ブンヤンのはるか後方に落ちた。

「やったー！」

ブンヤンが、小躍《こおど》りして喜び、テツオが、やったなと言うように、ブンヤンの頭をぐりぐりとなでた。

「おもしろいことやってるな」

「まぜてくれや、おれらあも」

声のした方を見れば、いじわる者の洋一と茂《しげる》が、笑いながら近よっていた。サチは、［　A　］テツオの顔を見た。テツオの顔がこわばっていた。

「まぜてくれよ」

茂の押《お》しつけるような言い方に、テツオがシュンちゃんを見た。シュンちゃんが小さくうなずいて、受け入れるしかないことをⓐ暗に告げた。

「なら、決まりじゃな。おれらあは、ここからじゃ」

洋一が、シュンちゃんのすぐうしろに線を引いて、自分たちの投げる位置を決めた。たんぼの中の空気が、いっぺんに重たくなったように感じた。①この遊びも、ものすごくつまらないものになってしまった。洋一と茂は、自分たちのところに年下の子供が集まらないことを自分たちのせいだとは思ってないようだった。使い走りのようにこきつかわれていたテツオまでが、兄やんのところに集まってきて、洋一と茂のところにいかなくなってしまってからは、何かにつけてテツオをいじめていた。

「ちがうよ、このへんからだよ」

ケンチンが洋一のところに、とつぜんやってきて、投げる位置をもっと下げろと要求した。

「ここで、いいんじゃ」

「一学年二メートルだよ、ねっ、シュンちゃん」

ケンチンのこだわりは、自分がすでに失敗していて、張り付けのことを考えているせいだと分かった。問いかけられたシュンちゃんは返事をしなかった。

「ほら、ここでいいと言ってるじゃろ、なっ、シュン」

洋一が、シュンちゃんの肩《かた》に手をのせて聞いた。いいと言えというおどかしだと分かった。②シュンちゃんは、からだをかたくして返事をしなかった。

「もっと下げてくれない？　決まりは決まりなんだから」

そう切りだしたのは、テツオだった。

「ほおー、泣き虫のテッちゃんがねえ」

茂が立ち上がって、テツオをおどかすように近よった。

「わたし、兄やん呼んでくる！」

サチは、叫《さけ》ぶようにして言うと、走りだそうとした。

テツオに呼びとめられて、サチは立ち止まった。

③「サッちゃん、いかんでもええ！」

「ケンチンじゃったっけ。自分が張り付けになるもんだから、[B]人にケチをつけて、きたないんじゃないか」

茂はケンチンに近よっていって、頭をこづいた。ケンチンが泣きだしたとき、おどされて立ちすくんでいたテツオが、茂の袖《そで》をつかんだ。

「帰れ！　中学生にもなって、恥《は》ずかしいとは思わないのか」

サチは、テツオの口から出た言葉だとは信じられなかった。茂は、テツオのむなぐらをつかんで、たんぼに投げつけた。洋一はシュンちゃんの肩をつかんだまま、ⓑ薄笑《うすわら》いしている。

「わたし、兄やん呼んでくる」

「いくなー！」

茂に蹴《け》とばされながら、テツオが叫んだ。

「こんなやつに蹴られても、痛くもなんともないんじゃ。やるだけやらせとけ」

「なーにをー」

茂は、抵抗《ていこう》するテツオに馬乗りになってなぐりだした。シュンちゃんの顔があおざめ、からだがこきざみにふるえだした。
「このヤロー！」
シュンちゃんは、立ち上がって茂にかけよると、茂の顔を思いっきり蹴とばした。そして、ころがった茂におそいかかり、テツオも加わった。
「このヤロー！」
洋一が、そう言ってシュンちゃんにおそいかかり、たんぼにころがした。
「みんな助けてあげて！　兄やん呼んでくる」
サチは、そう言い残して走った。テツオもシュンちゃんも、ぼろぼろにされるのが分かっていた。小道を駆《か》け抜《ぬ》け、階段を走りながら、兄やんを呼んだ。
「どうした、サチ」
兄やんは、サチの声に階段のところまで出てきて聞いた。
「テッちゃんが、シュンちゃんが」
サチは、息を切らせながら、助けを求めたが、言葉にはならなかった。
「どこじゃ」
「たんぼ」
兄やんは、それを聞くと階段をかけおり、小道を走りぬけて、たんぼに急いだ。サチも、そのうしろを追って走った。
たんぼが見えたとき、大勢がふたつのかたまりになってたんぼに誰《だれ》かを押さえつけていた。
兄やんは、そのようすを見て走るのをやめてゆっくり近よって言った。サチも追いついて兄やんに並んだ。
「もういい、放してやんな」

兄やんの言葉で、茂を押さえつけていた子供たちがはなれ、洋一をねじふせていたグループもはなれた。
みんなにねじふせられていた洋一も茂も、そして押さえつけていたみんなも泥《どろ》まみれになっていた。
「茂、自分のところにこなくなったって、テツオにどんな仕打ちをしてきたか考えろ。なぜ、みんなが自分のところにこなくなったか考えろ。いばったり、いじめたりする者のところに、だれがよろこんで集まるか」
茂は泣きながら、兄やんをにらんでいる。
「この子らあのところに、もう近よるな。もう、分かったじゃろ。どんなにお前が年上でも、みんなが束になったら勝てんのじゃ。近よらんって約束できたら帰っていいぞ。それから、洋一。今日のことで、だれかに仕返しでもしたら、このみんなを引き連れていくからな。手をだすな」
茂が小走りにたんぼを去り、洋一も、そのうしろに続いた。
「強くなったな、テツオ。ありがとう、シュンちゃん。みんなもえらかったぞ」
兄やんは、そう言いながら、テツオの肩に手をおいた。サチは、今、④テツオの目に浮《う》かんだ涙《なみだ》のことを、強い涙だと思った。
「ぼくは、茂くんの足を押さえたんだよ」
「ぼくはね……」
「……」
兄やんの周りにみんながよって、自分の武勇伝(注)を、報告しだした。兄やんは、一人ひとりの頭や肩に手をのせながら嬉《うれ》しそうにしていた。
「そうじゃ、⑤みんなに伝えなくちゃなんないことがあるんじゃ。ここで育って学校の先生になってもどった藤田《ふじた》せんせい知ってるじゃろ」

「うん」
みんなが、そう返事をして続きを待った。
「あの先生から聞かされたことがあるんじゃ。力が強いだけじゃあ強くはないって。そのうえにやさしくて思いやりのあるものが強いんじゃって。分かるか」
みんなは、分からないという顔で、返事をしかねていた。
「ほら、きょうのみんなのことじゃ」
みんなは、よけい分からないという顔になって、続きを待っていた。
「おれだって、洋一と茂にふたりでかかられたら負ける。けど、あいつらが、おれに手を出せないのは、おまえたちをおれのうしろに感じるからじゃ。ひとりじゃなくて十人を、おれに感じるからじゃ。テツオやシュンちゃんがやられたらみんなで助けたろ。テツオやシュンちゃんがきらいじゃったら助けたか？」
兄やんが、ブンヤンに向かって聞き、ブンヤンが横に首をふってこたえた。
「そうじゃろう、みんなで仲良くやっていかれるようにいつも考えるものが、ほんとうに強いんじゃ」
兄やんは、テツオに言いふくめるように言った。テツオが、小さくしっかりうなずいて、それにこたえた。
西の山の影《かげ》が、たんぼを越《こ》え、川を越えて東の山にはいあがっていた。夕焼け雲が西の山からあらわれ、ゆっくりと流れていく。スズメの群れがいっせいに飛びたち、山の方に飛んでいった。

（笹山《ささやま》久三『やまびこのうた』より）

（注）　武勇伝＝勇ましさを自慢《じまん》する話。

問一　空欄《くうらん》［A］・［B］にあてはまることばとして最も適当なものを、次のア〜オからそれぞれ一つずつ選び、記号で答えなさい。

［A］
ア　思わず　イ　ようやく　ウ　もう一度　エ　思いきり　オ　しかたなく

［B］
ア　いやいや　イ　しばしば　ウ　とうとう　エ　こそこそ　オ　いちいち

問二　〜〜線部ⓐ「暗に」・ⓑ「薄笑《うすわら》いしている」の意味として最も適当なものを、次のア〜オからそれぞれ一つずつ選び、記号で答えなさい。

ⓐ
ア　がっかりして
イ　それとなく
ウ　ゆっくり
エ　迷いなく
オ　はっきりと

ⓑ
ア　うれしそうに笑っている
イ　見栄《みえ》を張って笑っている
ウ　自信なさげに笑っている
エ　見下して笑っている
オ　得意げに笑っている

問三　――線部①「この遊び」とありますが、その内容を本文中から五十字程度で抜《ぬ》き出し、最初と最後の五字を答えなさい。（句読点も一字に数えます）

問四　――線部②「シュンちゃんは、からだをかたくして返事をしなかった」とありますが、その理由として最も適当なものを、次のア～オから一つ選び、記号で答えなさい。

ア　洋一と茂《しげる》の身勝手な意見を受け入れなければならないと思うが、二人がテツオを苦しめていることを思い返し、無視してしまおうとしているから。

イ　遊びのルールを理解できなくて焦《あせ》っていたところに、洋一と茂が来たことでみんなも動揺《どうよう》しはじめ、何を言えばいいのかまったく考えられなくなったから。

ウ　洋一と茂がボールを投げる位置を変えることに反対しないでいたが、ケンチンの正義感を目《ま》の当《あ》たりにしたことによって、考えが揺《ゆ》らぎ始めたから。

エ　洋一と茂のせいで場の空気が重くなった時から言うべきことは決めていたが、ケンチンと洋一の間で話が進んだために言うことが無くなったから。

オ　洋一と茂にボールを投げる位置を守らせようという思いと、洋一と茂のことが怖《こわ》いので二人の言い分に従ってしまおうという思いの間で悩《なや》んでいるから。

問五　――線部③「サッちゃん、いかんでもええ！」から、――線部④「テツオの目に浮《う》かんだ涙《なみだ》」に見られるテツオの説明として最も適当なものを、次のア～オから一つ選び、記号で答えなさい。

ア　兄やんに心配をかけずに洋一と茂《しげる》から自立しようとしていたが、兄やんの存在感を改めて感じたことに加え、さりげない自分への気遣《きづか》いにも触《ふ》れ、兄やんの人柄《ひとがら》に感心している。

イ　すぐに兄やんに助けを求めようとするサチに腹をたてていたが、兄やんが来てくれたおかげで自分が救われたことを理解し、サチに厳しく接してしまったことを後悔《こうかい》している。

ウ　兄やんの力に頼《たよ》らずみんなを守ろうと気を張っていたが、兄やんの登場によって安心感を覚えるとともに、兄やんに認められたことで自分の成長を実感して胸が熱くなっている。

エ　何も考えずに兄やんを探しに行ったサチにあきれていたが、兄やんが来てくれたことで悪者を追い出すことに成功したので、サチの行動力に感謝するようになっている。

オ　兄やんの力を借りずに事態を解決しようとしていたが、兄やん抜《ぬ》きでは何もできない自分を恥《は》じていたところ、兄やんがほめてくれたので、すべてが報《むく》われた気持ちになって心がふるえている。

問六　——線部⑤「みんなに伝えなくちゃなんないこと」とは、どのようなことですか。六十字以内で説明しなさい。

（句読点も一字に数えます）

〈下書き〉

問七　この文章の登場人物の説明として適当でないものを、次のア～オから一つ選び、記号で答えなさい。

ア　洋一と茂《しげる》は自分たちより小さい子どもたちに言うことを聞かせようと、強引《ごういん》な態度をとっていたが、子どもたちに反発された。

イ　ケンチンは自分がばつを受けることを嫌《いや》がって、年上で力の強い洋一と茂に対しても気後《きおく》れすることなく、自分の意見を主張した。

ウ　楽しそうに遊んでいたいちばん年下のブンヤンは、洋一と茂が来てからは何も言葉を発することなく、兄やんの語りかけには反応した。

エ　洋一と茂が現れたことで楽しく遊べなくなることを予測したサチは、誰《だれ》にも相談せず、まっしぐらに兄やんのもとに向かった。

オ　兄やんは洋一と茂に反省を促《うなが》すような言葉をかけた後、テツオたちをねぎらいつつ人としてのあるべき姿を分かりやすく伝えた。

二　次の文章を読んで、後の問いに答えなさい。

生物にとって親離《おやばな》れとは何なのでしょうか。また、子離れとは何なのでしょうか。肉食動物の親離れ、子離れは㊟壮絶《そうぜつ》です。キツネの例を紹介《しょうかい》しましょう。

キツネは愛情深い動物です。

昔話ではずるいイメージのあるキツネですが、実際には、とても家族の絆《きずな》の強い動物です。

キツネは一夫一妻制で、オスも子育てに参加して、夫婦《ふうふ》で協力して子育てをします。

キツネは深い巣穴を掘《ほ》って、母親が巣穴の中で出産の準備をします。巣穴にこもったメスのために、オスはせっせとエサを運びます。子どもが生まれても、オスは巣穴の中に入ることができません。子どもを見たいのか、オスのキツネが、巣穴のそばでそわそわしている様子も観察されるといいますから、①何とも微笑《ほほえ》ましい限りです。

オスは出産を終えた母親のためにせっせとエサを運びます。

キツネはネズミやウサギをエサとします。しかし、エサを集めるのは簡単ではありません。キツネはエサの豊富な里山でも、一平方キロメートルものなわばりを必要とするとされています。エサの少ないところでは、そのなわばりの広さは、五十平方キロメートルにもなるといいます。キツネの父親は、家族のために、広いなわばりを歩き回ってエサを探すのです。

しかも、㊟俊敏《しゅんびん》なネズミや野ウサギを捕《と》らえることは簡単ではありません。②キツネの狩《か》りは高度なテクニックを必要とします。

基本的な狩りはジャンプです。ネズミや野ウサギを追いかけ回してつかまえることは簡単ではありません。そのため、音もなく忍《しの》び寄《よ》ると、一気に高く跳《は》ね上《あ》がり、上から獲物《えもの》に襲《おそ》いかかるのです。

「チャーミング」と呼ばれる特殊《とくしゅ》な狩りもあります。獲物を見つけたキツネは、獲物が逃《に》げ出《だ》さないほどの距離《きょり》で、苦しそうに転げ回ります。そのキツネの姿に魅《み》せられたネズミやウサギは、［Ⅰ］のあまり逃げることも忘れてしまいます。そして、激しく転げ回りながら、キツネは少しずつ近づいていき、獲物の不意をついて襲いかかるのです。死んだふりをして、獲物を油断させることもあるといいますから、高度な［Ⅱ］が必要です。

水鳥などを狩るときには、水草や雑草などを体にまとって、カモフラージュして近づくこともあるといいます。まさに高度な知能を必要とする狩りなのです。

生まれてから三ヶ月《さんかげつ》を過ぎる頃《ころ》になると、親ギツネは、子どもを遠くへ連れ出していくようになります。そして、狩りの仕方など、生きていくうえで重要なことを教えるのです。

やがて、狩りの仕方を教えると、父親は子どもたちにエサを運ぶのをやめてしまいます。こうして、子どもたちの自立を促《うなが》すのです。

何とも冷たいようにも思えますが、ただ突《つ》き放《はな》すだけではありません。近くにあらかじめエサを隠《かく》しておき、子どもたちが自分で探せるようにすることもあるようです。厳しいように見えて、じつは愛情にあふれています。この不器用さが、何とも父親らしい子育てです。

［Ａ］、夏の終わりになると、別れのときがやってきます。

子どもたちは、いつまでも親元にいるわけにはいきません。巣立ちのときになると、親ギツネは、子どもたちを追い払《はら》います。

キツネは㊟子煩悩《こぼんのう》な動物です。愛情深く、子どもを育てる動物です。母親のキツネも父親のキツネも、子どもたちにとってとても優《やさ》しい存在でした。そして、子どもたちはそんな両親にいっぱい甘《あま》えてきました。

それなのにキツネの親は、一変して厳しい態度に㊟豹変《ひょうへん》するのです。

子どもたちは、何が起こっているのか理解できず、戸惑《とまど》うようにいつものように親元へ戻《もど》ろうとします。しかし、親ギツネはそれを許しません。激しく(注)威嚇《いかく》して子どもたちを追《お》い払《はら》います。母ギツネは子どものキツネに噛《か》みつくことさえあります。

それでも、子どもたちは戻ろうとします。しかし、そのたびに親ギツネは、子どもを威嚇し、攻撃《こうげき》するのです。

やがて、子どもたちはあきらめたかのように、親元を離れていきます。

これが子どもたちの自立です。そして、親のキツネにとっては子離れのときなのです。このときのために、親のキツネは、子どもたちに生きる術《すべ》を教えてきました。やがて、子どもたちもまた、自分のなわばりを持ち、やがて親となっていくことでしょう。

すべては、子どもたちを自立させるため。これこそがキツネの子育てなのです。

キツネの子育ては、わずか数ヶ月間のお話です。

キツネと同じように、動物たちは、時期になれば親離れをし、子離れをします。

[B]、人間にとって、親離れ、子離れの時期とはいつなのでしょう。

人間は、子育ての期間がとてつもなく長い動物です。

哺乳《ほにゅう》動物は、過保護に子育てをしますが、そうは言っても、多くの場合、子育ての期間は一年以内です。長いものでも二、三年でしょう。

シカやウマなどの草食動物は、生まれて間もなく立ち上がって歩き出すのに、人間の赤ちゃんは、立ち上がってヨチヨチ歩きをするのに一年はかかります。五歳《さい》になったら一人前扱《あつか》いされて、独り立ちするなど、人間では、とても考えられません。

人間の子どもは、なかなか大人にならないのです。

（稲垣栄洋《いながきひでひろ》『生き物が大人になるまで』より）

（注）壮絶《そうぜつ》…きわめて勇ましく激しいこと。また、そのさま。
俊敏《しゅんびん》…判断や行動がすばやいこと。
子《こ》煩悩《ぼんのう》…自分の子どもを非常にかわいがること。
豹変《ひょうへん》…態度ががらりと変わること。
威《い》嚇《かく》…力をしめして、おどかすこと。

問一　空欄《くうらん》［A］・［B］にあてはまることばとして最も適当なものを、次のア〜オからそれぞれ一つずつ選び、記号で答えなさい。

ア　それでは　　イ　また　　ウ　たとえば　　エ　だから　　オ　しかし

問二　〰線部「ただ」がかかっていく箇所《かしょ》として最も適当なものを、次のア〜エから一つ選び、記号で答えなさい。

ただ　（ア）突き放す　（イ）だけ　（ウ）では　（エ）ありません。

問三　本文には次の一文が抜《ぬ》けています。この文が入るところの、直前の六字を抜き出して答えなさい。

（句読点も一字に数えます）

こんな高度な狩《か》りをするためには、高度な学習が必要です。

問四　空欄《くうらん》［　Ⅰ　］・［　Ⅱ　］にあてはまることばの組み合わせとして最も適当なものを、次のア～オから一つ選び、記号で答えなさい。

ア　Ⅰ　探究心　Ⅱ　集中力

イ　Ⅰ　恐怖心《きょうふしん》　Ⅱ　団結力

ウ　Ⅰ　好奇心《こうきしん》　Ⅱ　演技力

エ　Ⅰ　恐怖心　Ⅱ　実行力

オ　Ⅰ　好奇心　Ⅱ　団結力

問五　――線部①「何とも微笑《ほほえ》ましい限りです」とありますが、これは何について言ったものですか。最も適当なものを、次のア〜オから一つ選び、記号で答えなさい。

ア　出産を終えたメスのためにオスのキツネがせっせとエサを運ぶこと。

イ　メスのキツネが出産しやすくなるようオスのキツネが巣穴を掘《ほ》ること。

ウ　オスのキツネが子ども見たさにうっかり巣穴に入ってしまうこと。

エ　オスのキツネが巣穴の中の様子を気にしてそわそわしていること。

オ　子どもが生まれた後も、オスはなかなか巣穴に入れてもらえないこと。

問六　――線部②「キツネの狩《か》りは高度なテクニックを必要とします」とありますが、その理由を、四十字以内で説明しなさい。（句読点も一字に数えます）

〈下書き〉

問七　＝＝線部「肉食動物の親離《おやばな》れ、子離《こばな》れは壮絶《そうぜつ》です」とありますが、キツネの場合はどのような点で壮絶といえるのですか。六十字以内で説明しなさい。（句読点も一字に数えます）

〈下書き〉

問八　本文を読んだ生徒が、内容について話し合いをしています。正しく理解していないものを、次のア～オから一つ選び、記号で答えなさい。

ア　生徒A――筆者も言っていたようにキツネはずるい動物というイメージがあったけど、愛情深く子どもを育てる動物だということが分かったよ。

イ　生徒B――キツネは愛情深さの他に賢《かしこ》さを備えているんだね。「チャーミング」やカモフラージュしてエサを手に入れるのも知能がないとできないことだよね。

ウ　生徒C――エサを与《あた》える次の段階が狩《か》りの方法を教えることだったね。エサを隠《かく》しておいて子どもたちに探させる親ギツネのまなざしはきっと温かいものだろうね。

エ　生徒D――子どもが巣立つ時に別れなければならないのは悲しいよね。しかも、なわばりをめぐって親子で争うようになるのは切ないことだよね。

オ　生徒E――キツネの子どもは親から育てられる数《すう》ヶ月《かげつ》の間にたくさんのことを学び、自立するんだね。それに比べて人間は自立までに時間のかかる動物なんだね。

三

次の――線部のカタカナは漢字に直し、漢字は読みをひらがなで答えなさい。

① 被災《ひさい》したカオクを片付《かたづ》ける。

② お茶のサホウを学ぶ。

③ 一心フランに打《う》ち込《こ》む。

④ ケワしい山に登る。

⑤ オリンピックはスポーツのサイテンだ。

⑥ 運命に身を任せる。

⑦ 青い色調の絵。

⑧ 人生について問答する。

2022(R4) 近畿大学附属広島中東広島校
K 教英出版

令和４年度

前　期
入　学　試　験　問　題

算　　　数

（50分）

注　意　事　項

1．試験問題は指示があるまで開かないでください。
2．解答は必ず解答用紙に記入してください。
3．問題冊子，解答用紙に受験番号，氏名を記入してください。
4．問題冊子は必ず持ち帰ってください。

受験番号	氏名	

近畿大学附属広島中学校東広島校

1 次の（1）～（7）の計算をしなさい。分数で答える場合は，約分した形にしなさい。帯分数，仮分数どちらで答えてもかまいません。また，（8）は□にあてはまる数を答えなさい。

（1）　$30-18\div2+4$

（2）　$2.125\div17\times6$

（3）　$5\frac{1}{3}-1\frac{5}{6}$

（4）　$3.75\div\frac{45}{8}\div\frac{16}{9}$

（5）　$2 \div \frac{1}{4} - \{232 \div (73-44)\}$

（6）　$4.5 \times 5.8 + 5.3 \times 4.5 - 4.1 \times 4.5$

（7）　$\frac{1}{2 \times 4} + \frac{1}{4 \times 6} + \frac{1}{6 \times 8}$

（8）　$\square \times 4 - 2 \div \frac{4}{3} = \frac{9}{2}$

2 次の問いに答えなさい。

（1） 次の ア ～ ウ にあてはまる数を求めなさい。

「濃度《のうど》 6 % の食塩水 800 g にふくまれる食塩は［ ア ］g であり，濃度 9 % の食塩水 400 g にふくまれる食塩は［ イ ］g であるから，これらの食塩水を加えてよくかき混ぜると，［ ウ ］% の食塩水ができます。」

（2） 下の図のような五角形 ABCDE の 5 つの頂点から，3 つの頂点を選んで，それらを頂点とする三角形を作るとき，全部で何個の三角形を作ることができますか。

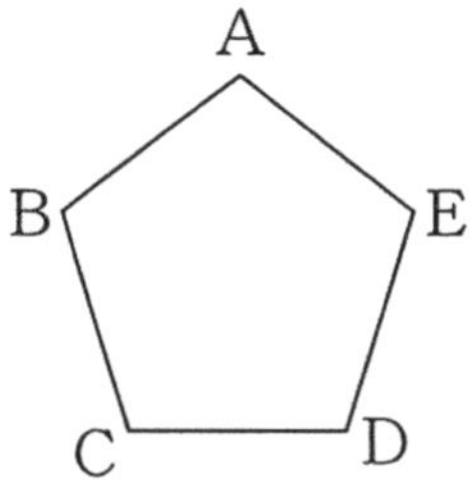

（3）　下の図のように，正方形ABCDを，APを折り目として折って重ねたときの点Dの位置をEとします。辺ABと辺APのつくる角の大きさが66°であるとき，アの角の大きさは何度ですか。

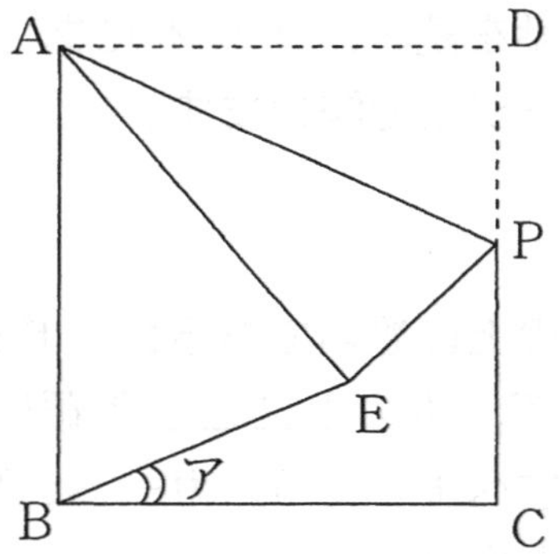

（問題 2 は次のページに続きます。）

（4）　表面が数字，裏面が絵のカードがあります。先生は表面の数字が，ある規則にしたがうように20枚のカードを積み重ねて，裏面を上にしてユイさんの机に置きました。さらに，レンさんの机にも，ユイさんの机に置いたカードの規則とは異《こと》なる規則にしたがうように20枚のカードを積み重ねて，裏面を上にして置きました。次の会話を読み，ア～オにあてはまる数字を答えなさい。会話は次のページまで続きます。

先生「今から，机の上に置いてあるカードを上から順に1枚ずつとって表面にして，机の上にとった順に並べます。まず，上から5枚目まで並べましょう。カードの順番が変わらないように気をつけてください。」

先生「並んだ数字を順番に言ってください。」

ユイ「順番に1，4，7，10，13です。」

レン「順番に1，4，9，16，25です。ユイさんと1枚目と2枚目は同じ数字だね。」

先生「では，2人同時に6枚目のカードを表面にしてみましょう。」

ユイ「わたしの6枚目のカードの数字は ア だわ。」

レン「ぼくの6枚目のカードの数字は イ だよ。ということは，ぼくの机の上に積み重ねてあるカードの一番下のカードの数字は ウ だってことがわかったよ。」

先生「同じように，7枚目，8枚目…と2人同時にカードを表面にして並べていきましょう。」

ユイ「あっ，37のカードがでてきたわ。今，表面にしたレンさんのカードの数字は何かな。」

レン「 エ だよ。」

先生「ユイさんが37，レンさんが エ のカードを引いたところでカードを表にするのを止めて，机に並んだ数字を見ましょう。1や4の数字は2人の机両方にありますね。この他にも，2人の机両方に並べられる数字があります。残りの積み重ねてあるカードをすべて表面にして並べたとすると，2人の机両方にある数字のうち，一番大きい数字は何でしょうか。」

ユイ「 オ だと思います。」

先生「正解です。」

3　高さ 60 cm の直方体の形をした空の水そうが水平な机の上にあり，その中には，1 辺の長さ 10 cm の立方体の形をした木材が入っています。この木材の 1 つの面の中央部分と水そうの底面の中央部分はひもでつながれています。

ハナコさんとケンタさんは，この水そうに 1 分間あたり 2000 cm^3 の一定の割合で水を入れていき，水そうの中の木材の様子と水面の高さをま横から写真をとって観察しました。【図 1】は，そのときとった写真です。

【図 1】

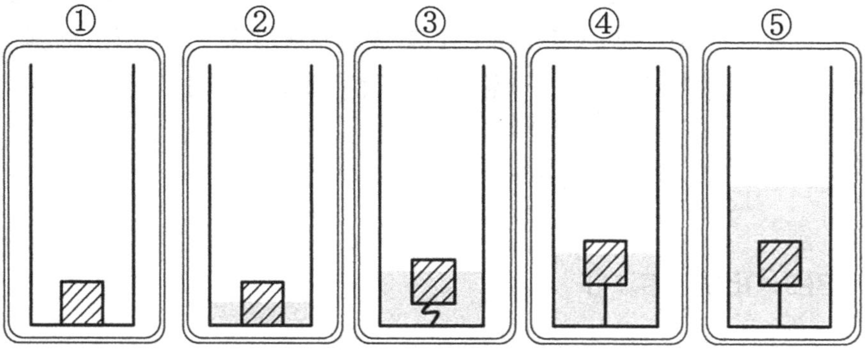

このときの観察のまとめとして，水を入れ始めてからの時間と水面の高さの関係のグラフをつくりました。【図 2】が完成したグラフです。次の会話は，グラフを完成させようと 2 人が話し合っていたときの会話です。この会話を読んで，次の問いに答えなさい。ただし，水そうの厚さ，ひもの体積は考えないものとします。また，木材が浮《う》いたとき，木材の底面は，水そうの底面とつねに平行となるものとします。

ハナコ「水を入れ始めてからちょうど 15 秒で，木材は浮かずに水面の高さは 1 cm になったわ。水を入れ始めてからちょうど 1 分でも木材は浮いていなくて，水面の高さは ア cm になったわ。」

【図 2】

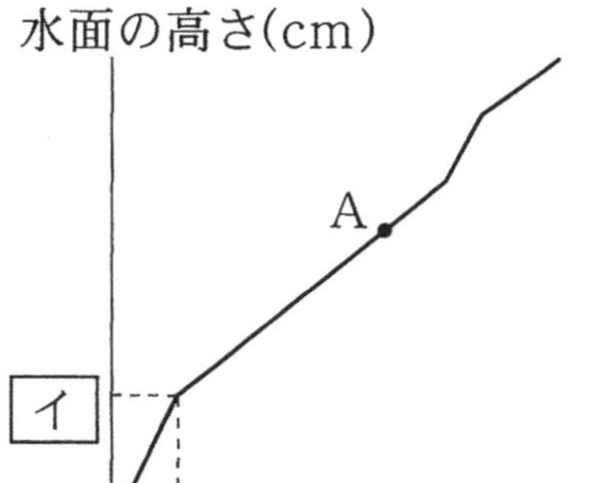

ケンタ「水を入れ始めてからちょうど2分まで，木材は浮かばなかったけど，この後すぐに浮いたよ。このときの浮いた木材には，水につかっている部分と，つかっていない部分があったよね。」

ハナコ「そうだったわ。この後，水を入れ始めてからちょうど8分まで，浮いている木材の水につかっている部分は一定だったわ。」

ケンタ「水を入れ始めてからちょうど8分で初めてひもがたるみなく，水そうの底面に対して垂直になったよ。」

（1）　【図2】のAの状態を表す写真として最も適切なものを【図1】の①～⑤から1つ選び，番号で答えなさい。

（2）　会話文中のア，【図2】のイにあてはまる数をそれぞれ求めなさい。

（3）　この水そうの底面積は何cm^2ですか。

（4）　ひもの長さは何cmですか。

4 【図1】のような長方形の形をしたグラウンドの周りの道をタカシさんとお父さんが走っています。2人はA地点を同時に出発し，お父さんはA→B→C→D→A→B→…の順（反時計回り）に，タカシさんはA→D→C→B→A→D→…の順（時計回り）に，それぞれ一定の速さで走っています。【図2】は，2人がA地点を同時に出発してからの時間と，A地点からのお父さんの位置とタカシさんの位置をそれぞれ反時計回りに測った道のりの関係を表したものです。例えば，D地点は480 mと表され，A地点は0 mまたは600 mと表されます。このとき，次の問いに答えなさい。ただし，2人とも休憩《きゅうけい》なしで走り，道幅《みちはば》は考えないものとします。

【図1】

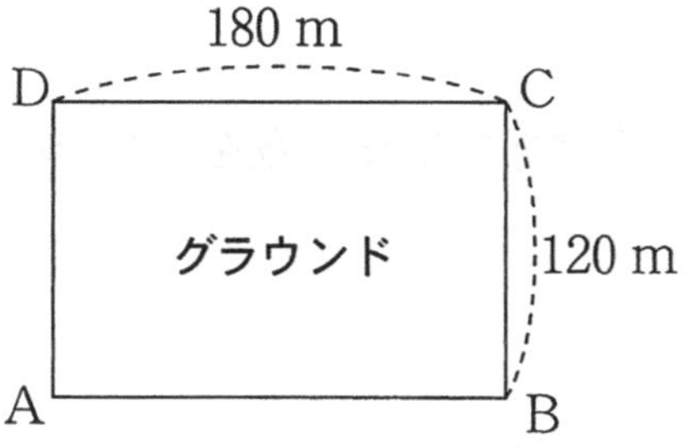

【図2】

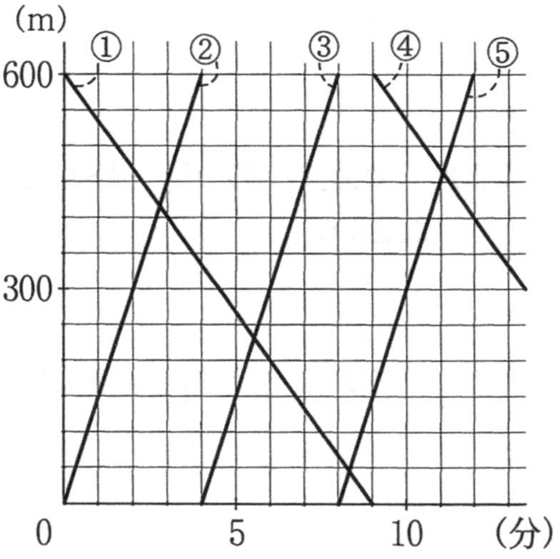

（1） 【図2】の直線①～⑤のうち，タカシさんが動く様子を表しているものをすべて選び，番号で答えなさい。

（2）　お父さんとタカシさんの走る速さはそれぞれ分速何ｍですか。ただし，答えが整数にならないときは，仮分数の形で答えなさい。

（3）　お父さんとタカシさんがＡ地点を同時に出発してからはじめてＡ地点で出会うのは，お父さんがこの道を何周したときですか。解答欄《かいとうらん》には，考え方も説明しなさい。

（4）　お父さんとタカシさんがＡ地点を同時に出発してから４回目に出会うのは，２人が同時に出発してから何分後ですか。ただし，出発するときは出会う回数に入れず，答えが整数にならないときは，帯分数の形で答えなさい。

令和４年度

前　期
入　学　試　験　問　題

理　　　科

（30分）

注　意　事　項

1．試験問題は指示があるまで開かないでください。
2．解答は必ず解答用紙に記入してください。
3．問題冊子，解答用紙に受験番号，氏名を記入してください。
4．問題冊子は必ず持ち帰ってください。

受　験　番　号	氏名	

近畿大学附属広島中学校東広島校

1 次の文章は，ヒトの生命の誕生について説明したものです。これについて，あとの問いに答えなさい。

女性の体内でつくられた卵と，男性の体内でつくられた（　①　）が結びつくと，ヒトの生命が誕生して，卵が育ち始める。このときの卵のことを（　②　）といい，(②) は女性の体内にある（　③　）の中でだんだんとヒトのすがたに育ち，(②) になってから（　X　）で子としてうまれてくる。(③) の中の赤ちゃんは，(③) のかべにある（　④　）と，そこから赤ちゃんにつながるへその緒《お》を通して，育つのに必要な養分などを母親からもらっている。(④) では，赤ちゃんの血液と母親の血液との間で，赤ちゃんに必要なものと不要なものをやり取りしているが，(④) で赤ちゃんと母親の血液が混ざることはない。

（1）文章中の (①) ～ (④) に当てはまる適当な語句をそれぞれ答えなさい。

（2）文章中の (X) に当てはまるものとして最も適当なものを，次の**ア**～**エ**から1つ選び，記号で答えなさい。

ア　約28週　　**イ**　約38週　　**ウ**　約48週　　**エ**　約58週

（3）ヒトの卵の大きさはどれくらいですか。最も適当なものを，次の**ア**～**カ**から1つ選び，記号で答えなさい。

ア　ヒトの卵の直径は約1.4mmであり，メダカの卵より大きい。
イ　ヒトの卵の直径は約1.4mmであり，メダカの卵と同じくらいの大きさである。
ウ　ヒトの卵の直径は約1.4mmであり，メダカの卵より小さい。
エ　ヒトの卵の直径は約0.14mmであり，メダカの卵より大きい。
オ　ヒトの卵の直径は約0.14mmであり，メダカの卵と同じくらいの大きさである。
カ　ヒトの卵の直径は約0.14mmであり，メダカの卵より小さい。

（4）次の文中の（⑤）～（⑦）に当てはまる語句の組み合わせとして最も適当なものを，下の**ア～エ**から1つ選び，記号で答えなさい。

へその緒を流れている血液は（　⑤　）の血液であり，赤ちゃんは（④）とへその緒を通して，育つのに必要な養分と（　⑥　）を母親からもらうだけでなく，老廃物《ろうはいぶつ》や（　⑦　）を母親にわたしている。

	⑤	⑥	⑦
ア	赤ちゃん	酸素	二酸化炭素
イ	赤ちゃん	二酸化炭素	酸素
ウ	母親	酸素	二酸化炭素
エ	母親	二酸化炭素	酸素

（5）（③）の中の赤ちゃんは，羊膜《ようまく》と羊水に囲まれています。羊水の役割の1つを簡単に説明しなさい。

2　ものが燃えるしくみについて調べるために，**図１**のような器具を用いて，次の**実験１～５**を行いました。これについて，あとの問いに答えなさい。ただし，空気は体積の割合で，ちっ素が約78%，酸素が約21%，アルゴンが約1%，二酸化炭素が約0.04%でできています。なお，水蒸気は考えないものとします。

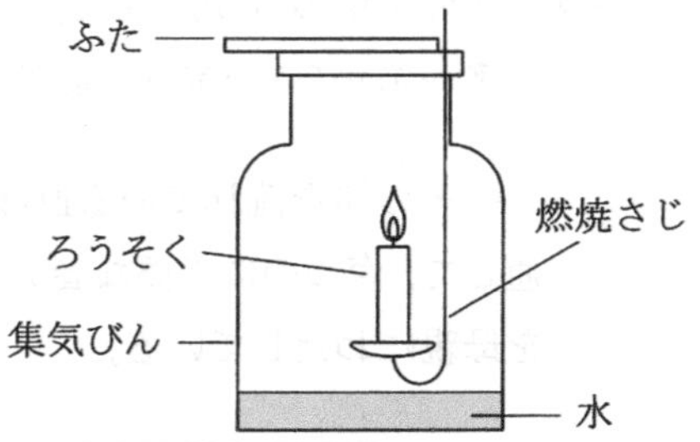

図１

【実験１】　空気の入った集気びんに火のついたろうそくを入れると，しばらく燃えて消えた。火が消えた後，集気びんの中の気体について，体積の割合を気体検知管を使って調べると，酸素17%，二酸化炭素4%になっていた。

【実験２】　**実験１**の集気びんの中に，再び火のついたろうそくを入れると，すぐに消えた。

【実験３】　3本の集気びんに，それぞれちっ素，酸素，二酸化炭素を入れて，集気びんの中に火のついたろうそくを入れると，ちっ素と二酸化炭素の入った集気びんではそれぞれすぐに消え，酸素の入った集気びんでは激しく燃えた。

【実験４】　集気びんに，ちっ素75%，酸素21%，二酸化炭素4%の体積の割合になるように入れて，集気びんの中に火のついたろうそくを入れると，しばらく燃えて消えた。

【実験５】　集気びんに，ちっ素83%，酸素17%の体積の割合になるように入れて，集気びんの中に火のついたろうそくを入れると，すぐに消えた。

（1）気体検知管や気体センサーなどの測定器を使わずに，二酸化炭素が発生したことを確かめる方法を答えなさい。

（2）**図２**のように，空気の入った集気びんに火のついたろうそくを入れて，ふたをしなかった場合，ろうそくの火は**実験１**と比べてどのようになりますか。最も適当なものを，次の**ア～エ**から1つ選び，記号で答えなさい。

図２

ア　すぐに消える。
イ　**実験１**と同じくらいの時間で消える。
ウ　**実験１**よりも長い時間がたって消える。
エ　ろうそくが燃えつきるまで消えない。

（3）**実験３～５**では，ちっ素ボンベ，酸素ボンベ，二酸化炭素ボンベを使って，**図３**のような方法で気体を集気びんに集めました。この方法を，水上置《ち》換《かん》法といいます。水上置換法で集めるのに適していない気体を，次の**ア**～**エ**から1つ選び，記号で答えなさい。

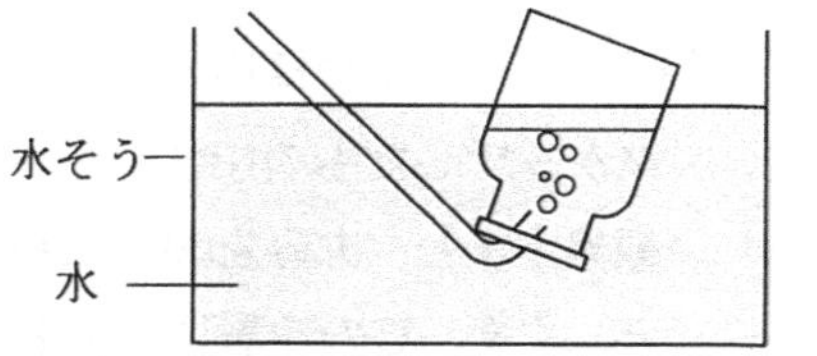

図３

ア　空気よりも軽い気体　　　**イ**　空気よりも重い気体
ウ　水によくとける気体　　　**エ**　水にとけにくい気体

（4）**実験４**のろうそくの火が消えた後，集気びんの中の酸素，二酸化炭素の体積の割合はどのようになっていると考えられますか。最も適当なものを，次の**ア**～**エ**から1つ選び，記号で答えなさい。

	酸素〔%〕	二酸化炭素〔%〕
ア	0	25
イ	8	17
ウ	17	8
エ	25	0

（5）**実験１～５**からわかることとして適当でないものを，次の**ア**～**オ**から1つ選び，記号で答えなさい。

ア　酸素にはものを燃やすはたらきがある。
イ　ろうそくの火が燃えると二酸化炭素が発生する。
ウ　二酸化炭素にはものを燃やすはたらきがない。
エ　ちっ素には火を消すはたらきがある。
オ　十分な体積の割合で酸素がないと，ろうそくの火が燃えない。

（6）**実験３**のように酸素だけの中でろうそくの火を燃やすよりも，**実験１**のように空気中でろうそくの火を燃やす方がおだやかに燃えるのはなぜですか。簡単に説明しなさい。

3 図は，あるがけに見られた地層のようすをスケッチしたものです。A～Dの地層をよく観察すると，丸みをおびた粒《つぶ》でできていました。また，Cの地層には大昔の海の生物のからだが含《ふく》まれていました。これについて，次の問いに答えなさい。

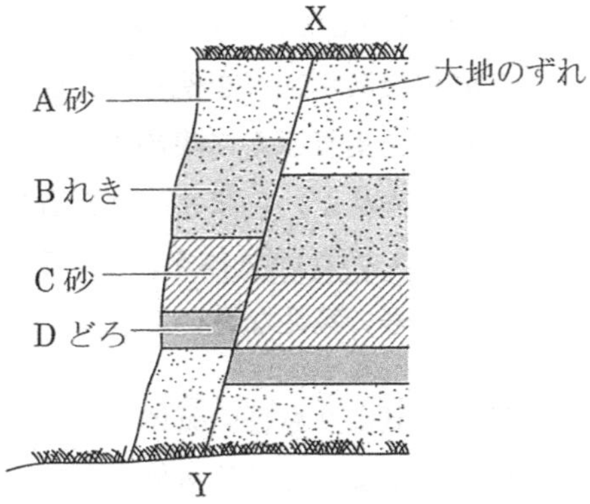

（1）図のAの地層をつくっている粒の大きさとして最も適当なものを，次の**ア**～**ウ**から1つ選び，記号で答えなさい。

ア　0.06mm未満　　　**イ**　0.06mm以上2mm未満　　　**ウ**　2mm以上

（2）下線部のように，大昔の生物や生物の生活のあとなどが地層にうもれて，長い年月をかけてできたものを何といいますか。漢字で答えなさい。

（3）次の文章中の（①）～（④）に当てはまる適当な語句をそれぞれ答えなさい。

図のX－Yの大地のずれは，大地に大きい力が加わって大地がずれ動くことでできたもので（　①　）という。（①）ができるとき（　②　）が起き，地割れができたり，山くずれが発生したりして，大地が変化することがある。（②）が海底の地下で起こると，（　③　）が発生することがある。東日本大震災《しんさい》では，強いゆれによる被害《ひがい》だけでなく，（③）が大きな被害をもたらした。また，火山からふき出たり，流れ出たりした（　④　）によっても大地の変化が起こり，新しい山や島ができることもある。

（4）図のがけがある場所で起きたことの順番として最も適当なものを，次の**ア**～**エ**から1つ選び，記号で答えなさい。

ア　地層がA→B→C→Dの順にたい積したあと，X－Yのずれができた。
イ　地層がD→C→B→Aの順にたい積したあと，X－Yのずれができた。
ウ　X－Yのずれができたあと，地層がA→B→C→Dの順にたい積した。
エ　X－Yのずれができたあと，地層がD→C→B→Aの順にたい積した。

（5）図の地層を観察して予想できることとして適当でないものを，次の**ア**～**エ**から2つ選び，記号で答えなさい。

ア　図の地層は流れる水のはたらきによって，土砂が海に運ばれてできた。

イ　図のような地層はたい積が何度もくり返されてできる。

ウ　図の地層のように流れる水に運ばれた土砂がたい積するとき，粒の大きいものは河口近くにたい積する。

エ　図の地層ではX－Yのずれがある以外は地層にかたむきはなく，周辺の地層は水平につながっている。

（6）地層には図に見られるもの以外にも，火山灰が降り積もってできるものもあります。図の地層をつくっている粒に比べて，火山灰がたい積してできた地層に見られる粒は角ばったものが多いのはなぜですか。簡単に説明しなさい。

4 次の表のように，おもりの重さによって長さが変化する2種類のばねA・Bがあります。図１・２のように，ばねA・Bにおもりをそれぞれつるしました。また，図３のように，棒に取りつけたばねA・Bをゆかにつないだところ，棒は水平につり合いました。これについて，あとの問いに答えなさい。ただし，ばね，棒，糸の重さは考えないものとします。

おもりの重さ〔g〕	0	5	10	15	20
ばねAの長さ〔cm〕	15	17	19	21	23
ばねBの長さ〔cm〕	10	13	16	19	22

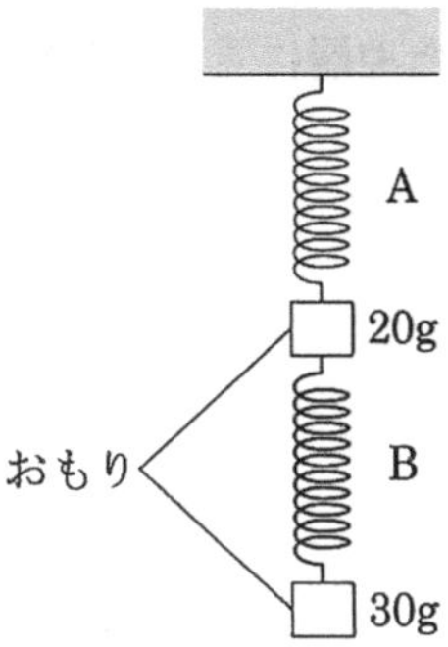

図１

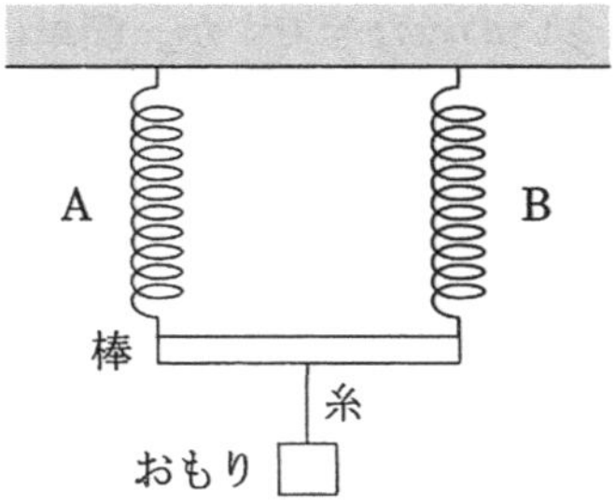

図２

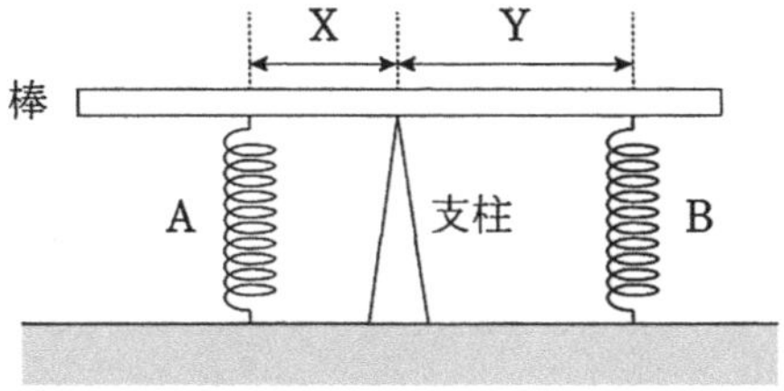

図３

（１）ばねA・Bに，重さ1gのおもりをつるしたときののびはそれぞれ何cmですか。

（２）図１のとき，ばねA・Bの長さはそれぞれ何cmですか。

（３）図２のように，棒の真ん中からおもりをつるし，ばねA・Bの長さが同じになったとき，つるしたおもりの重さは何gですか。

（４）図３のとき，ばねの長さはどちらも31cmでした。このとき，X・Yの長さの比を，最も簡単な整数の比で答えなさい。

問題は，次のページに続きます。

5　次の文章は，しんじさんとかおるさんが昆虫《こんちゅう》などの虫に関係する内容について話し合ったときの会話です。これについて，あとの問いに答えなさい。

しんじ：去年，家でコオロギを飼ってたんだ。秋には鳴き声に聞き入っていたなぁ。
コオロギが鳴くときには羽をふるわせているんだけど，羽をよく見ると，右側の羽のうらにはギザギザがついていて，左側の羽には，とがった部分がついているんだ。その2つをこすり合わせて，音を出しているんだよ。

かおる：コオロギの鳴き声は心地よいよね。そういえば，授業では音を伝えているものはふるえているって学習したよね。コオロギは羽をふるわせることでまわりの（　①　）をふるわせて，その（①）のふるえが他のコオロギや人間に伝わって鳴き声が聞こえているんだね。

しんじ：そのはずだね。ところで，コオロギについて調べているときに，コオロギは雑食性で育てやすくて，味も良いから，昆虫食に適していると知ったんだ。

かおる：え，コオロギを食料として食べるの？

しんじ：そうだよ。世界には，昆虫などの虫を食べる食文化をもつ地域や国もたくさんあるんだよ。

かおる：そういえば，日本でもイナゴの佃煮《つくだに》や，スズメバチなどの幼虫や成虫を食べる地域もあるって聞いたことがあるよ。

しんじ：国際連合食糧《しょくりょう》農業機関の「昆虫食プログラム」ではクモが食材に適しているかどうかも調べられているようだけど，クモは昆虫ではないよね。でも，クモだけじゃなくて，昆虫以外の虫もまとめて昆虫食に含むそうだよ。

かおる：どうしてその国際機関は昆虫食について調べているの？

しんじ：世界人口が増えているのと，動物性（　②　），つまり肉の消費が増えているからだよ。今後さらに動物性（②）の消費が増えていくんだ。

かおる：なるほど，そこで昆虫などを食べて（②）をとろうってことだね。でも，なんで牛などの今も食用にしている家畜《かちく》を増やしていくのではだめなの？

しんじ：牛や豚《ぶた》，鶏《にわとり》などの家畜は，飼育のために多くのエサや水，広大な土地が必要なんだ。それに，牛などのげっぷに含まれるメタンという気体は，温室効果ガスの1つなんだ。それに比べると，昆虫などの虫は，少ない資源で飼育できて，温室効果ガスもあまり出さない。だから，今の主な家畜だけではなくて，昆虫食を食料の1つとして研究を進めているんだ。実際には，食用だけではなくて，家畜などのエサに使うための研究もされているようだよ。

かおる：なるほど，昆虫食の研究は持続可能な社会を実現していくための取り組みの1つなんだね。食文化の多様性も増していくかも知れないね。

（1）文章中の（①）に当てはまる適当な語句を答えなさい。

（2）下線部のように，クモが昆虫に分類されないのはなぜですか。クモがもつ昆虫に当てはまらない特徴《とくちょう》を1つ答えなさい。

（3）文章中の（②）に当てはまる栄養素として最も適当なものを，次の**ア～オ**から1つ選び，記号で答えなさい。

ア　炭水化物　　**イ**　脂質《ししつ》　　**ウ**　たんぱく質　　**エ**　無機物　　**オ**　ビタミン

（4）温室効果ガスにはメタンの他に，動物と植物の両方から同じはたらきによって出されるものがあります。出される温室効果ガスと，その気体を出すはたらきを，それぞれ何といいますか。漢字で答えなさい。

（5）日本人は平均すると，1人当たり1年間におよそ牛肉6kg，豚肉12kg，鶏《とり》肉12kgを食べています。食べられる部分1kgを生産するために必要なエサの量は，牛肉が10kg，豚肉が5kg，鶏肉が2.5kgだとします。「**日本人1人が1年間に食べるこれらの肉を生産するために必要なエサの全体の量〔kg〕**」に対して，「**日本人1人が1年間に食べる牛肉を生産するために必要なエサの量〔kg〕**」の割合はおよそ何％ですか。最も適当なものを，次の**ア～オ**から1つ選び，記号で答えなさい。

ア　20％　　**イ**　25％　　**ウ**　30％　　**エ**　35％　　**オ**　40％

令和４年度

前期
入学試験問題

社会

（30分）

注意事項

１．試験問題は指示があるまで開かないでください。
２．解答は必ず解答用紙に記入してください。
３．問題冊子，解答用紙に受験番号，氏名を記入してください。
４．問題冊子は必ず持ち帰ってください。

受験番号	氏名	

近畿大学附属広島中学校東広島校

1　近畿《きんき》大学への進学が決まった梅子さんは，大学周辺の調査をおこないました。調査内容をまとめた次の地図を見て，後の問いに答えなさい。

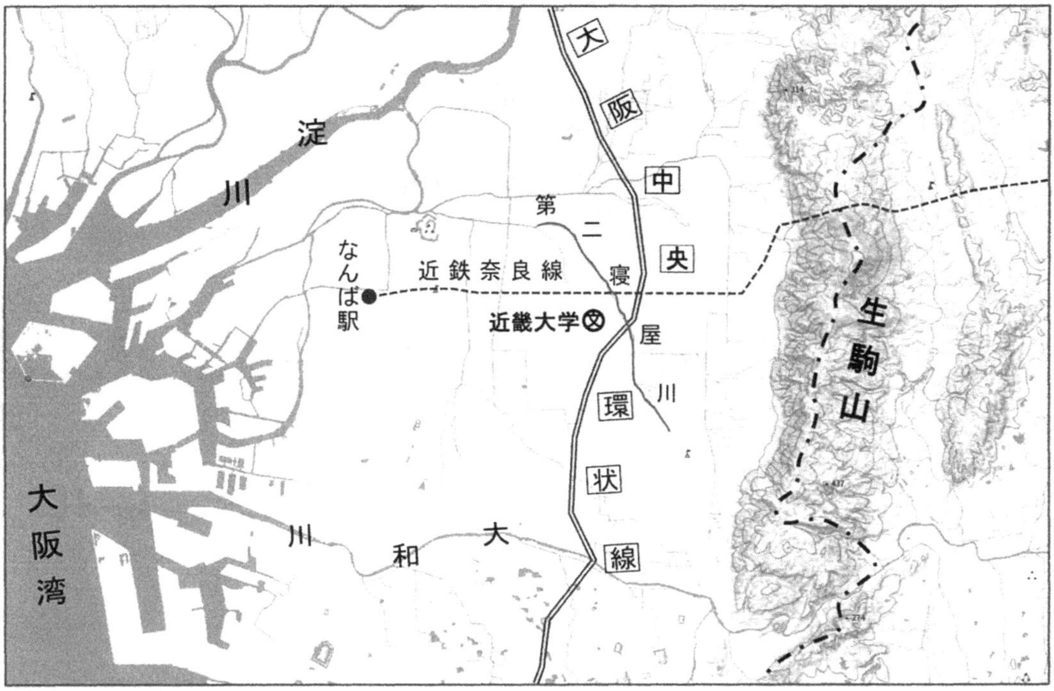

（地理院地図Vectorより作成）

問１　梅子さんは地図を見て気がついたことをメモしました。次の**ア**～**エ**から誤っているものを１つ選び，記号で答えなさい。

ア　海岸線には直線的な部分が多いので，埋立地《うめたてち》であると考えた。

イ　河川には直線的な部分が多いので，河川改修や分水路であると考えた。

ウ　生駒《いこま》山は火山なので，温泉を利用した旅館が多いと考えた。

エ　生駒山は南北に長く標高も高いので，奈良県との県境となったと考えた。

問２　梅子さんは，なんば駅から近鉄奈良線を利用して近畿大学まで行くルートをいくつか考えましたが，誤っているものが１つありました。次の地図を参考にして誤っているものを，後の**ア**～**エ**から１つ選び，記号で答えなさい。（地図は，主要な道路・鉄道以外を省略しています。）

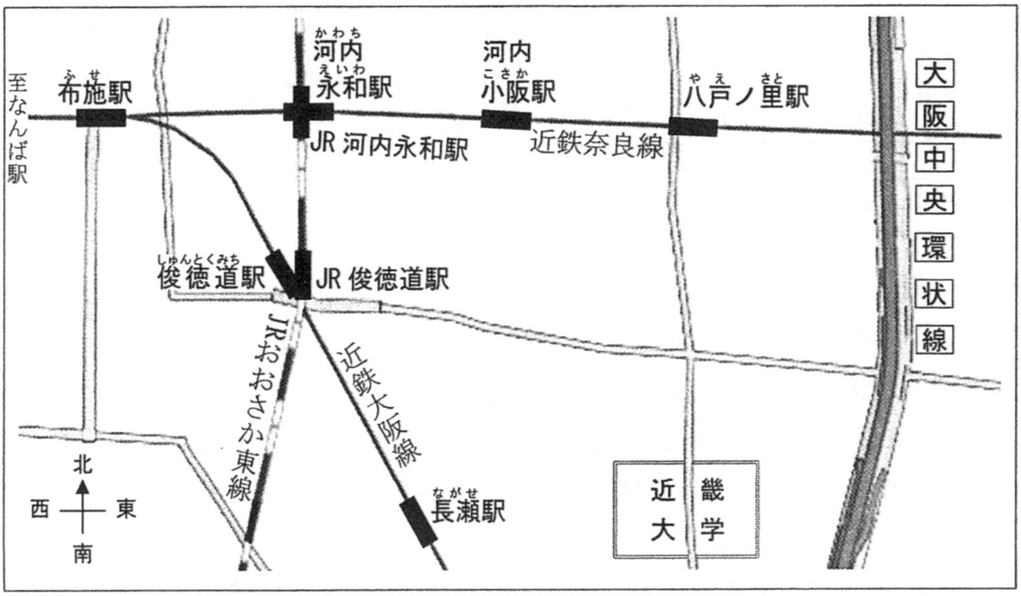

（地理院地図Vectorより作成）

ア　布施駅で近鉄大阪線に乗り換《か》えて長瀬駅で降り，徒歩で東に向かう。

イ　河内永和駅でJRおおさか東線に乗り換えてJR俊徳道駅で降り，徒歩で南東に向かう。

ウ　河内永和駅でJRおおさか東線に乗り換え長瀬駅で降り，徒歩で東に向かう。

エ　八戸ノ里駅で降り，徒歩で南に向かう。

問３　次の図は，梅子さんが見つけたある自然災害に対する防災対策資料の一部です。これについて，後の問いに答えなさい。

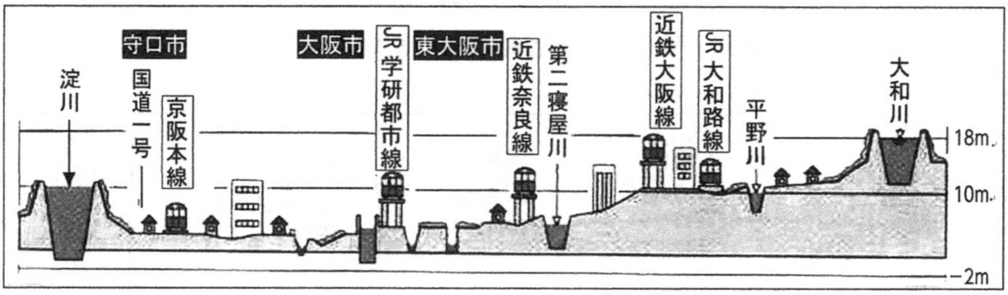

(大阪府HPより作成)

（1）　資料から予測される災害と，それに対する防災対策の組み合わせとして正しいものを，後の**ア**～**エ**から１つ選び，記号で答えなさい。

≪資料から予測される災害≫

A　高架《こうか》の上を通る鉄道や高層建築が多く，地震《じしん》で倒壊の危険がある。

B　大きな河川よりも生活圏《けん》の標高が低く，水害発生の危険がある。

≪防災対策≫

C　老朽化《ろうきゅうか》したブロック塀《へい》や壊《こわ》れた屋根瓦《がわら》の撤去《てっきょ》費用に補助金を出す。

D　道路や公園などの公共施設《しせつ》の地下に，地下河川や調節池をつくる。

ア　A－C　　　**イ**　A－D　　　**ウ**　B－C　　　**エ**　B－D

（2）　各自治体などが，その地域で災害が発生しやすい場所や避難場所などをまとめた地図のことを何といいますか，**カタカナ**で答えなさい。

問４　梅子さんは，東大阪市の産業構成について東広島市と比較《ひかく》するために，次の表を作成しました。下のメモは，梅子さんの分析《ぶんせき》をまとめたものですが，これを参考に表から読み取れる内容と，そこから推測されることがらを考えて答えなさい。

	東大阪市		東広島市	
	産業部門（企業《きぎょう》数）	割合％	産業部門（企業数）	割合％
総数	19,349社	100.0	4,755社	100.0
１位	製造業（5,366）	27.7	卸売・小売業（928）	19.5
２位	卸売《おろしうり》・小売業（3,935）	20.3	不動産・賃貸業（547）	11.5
３位	宿泊《しゅくはく》・飲食業（2,127）	10.9	製造業（543）	11.4
４位	不動産・賃貸業（1,490）	7.7	建設業（534）	11.2
５位	医療《いりょう》・福祉《ふくし》（1,413）	7.3	宿泊・飲食業（475）	10.0
６位	建設業（1,304）	6.7	生活関連・娯楽業（438）	9.2
７位	生活関連・娯楽《ごらく》業（1,288）	6.6	医療・福祉（373）	7.8

（RESAS - 地域経済分析《ぶんせき》システムより作成）

梅子さんの分析メモ

【読み取れる内容】　→　【推測されることがら】

・総企業数は，東大阪の方が4倍近くあるので，　→　東広島市より東大阪市の方が都会だろう。

・医療・福祉は，両都市とも割合が同じくらいなので，　→　全国的にも医療・福祉の割合は７～8%だろう。

・［　　　　　　　　］ので，　→　［　　　　　　　　］だろう。

2　次の資料は，日本の気候区分（北海道と南西諸島は除く）と，各地区にある都市の月別の降水量・気温を示したものです。これを見て，後の問いに答えなさい。

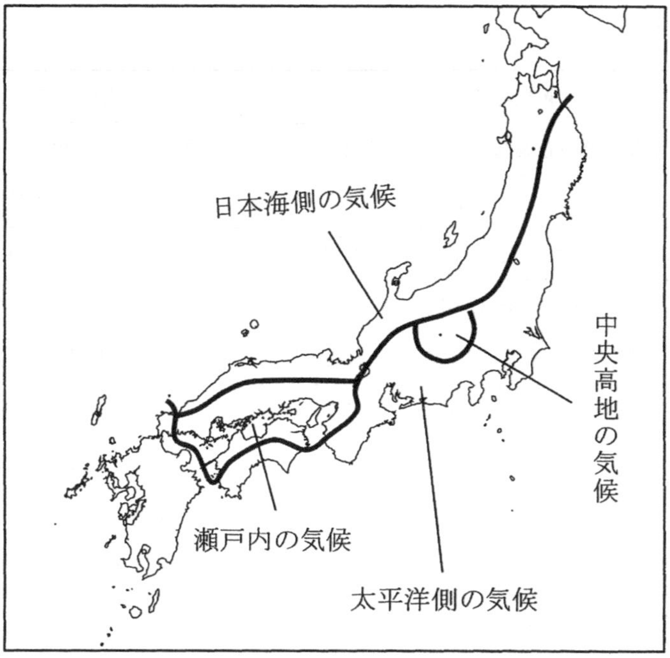

日本海側の気候

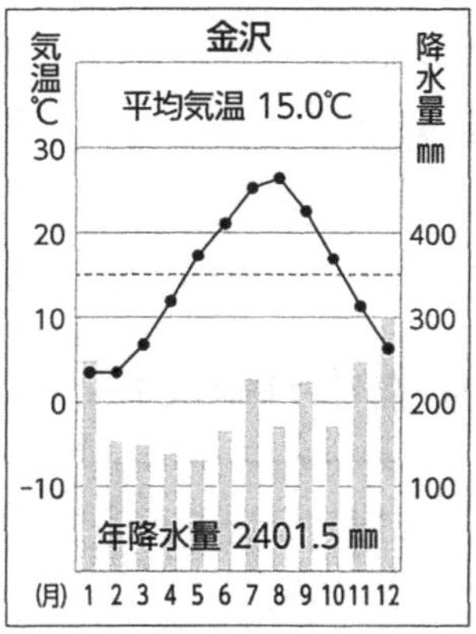

瀬戸内の気候

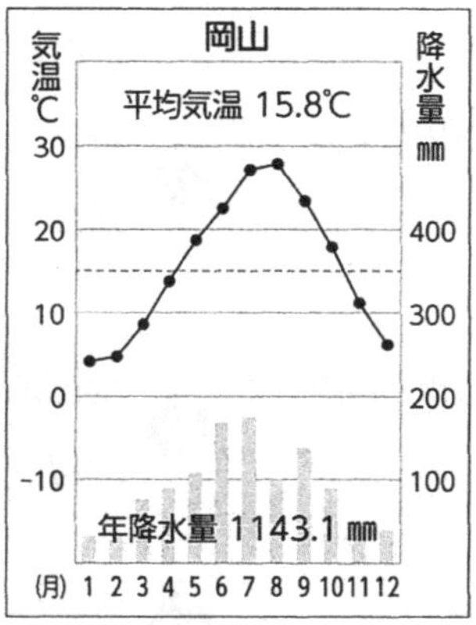

太平洋側の気候

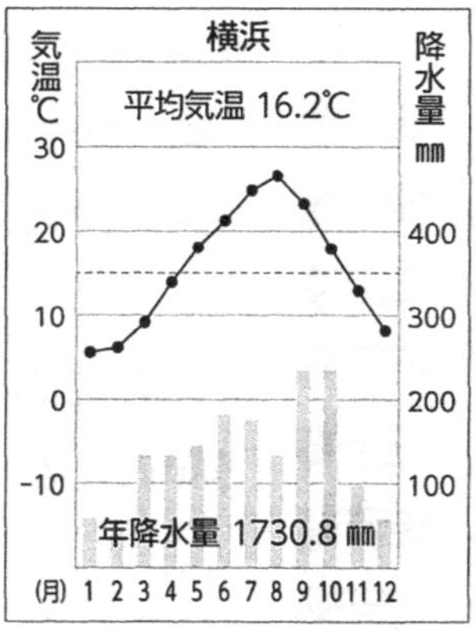

(気象庁資料より作成)

問１　日本海側と太平洋側では，特に冬の降水量に大きな違いがあります。これに影響を与えている風の名前を答えなさい。

問２　瀬戸内の降水量の特徴を説明しなさい。ただし，その原因となっている地形の名前を必ずいれること。

問３　日本の地形や気候が，その地域の産業（農業･工業）や人々の生活（衣食住･行事・習慣）に影響《えいきょう》を与《あた》えている事例を考えて，説明しなさい。

例　熊野町は山に囲まれ平地が少なく農業に適していなかったため，伝統工芸の筆づくりが盛んになった。

3　アキラさんは，鎌倉時代におきた戦いについて調べました。これについて後の問いに答えなさい。

問１　アキラさんは，ある戦いの前に源頼朝の妻が，家来の武士たちに話をしたことを知りました。次の文はその話の一部です。この話をしたきっかけと，この戦いの結果の組み合わせとして正しいものを，後の**ア**～**エ**から１つ選び，記号で答えなさい。

みな心を一つにして聞きなさい。頼朝どのが平氏をほろぼして幕府を開いてから，そのご恩は，山よりも高く，海よりも深いほどです。ご恩に感じて名誉《めいよ》を大切にする武士ならば，よからぬものを討ち，幕府を守ってくれるにちがいありません。

《きっかけ》

A　幕府の将軍のあとつぎをめぐる対立から反乱がおきたから。

B　朝廷が幕府をたおそうと全国の武士たちに命令を出したから。

《結果》

C　幕府の力が西国にまでおよぶようになった。

D　幕府の力がおとろえ，全国で武士の争いがはじまった。

ア　A－C　　**イ**　A－D　　**ウ**　B－C　　**エ**　B－D

前期

受験番号	氏名

令和４年度　近畿大学附属広島中学校東広島校　入学試験　国語　解答用紙

一

問一　A　B

問二　ⓐ　ⓑ

問三　〜

問四

問五

問六

問七

得点

3

(1)

(2) ア　イ

(3) cm^2

(4) cm

得　点

4

(1)

(2) （お父さん）分速　m　（タカシさん）分速　m

(3) 【考え方】

周

(4) 分後

得　点

総　得　点

※100点満点
（配点非公表）

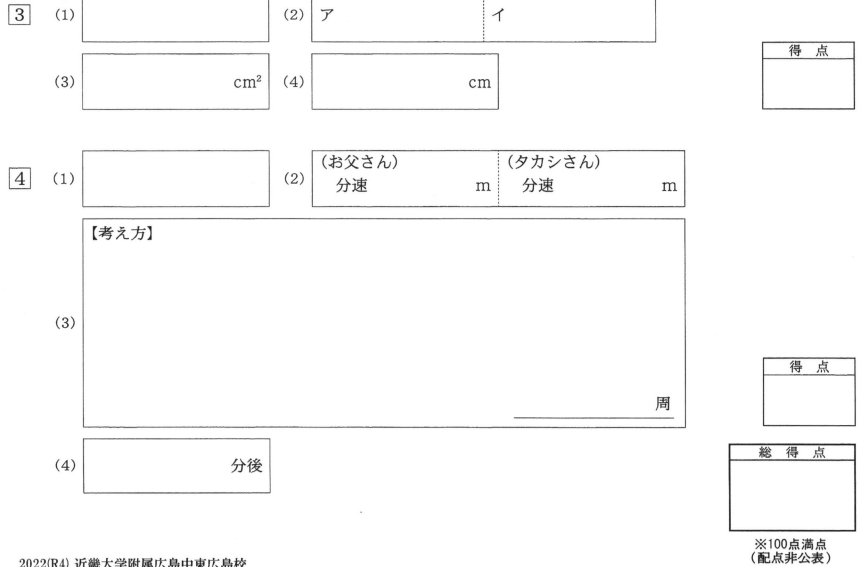

(3) ③ ④ (4) (5)

(6)

得点

4 (1) A cm B cm (2) A cm B cm

(3) g (4) X : Y = :

得点

5 (1) (2) (3)

(4) 温室効果ガス はたらき (5)

得点

総得点

※60点満点
（配点非公表）

4

①	記号	都道府県名
②	記号	都道府県名
③	記号	都道府県名
④	記号	都道府県名
⑤	記号	都道府県名

得　点

5

問 1		問 2		問 3	

得　点

6

問 1	
問 2	① ②

得　点

7

問 1		問 2	

総 得 点

※60点満点
（配点非公表）

受験番号	
氏　　名	

前期

令和４年度　近畿大学附属広島中学校東広島校　入学試験　社　会　解答用紙

1

問１		問２		問３	（1）		（2）	
問４	読み取れる内容							
	推測されることがら							

得　点

2

問１	
問２	
問３	

得　点

3

問１		問２	

【解答

受験番号	
氏　　名	

前期

令和４年度　近畿大学附属広島中学校東広島校　入学試験　理　科　解答用紙

1

(1)	①	②	③	④

(2)　　(3)　　(4)

(5)

得点

2

(1)

(2)　　(3)　　(4)　　(5)

(6)

得点

【解答

受験番号	
氏　　名	

前期

令和4年度　近畿大学附属広島中学校東広島校　入学試験　算　数　解答用紙

1

(1)		(2)		(3)	
(4)		(5)		(6)	
(7)		(8)			

得　点

2

(1)

ア	イ	ウ

(2)	個	(3)	度

(4)

ア	イ	ウ	エ	オ

得　点

【解答

【解

二

問一

A

B

問二

問三

問四

問五

問六

問七

問八

得点

三

①

②

③

④

⑤

⑥

⑦

⑧

得点

※100点満点
（配点非公表）

総得点

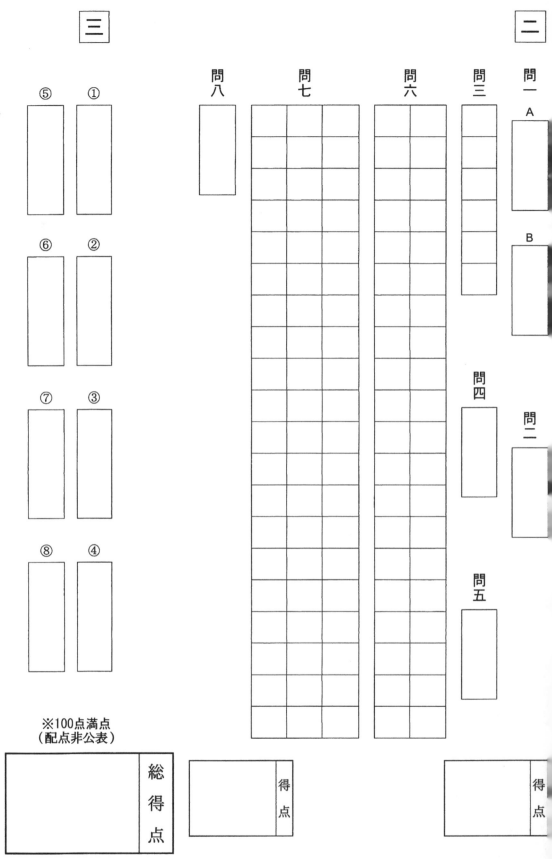

問題は，次のページに続きます。

問２　アキラさんは元寇に関する本を読みました。次の文章はその本の一部です。（表現をわかりやすくしたり，省略したりしています。）文章の出来事に合わせて，次のページの絵巻物Ⅰ～Ⅲを正しくならびかえたものを，後の**ア**～**カ**から１つ選び，記号で答えなさい。

1274年10月，元軍はついに日本に襲来《しゅうらい》してきた。

上陸した元軍はドラや太鼓《たいこ》を打ち鳴らし，ときの声を上げて，集団で歩兵が進んでくる。毒をぬった矢や，ときには大きな音のする鉄砲を発射する。それに対する日本の武士達は名乗りを上げて突入《とつにゅう》するが，ドラや太鼓の音におどろいて，馬がはねあがるところに毒矢が射かけられた。また元軍は軽装で，日本の武士が集団で突進《とっしん》すると左右に開いて包囲してくる。

武士達の奮戦にもかかわらず，戦況《せんきょう》はしだいに不利になり，日本軍は，いったん大宰府まで退いた。ところが，どういうわけか，元軍は，その夜は博多にとどまらず，船に引き上げてしまった。むかえうつ鎌倉武士の戦いぶりが予想外にはげしかったからか，あるいは夜襲《やしゅう》をおそれたからだろう。

そしてその翌朝，博多湾《はかたわん》には，漂流《ひょうりゅう》するたった一隻《いっせき》を残して，全く元軍の船《せん》影《えい》は見えなくなっていた。

１回目の元軍襲来ののちは，幕府はいっそう国内体制を強化し，防衛の準備を固めた。博多湾の沿岸や山口県にも石を積み上げた石塁《せきるい》（防塁）がえんえんと築かれた。敵国撃退に勇み立つ鎌倉武士も，ぞくぞくと博多に集まった。

1281年初め，元の皇帝《こうてい》は日本攻撃《こうげき》の命令を下した。

むかえうつ鎌倉武士は，石塁によってはげしく防戦した。元軍は上陸をあきらめ，志賀島などに停泊《ていはく》した。武士たちは，小舟《こぶね》に乗って攻撃をくり返した。愛媛県の武士が敵船に乗り移り，敵の大将をとらえたという話が伝えられている。

7月30日から風が吹《ふ》きだした。風はしだいにはげしさをまし，翌日は大暴風雨となった。大型台風に見舞《みま》われた元軍の大船団は，多くの船が難破した。

『図説学習　日本の歴史』より

Ⅰ

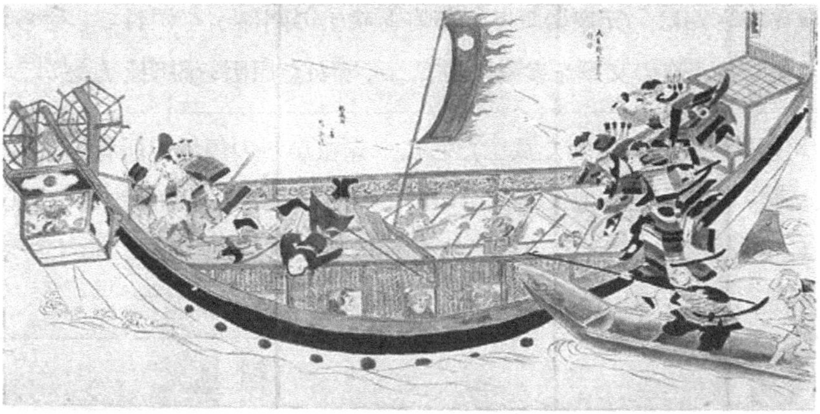

Ⅱ

Ⅲ

ア　Ⅰ→Ⅱ→Ⅲ　　イ　Ⅰ→Ⅲ→Ⅱ　　ウ　Ⅱ→Ⅰ→Ⅲ

エ　Ⅱ→Ⅲ→Ⅰ　　オ　Ⅲ→Ⅱ→Ⅰ　　カ　Ⅲ→Ⅰ→Ⅱ

問３　アキラさんは，元寇によって幕府と武士の関係がくずれてしまったことを知りました。次の文章を参考にして，くずれた原因を説明しなさい。

頼朝は，家来になった武士たちに，先祖からの領地の所有を認めました。また戦いで手がらを立てた武士には，おもにたおした敵の土地を新しい領地としてあたえました。このような頼朝の「ご恩」に対して，武士たちは「奉公」をちかい，戦いが起これば，幕府のために戦いました。

4　次の①～⑤の文にあてはまる都道府県を，次のページにある地図中の**ア**～**コ**からそれぞれ１つずつ選び，記号とその都道府県名を答えなさい。

①　徳川家康ひきいる東軍が，西軍と戦った関ヶ原がある。

②　明治時代に，生糸生産の模範《もはん》工場としてつくられた富岡製糸場がある。

③　日本最初の世界遺産であり，聖徳太子が建立した法隆寺がある。

④　江戸時代にオランダと貿易を行っていた出島がある。

⑤　平清盛が，平氏の守り神としてまつった厳島神社がある。

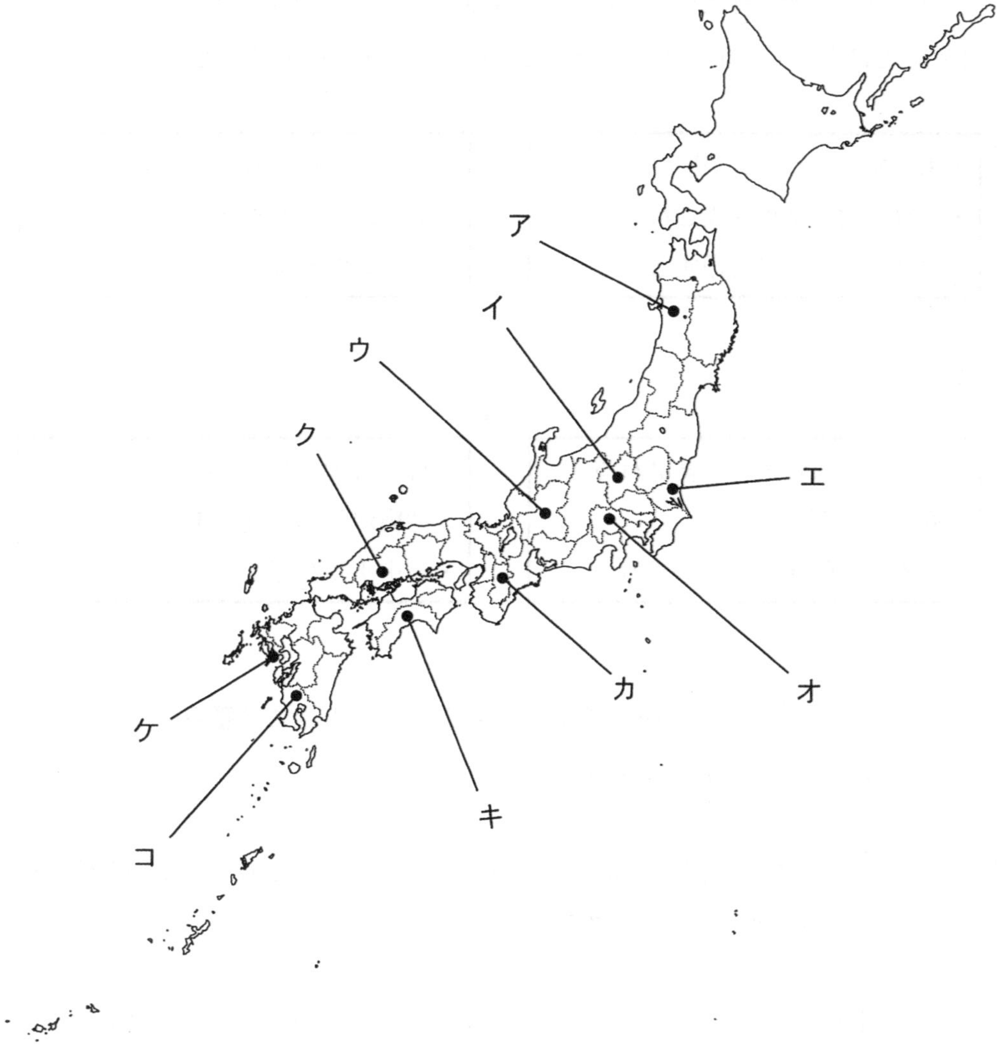
ア
イ
ウ
エ
オ
カ
キ
ク
ケ
コ

5　ヒロミさんは第二次世界大戦後の主な出来事を1940年代，1950年代，1960年代，1970年代ごとにカードにまとめました。これを見て，後の問いに答えなさい。

①

- 東京オリンピックが開かれる
- 所得倍増計画が発表される
- 東海道新幹線が開通する

②

- 日本国憲法が公布される
- 農地改革が始まる
- 女性の参政権が認められる

③

- 日米安全保障条約が結ばれる
- 朝鮮戦争が始まる
- 日本が国際連合に加盟する

④

- 日本万国博覧会が開かれる
- 沖縄が日本に復帰する
- 日中平和友好条約が結ばれる

問1　カード①～④を時代の古い順番にならびかえたときに**3番目**になるものを1つ選び，カードの番号を答えなさい。

問2　下線部の日本国憲法で三原則とされているのは平和主義，基本的人権の尊重とあと1つは何ですか，答えなさい。

問3　次の出来事をカードの中に追加する場合，①～④のどのカードに追加したらいいですか，カードの番号を答えなさい。

サンフランシスコ平和条約が結ばれる

6　次の新聞記事を読み，後の問いに答えなさい。（一部表現をわかりやすくしたり，省略したりしています。）

（新聞記事の文章）

お詫び：著作権上の都合により，掲載しておりません。
ご不便をおかけし，誠に申し訳ございません。
教英出版

許可を取らずに，映画を 10 ～ 15 分前後に編集した「ファスト映画」についての新聞記事。

2021年7月29日　朝日新聞

問１　空欄《くうらん》［　　　］には，「外国の著作物を，著者・出版社の許可を受けずに複製したもの」の意を表す言葉が入ります。その言葉を，次の**ア**～**エ**から１つ選び，記号で答えなさい。

ア　海賊《かいぞく》版　　**イ**　かわら版　　**ウ**　パイロット版　　**エ**　ベータ版

問２　「ファスト映画」が広まらないようにするには，どのような手立てが考えられますか。二つ答えなさい。

7　次の時事問題に答えなさい。

問１　2021年２月１日に国軍がクーデターを起こし，この結果，軍出身者が暫定《ざんてい》大統領となって，非常事態宣言を発表しました。この国の名前を，次の**ア**～**エ**から１つ選び，記号で答えなさい。

ア　エチオピア　　**イ**　モンゴル　　**ウ**　メキシコ　　**エ**　ミャンマー

問２　東京オリンピックにともなって，令和３年は「海の日」「スポーツの日」「山の日」の日にちの変更《へんこう》がありました。このうち，令和３年の「海の日」は７月22日でしたが，通常はいつに定められていますか。次の**ア**～**エ**から１つ選び，記号で答えなさい。

ア　７月の第３月曜日　　**イ**　８月の第２月曜日
ウ　７月19日　　**エ**　８月11日

令和３年度

前期

入学試験問題

国　　語

（50分）

注意事項

1．試験問題は指示があるまで開かないでください。
2．解答は必ず解答用紙に記入してください。
3．問題冊子，解答用紙に受験番号，氏名を記入してください。
4．問題冊子は必ず持ち帰ってください。

受験番号	氏名	

近畿大学附属広島中学校東広島校

一　次の文章を読んで、後の問いに答えなさい。

午前中の授業を受けている間に、空はいっそう寒々しくなった。風も強くなって、建て付けの悪い窓《まど》をガタガタと鳴らしていた。

「雪、降《ふ》るよな、これ、絶対に降るよな」

給食のときに泰司《たいじ》が言うと、三上くんはあっさり「降っても、積もらないよ」と言った。「雪は夜中のうちに降らないと積もらないんだよなあ」

「そんなことないよ」

泰司はムッとして言い返した。「積もるよ、絶対」——そうでなきゃ困《こま》るんだ、と心の中で付け加えた。

「ちょっと降って、それでもう終わりだよ」

「積もるっ」

「積もらないっ」

「積もるったら、積もるんだよ」

「なに言ってんだよ、積もったら困るだろ、サッカーできなくなるだろ」

「雪合戦しようよ」

「そんなのガキっぽくて、つまんないって。サッカーのほうが一億倍面白《おもしろ》いだろ」

なに言ってるんだ、と泰司は口をとがらせた。サッカーは確かに面白い。でも、サッカーは、いつでも、どこでも、誰《だれ》とでもできる。雪合戦は、冬が寒い町で、雪の積もった日に、その町の友だちとしかできない。これからもずっと南のほうの暖《あたた》かい町にばかり引《ひ》っ越《こ》していくのなら、雪合戦は、もう一生できないかもしれないのだ。

「積もったら、『かまくら』つくろう」
せいいっぱい気を取り直して言った。「オレ、つくり方知らないから、教えてよ」と笑った。
でも、三上くんはそっけなく「オレだって知らないし、そんなのつくれないよ、どうせ」と言った。「『かまくら』ができるほど積もるわけないだろ」
「だって、去年、毎年つくってるって……」
「そんなこと言ったっけ？」
頬《ほお》がカッと熱くなった。
「……嘘《うそ》だったの？」
「嘘っていうか、冗談《じょうだん》っていうか、よく覚えてないけど」
三上くんは、ハハッと軽く笑った。
その笑い声が、耳の奥《おく》——いや、胸《むね》の奥のいちばん敏感《びんかん》な場所に針《はり》を刺《さ》した。
「それに、タイ、今日は絶対に積もらないって。おまえ、去年引っ越してきたからわかんないと思うけど、オレ、知ってるもん。初雪って、毎年ぱらっと降るだけなんだから」
三上くんはそう言って、まわりの友だちにも「なあ、そうだよな？」と一人ずつ訊《き》いていった。まっちゃん、すぎちゃん、タンカくん、いっしゃん……全員、三上くんの言葉にうなずいた。
三上くんは「そうだろ、そうだろ、そうだよなあ」と［ A ］うなずいて、泰司を振《ふ》り向《む》いた。
「な？　わかっただろ？　タイも来年から覚えとかないと」
胸の奥の針が——深々と沈《しず》んだ。
①泰司は「ふざけるな！」と怒鳴《どな》って、三上くんにつかみかかった。

放課後になっても、雪は降らなかった。空の様子はいつ降りだしても不思議ではないのに、風が強くなっただけで、雪は、だめだ。

泰司はうつむいて帰りじたくをして、友だちの誰とも話をせずに教室を出て行った。

ケンカは引き分けに終わった。二人一緒《いっしょ》に先生に叱《しか》られた。先生に「なんでケンカになったの？」と訊かれても、泰司はなにも答えなかった。先生は「どっちが先に手を出したの？」とも訊いてきたが、三上くんもⓐ口をとがらせて黙《だま》っていた。

仲直りはしなかった。だって②悪いのはあいつなんだから――三上くんも同じように思っているはずだから、よけい自分から謝《あやま》るのは嫌《いや》だった。

ランドセルがやけに重い。半ズボンからのぞく太股《ふともも》や膝《ひざ》小《こ》僧《ぞう》が寒い。ジャンパーの袖《そで》に手を隠《かく》して、ⓑとぼとぼと校門を出たとき、後ろから呼《よ》び止《と》められた。

「なにやってんだよ、待てって言ってるだろ」

三上くんにランドセルを叩《たた》かれた。

「……そんなのオレの勝手だろ」

うつむいたまま低い声で答えると、三上くんはへへッと笑って、「さっき、っていうか……去年、ごめんな」と言った。

なんだこいつ、あっさり謝っちゃって、ばーか。

泰司は足を速めた。三上くんもついてきた。泰司は逃《に》げる。三上くんは追いかける。逃げる。追いかける。逃げる。追いかける。逃げる。追いかける。逃げる……。

頬に冷たいものが触《ふ》れた。

あっ、と泰司は声にならない声をあげて立ち止まった。雪だ。風に乗って、白いものが舞《ま》い落《お》ちていた。積もるような降《ふ》り方《かた》ではない。ほんの少し雲が晴れればすぐにやんでしまいそうな、頼《たよ》りなげな初雪だった。

それでも——雪だ。

三上くんも立ち止まって、空を見上げた。

「雪だなあ……」

なに言ってんだ、そんなの見ればわかるだろ、と泰司はにらむように空を見上げる。

「これだと、意外と奇跡《きせき》で積もるんじゃないか？」

調子のいいことばっかり言って。

ばーか、とつぶやくと、自然と頬がゆるんで、まつげに雪が降り落ちた。

三上くんは泰司が笑ったので安心したように、その場でぴょんぴょん跳《と》びはねた。口もぱくぱく開けている。

「なにしてんの？」

「雪、食ってんの。これだったら、積もらなくても遊べるだろ」

ぱくっ、ぱくっ、と降ってくる雪を食べる。ほんとうに口の中に雪が入っているかどうかはわからなかったが、三上くんは、とてもおいしそうな顔をしていた。

ばーか、ばーか、雪合戦より一兆倍ガキっぽいだろ、こんなの。

心の中でつぶやきながら、泰司もやってみた。意外と難《むずか》しい。だから、たまに口の中に冷たいものが入ってジュッと溶《と》けると、やった、と声をあげたくなるほどうれしかった。

ばーか、ばーか、ばーか……。

心の中のつぶやきは、最後に、変わった。

「オレ……三月で転校するんだ」

三上くんは、ふうん、とうなずいただけで雪を食べつづけた。

それだけ？

③泰司はちょっと拍子抜《ひょうしぬ》けして、でも、がっかりしたのを悟《さと》られたくなくて、黙って口をぱくぱくと動かした。

ずっと上を向いていたので首筋《くびすじ》が痛《いた》くなってきた頃《ころ》、三上くんの声が、［　B　］聞こえた。

「なんで？」

思わず振り向くと、三上くんは空を見上げたまま、「なんで転校しちゃうの？」と重ねて訊いてきた。

「なんで、って……お父さんが転勤《てんきん》するから」

「それで一緒に行くの？」

「うん……」

ふうん、と三上くんはまたうなずいて、「㊟いそうろうは？」と訊いた。「ドラえもんとか、オバケのQ太郎《きゅうたろう》みたいなの」

あまりにも唐突《とうとつ》な一言にどう応えていいのかわからず、泰司はちょっと困った顔で笑うだけだった。

でも、三上くんは「オレ、二段《だん》ベッドでもいいけど」と怒《おこ》った声でつづけた。「二段ベッドの下のほうでも、いいけど」

一瞬《いっしゅん》きょとんとした泰司だったが、④あ、そうか、と気づくと、困惑《こんわく》した笑顔《えがお》が微妙《びみょう》にゆがんだ。

三上くんも自分の言葉に急に照れてしまったみたいに、いきなり駆《か》けだした。空を見上げたまま。口を開けたまま。

飛行機みたいに両手を広げて。

しばらく走ったところで立ち止まり、振り向いた。

三上くんの顔もゆがんでいた。なにか言いたげに口が動きかけた。でも、それを振《ふ》り払《はら》うように、「走ってたほうが、雪、たくさん食える」と笑う。「ほんとほんと、今度はほんと」と念を押《お》して、また空を見上げ、口を開けて、走りだす。

泰司も追いかけた。

さっきの三上くんを真似《まね》して両手を翼《つばさ》のように広げ、口を大きく開けた。
雪が降る。雪が口に入る回数は止まっているときとたいして違《ちが》わないような気がしたが、不思議なほど目のまわりによく当たる。まぶたに。まつげに。目尻《めじり》に。目頭《めがしら》に。ひやっとした雪が降り落ちて、溶けて、また当たって、また溶けて。だから、目がひくひくしてしかたない。
雪が降る。⑤頬で溶けて口に入った雪は、ほのかにしょっぱかった。
時化《しけ》た海の波しぶきを風が運んで、雪と混じり合ったせいだ。
たぶん。

（重松清『季節風　冬』文春文庫刊より）

（注）　いそうろう…他人の家に住んで、その家の人に世話になること。

問一　空欄《くうらん》［A］・［B］にあてはまることばとして最も適当なものを、次のア〜オからそれぞれ一つずつ選び、記号で答えなさい。

［A］　ア　悲しそうに　イ　遠慮《えんりょ》がちに　ウ　おだやかに　エ　満足そうに　オ　さわやかに

［B］　ア　そっと　イ　きっと　ウ　どっと　エ　やっと　オ　もっと

問二　〰〰線部ⓐ「口をとがらせて」・ⓑ「とぼとぼと」の意味として最も適当なものを、次のア〜オからそれぞれ一つずつ選び、記号で答えなさい。

ⓐ
ア　心を閉《と》ざして
イ　暗い気持ちになって
ウ　不平不満を表して
エ　弱気になって
オ　感情をむき出しにして

ⓑ
ア　落ち着きなく
イ　意味もなく
ウ　考えもなく
エ　あてもなく
オ　元気なく

問三　――線部①「泰司《たいじ》は『ふざけるな!』と怒鳴《どな》って、三上くんにつかみかかった」とありますが、その理由として最も適当なものを、次のア〜オから一つ選び、記号で答えなさい。

ア　泰司は雪合戦をやりたくて仕方ないのに、サッカーの楽しさを強調して、雪合戦を阻止《そし》しようとする三上くんの意地悪な態度にもどかしさが募《つの》ったから。

イ　泰司は三上くんに対して気をつかいながら話しかけているのに、上から目線で話をしてくる三上くんの偉《えら》そうな態度に怒《いか》りを抑《おさ》えられないから。

ウ　泰司はなんとか雪合戦を実現させようと、一生懸命《いっしょうけんめい》に語りかけていたのに、いつものようにはぐらかそうとする三上くんの無責任な態度にいらいらしたから。

エ　泰司は三上くんとの会話を切り上げようとしていたのに、泰司の気持ちを考えもせず話を止めようとしない三上くんの厚かましい態度に憤《いきどお》りを感じたから。

オ　泰司はどうしても雪合戦をやりたいのに、サッカーのほうが面白《おもしろ》いと言ったり、雪は積もらないと言ったりする三上くんのいいかげんな態度に腹《はら》を立てているから。

問四　――線部②「悪いのはあいつ」と思いはじめた泰司の内面が、比喩《ひゆ》を用いて表現された部分を、十九字で抜《ぬ》き出《だ》して答えなさい。ただし、――線部②より前の部分から探すこと。（句読点も一字に数えます）

問五　――線部③「泰司はちょっと拍子抜《ひょうしぬ》けして」とありますが、「拍子抜け」したのはどうしてですか。四十字以内で説明しなさい。（句読点も一字に数えます）

〈下書き〉

問六　――線部④「あ、そうか、と気づくと、困惑《こんわく》した笑顔《えがお》が微妙《びみょう》にゆがんだ」とありますが、ここでの泰司の気持ちを、六十字以内で具体的に説明しなさい。（句読点も一字に数えます）

〈下書き〉

問七　――線部⑤「頬《ほお》で溶《と》けて口に入った雪は、ほのかにしょっぱかった」から分かる泰司の心情として最も適当なものを、次のア～オから一つ選び、記号で答えなさい。

ア　親しい友人と別れなければならない悲しさ。

イ　雪が降《ふ》らない場所に引《ひ》っ越《こ》してしまう悔《くや》しさ。

ウ　大人の都合に振《ふ》り回《まわ》されてしまうことへの怒《いか》り。

エ　ようやく雪に触《ふ》れることができた喜び。

オ　新しい土地で生活できることに対する期待。

問八　本文における「雪」の説明として最も適当なものを、次のア～オから一つ選び、記号で答えなさい。

ア　最初は、泰司と三上くんが口げんかをする要因となっていたが、その後、二人の関係をさらに悪くしてしまい、最後は、二人の結びつきを完全に断《た》ち切《き》る役割《やくわり》を果たしている。

イ　最初は、泰司と三上くんのけんかの原因になっていたが、その後、二人のわだかまりを溶《と》かす役割を果たし、最後は、泰司の気持ちを効果的に表している。

ウ　最初は、泰司と三上くんの仲の良さを際立《きわだ》たせていたが、その後、二人の関係が険悪になる原因となり、最後は二人のもつれた感情を表している。

エ　最初は、泰司と三上くんの楽しい会話の対象になっていたが、その後、二人の仲《なか》をより親密《しんみつ》なものにしていき、最後は、純粋《じゅんすい》な二人の友情を強調している。

オ　最初は、泰司と三上くんのいざこざの元になっていたが、その後、二人の絆《きずな》が深まるきっかけとなり、最後は、泰司と三上くんの将来《しょうらい》を象徴《しょうちょう》している。

問九　本文を読んだ生徒が表現や内容について意見を述べています。正しく理解していないものを、次のア～オから一つ選び、記号で答えなさい。

ア　生徒Ａ――泰司《たいじ》たちの「積もるっ」、「積もらないっ」のやりとりや、「一億倍」や「一兆倍」といった言葉によって、子どもの世界に引《ひ》き込《こ》まれるね。

イ　生徒Ｂ――「飛行機みたいに両手を広げて」は子どもらしい無邪気《むじゃき》さを表すとともに、明るいシーンに転換《てんかん》する効果もあると思うよ。

ウ　生徒Ｃ――この文章の会話文には「……」が何度も使われているけど、登場人物の気持ちが想像できて、それぞれの場面に深みがでてくるね。

エ　生徒Ｄ――三上くんの行動に「ぴょんぴょん」や「ぱくぱく」といった表現を用いることで、三上くんの驚《おどろ》きが強調されているよ。

オ　生徒Ｅ――本文の最初と最後に冬の風の描写《びょうしゃ》があるけど、これは、この後の二人に訪《おとず》れる別れを暗示した表現だよね。

二

次の文章を読んで、後の問いに答えなさい。

著作権に関係する弊社の都合により
本文は省略いたします。

教英出版編集部

著作権に関係する弊社の都合により
本文は省略いたします。

教英出版編集部

著作権に関係する弊社の都合により
本文は省略いたします。

教英出版編集部

著作権に関係する弊社の都合により
本文は省略いたします。

教英出版編集部

（中山由美『北極と南極の「へぇ～」くらべてわかる地球のこと』より）

※　出題にあたり、省略したところがあります。

（注）　シオラパルク…グリーンランドにある村の名前。

問一　空欄《くうらん》［Ａ］～［Ｃ］にあてはまることばとして最も適当なものを、次のア～オからそれぞれ一つずつ選び、記号で答えなさい。

ア　たとえば　　イ　では　　ウ　なぜなら　　エ　つまり　　オ　でも

問二　本文には次の一文が抜《ぬ》けています。この文が入るところの、直前の六字を抜き出して答えなさい。
（句読点も一字に数えます）

さらに十日間で６８７km泳いだ記録もとれました。

問三　～～線部「ふつうは」がかかっていく箇所《かしょ》として最も適当なものを、次のア～キから一つ選び、記号で答えなさい。

猟師に　ねらわれる　ア危険が　イあるので、ふつうは　ウ人が　エ住んでいる　オ所には　カあまり　キ出てきません

問四　――線部①「温暖《おんだん》化」とありますが、地球が「温暖化」する理由を説明した一文を抜き出し、始めと終わりの五字で答えなさい。（句読点も一字に数えます）

問五　――線部②「猟師《りょうし》として生活していくのは、もうきびしいだろうな」とありますが、なぜ「きびしい」のですか。適当でないものを、次のア～オから二つ選び、記号で答えなさい。

ア　生活環境《かんきょう》の変化によって、電気代や電話代などのお金をかせがなければならなくなったから。

イ　絶滅《ぜつめつ》を防ぐためということで、猟《りょう》をしてもよい野生動物の数が制限されてしまったから。

ウ　海氷が少なくなったことで獲物《えもの》がとれなくなった動物が村の近くまで近づいてきたから。

エ　雪や氷が減って犬ぞりで走りまわれる時期が短くなり、範囲《はんい》もせまくなってしまったから。

オ　人間は、野生動物と違《ちが》い、すむ場所や獲物をとる場所が変わると生活するのが難《むずか》しいから。

問六　――線部③「海面上昇」はなぜ起こるのですか。「地球温暖化によって」に続く形で五十字以内で説明しなさい。

（句読点も一字に数えます）

〈下書き〉

地球温暖化によって

問七 ――線部④「おもしろい研究発表」とありますが、その説明として最も適当なものを、次のア～オから一つ選び、記号で答えなさい。

ア 野生動物は人間が思っているよりもたくましいものだ、ということ。

イ 人間の調査能力は未熟《みじゅく》で調査結果もあてにならないものだ、ということ。

ウ 野生動物は人間の想像以上に環境破壊《かんきょうはかい》の影響《えいきょう》を受けている、ということ。

エ 環境問題に取り組むときは偽《いつわ》りの情報に注意が必要になる、ということ。

オ 野生動物の観測は世間が思っているよりも大変な作業だ、ということ。

問八 ――線部⑤「『自然とともに生きる』」とは、本文ではどのような生き方を指していますか。本文中の四字熟語《じゅくご》を抜き出して答えなさい。

問九　本文の展開《てんかい》の説明として最も適当なものを、次のア〜オから一つ選び、記号で答えなさい。

ア　地球温暖化という環境問題への理解を深めるために、ある人物の言葉を紹介《しょうかい》して、地球環境、特に北極、グリーンランドの生態系《せいたいけい》の被害状況《ひがいじょうきょう》をわかりやすく説明している。その後、人間の生活が地球環境に与える悪影響《あくえいきょう》について具体的に説明している。

イ　地球温暖化という環境問題を大きな視野《しや》でとらえながら、グリーンランドの人間や動物にどのような被害があるのかを実例を挙げて説明している。その後、温暖化が引き起こす最も大きな問題である海面上昇に注目して、人間による環境破壊を厳《きび》しく非難《ひなん》している。

ウ　地球温暖化という環境問題を話題として、特に北極、グリーンランドに注目し、人間、動物への影響や、温暖化が引き起こす現象の一つである海面上昇などについて説明している。その後、温暖化以外の問題にも視野を広げて、現代の人間のありかたを批判《ひはん》している。

エ　地球温暖化は地球全体に関わる問題であることを始めに強調し、その一例として北極、グリーンランドにおける、生態系に影響を及《およ》ぼすほどの環境破壊を説明している。その後、人間が意識を改めることが問題の解決に繋《つな》がると主張して、具体的対策を紹介している。

オ　地球温暖化が地球全体に関わる大きな問題であることを伝えるために、北極、グリーンランドのような遠方の地域《ちいき》における環境の変化を説明している。その後、様々な研究成果や科学技術の発展《はってん》を紹介して、今後、問題の改善に希望が持てる状況にあると主張している。

三

次の――線部のカタカナは漢字に直し、漢字は読みをひらがなで答えなさい。

① 彼はヨウリョウを得ない受け答えをしている。

② 北海道でキョウソウ馬を育てる。

③ 将棋界《しょうぎかい》にはエイセイ名人という称号《しょうごう》がある。

④ 計画はフウゼンの灯火《ともしび》だ。

⑤ みんなに真実をツげる。

⑥ 漁村一帯には遠浅の海岸線が続いている。

⑦ 志半ばで挫折《ざせつ》する。

⑧ 緩《ゆる》んだ留め金のネジを締《し》める。

令和３年度

前　期

入　学　試　験　問　題

算　　　　数

（50分）

注　意　事　項

1．試験問題は指示があるまで開かないでください。
2．解答は必ず解答用紙に記入してください。
3．問題冊子，解答用紙に受験番号，氏名を記入してください。
4．問題冊子は必ず持ち帰ってください。

受験番号	氏名	

近畿大学附属広島中学校東広島校

1 次の（1）～（4）の計算をしなさい。また，（5）は $\square$ にあてはまる数を答えなさい。

（1） $32-12\div(9-6)\times4$

（2） $1+0.5+\frac{1}{3}+0.25+0.2+\frac{1}{6}$

（3） $\frac{2}{3}\div\frac{1}{5}+2\frac{1}{3}\times1\frac{4}{7}$

（4） $3.14\times71-21\times3.14$

（5） $\left(\frac{1}{\square}+3\right)\div\frac{2}{5}=8$

2 次の問いに答えなさい。

（1） 次の□にあてはまる数を求めなさい。

「□円の25 %は1200円です。」

（2） 16.2 kmの道のりを秒速3 mの速さで進むと何時間何分かかりますか。

（3） 2つの分数 $\frac{2}{3}$ と $\frac{4}{9}$ にそれぞれ同じ分数をかけると，どちらも整数になりました。かける分数の中で最も小さいものを求めなさい。ただし，これ以上約分できない分数で答えなさい。

（4） あるクラスでハンドボール投げの記録を測り，先生がその結果を次のような表にまとめました。クラス全員の記録の平均は何 mですか。

	人数(人)	記録の平均(m)
男子	18	33
女子	12	18

（5）　下の図は，3辺の長さが60 cm，80 cm，100 cm の直角三角形の各頂点を中心として，半径が20 cm の円の一部を3つ切り取ったものです。影《かげ》のついた部分の面積は何 cm^2 ですか。ただし，円周率は3.14とします。

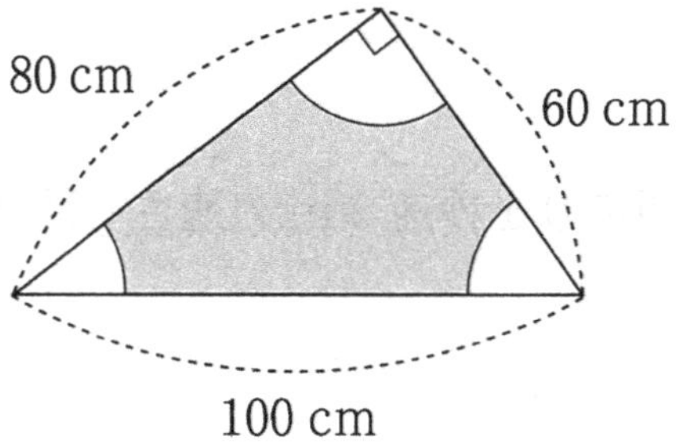

（6）　黒，白，青，赤，緑，黄の6色が，6つの面それぞれに1色ずつぬられている立方体が1個あります。下の3つの図は，この立方体を3回ころがしたときの結果です。この立方体の緑の面の反対側の面は何色ですか。

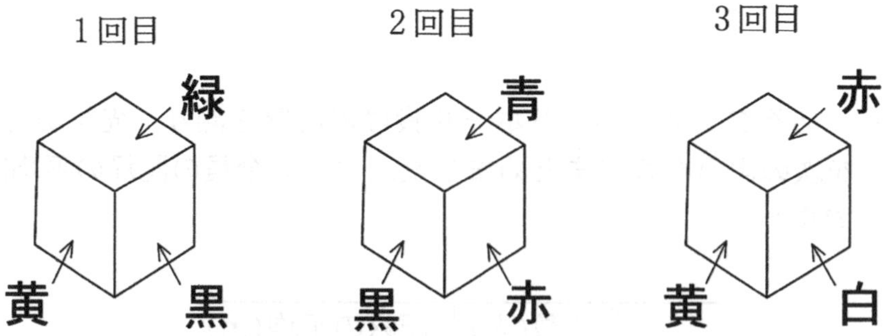

3　図のような道具を持っている先生とシンさんが，話をしています。会話文を読んで，次の問いに答えなさい。ただし，2人の言ったことはすべて正しいものとします。

【図】

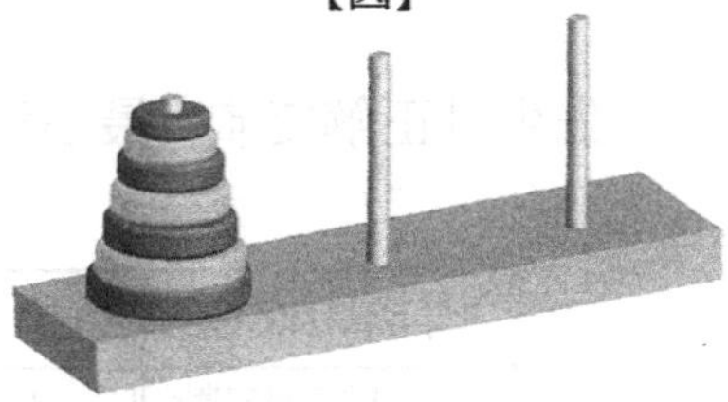

先生「ここに，大きさがすべて異《こと》なる円板と，3本の棒があります。」

先生「最初，すべての円板が，一番左側の棒にさしてあります。ここから，次のルールに従って円板を動かし，すべての円板を一番右側の棒に移動します。」

円板を動かすときのルール

- 1回に動かすことができる円板は，1枚だけ。
- 円板の上にのせられる円板は，その円板より小さい円板だけ。
- 円板は，必ず3本の棒のいずれかにさして置く。

先生「一番少ない移動回数で，すべての円板を移動させることを考えましょう。
最初に円板が2枚ある場合の最小移動回数は，何回でしょうか。」

シン「下の図のように動かして…　」

＜最初の状態＞

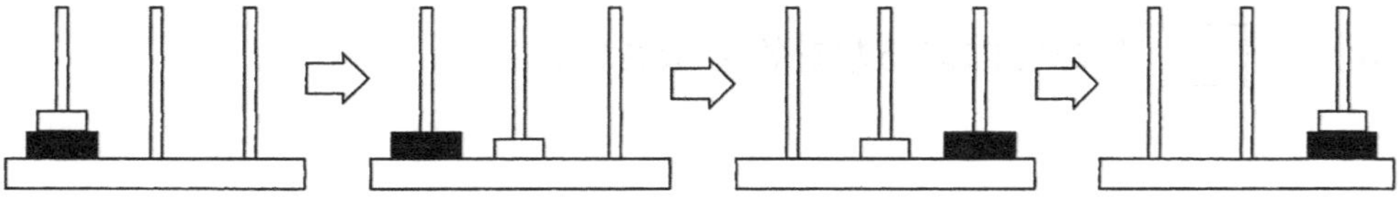

シン「…3回だと思います。」

先生「正解です。では，最初に円板が3枚ある場合はどうでしょう。」

シン「 ア 回だと思います。」

先生「正解です。最小移動回数は下の表のようになります。」

円板の枚数	1	2	3	4	5
最小移動回数	1	3	ア	15	31

シン「あっ，最小移動回数には規則性がある！」

先生「気づきましたね。そう，これには規則性があります。」

シン「この規則性を使うと，最初に円板が10枚ある場合も，計算で最小移動回数が求められますね。計算すると，最小移動回数は イ 回となります。」

（1） ア にあてはまる数を答えなさい。

（2） ～～～ 線部について，シンさんが思いついたと考えられる規則性を説明しなさい。

（3） イ にあてはまる数を答えなさい。

4　地面に書かれた線に沿って一定の速さで走行するようにプログラミングされた「ライントレースロボット」というロボットがあります。

ある中学校の自然科学部には，このロボットP，Qの2台があり，ロボットPは毎秒6 cm の速さで動くように設定してあります。ロボットQの動く速さも設定してあり，2台とも速さの設定は変更できません。この2台のロボットを使って，実験 ①，実験 ②を行いました。このとき，次の問いに答えなさい。ただし，ロボットの大きさは考えないものとします。また，ロボットが方向を変える時間も考えないものとし，ロボットがすれちがうとき，ぶつかることはないものとします。

【図1】

実験 ①　（1本の直線上を動かす）

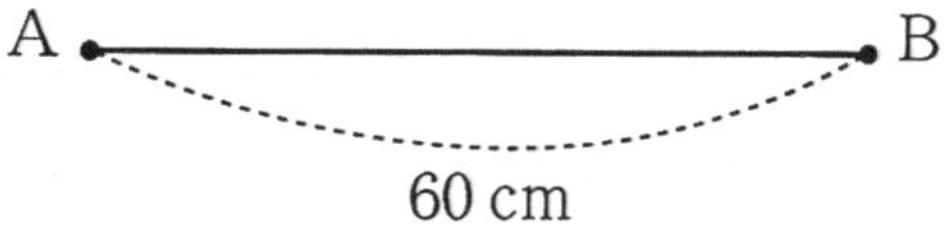

図1のように，1本の直線上に60 cm はなれた2点A，Bがあります。ロボットPは点Aを，ロボットQは点Bをそれぞれ同時に出発し，2台とも AB 間をそれぞれ往復します。

図2は，ロボットP，Q間のきょりと時間の関係を自然科学部の部員がグラフにまとめたものです。

【図2】

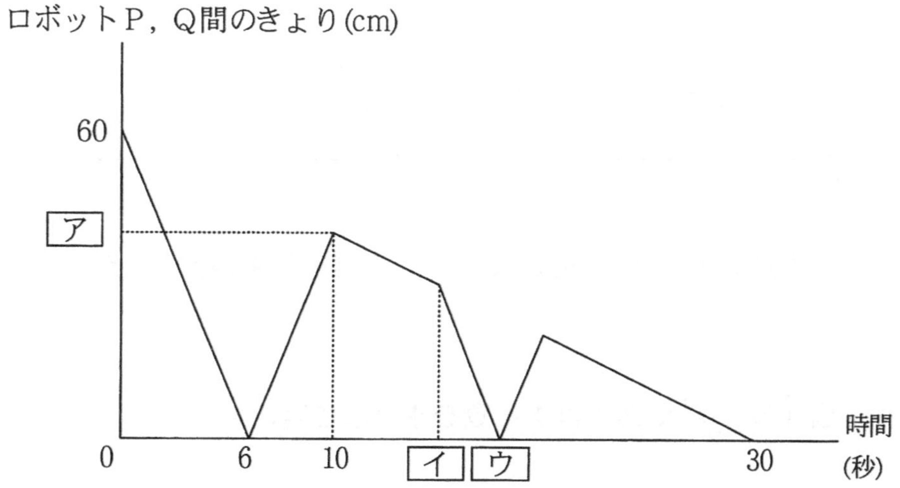

（１）　ロボットＱの動く速さは秒速何 cm ですか。

（２）　図２の ア ～ ウ にあてはまる数を求めなさい。

【図３】

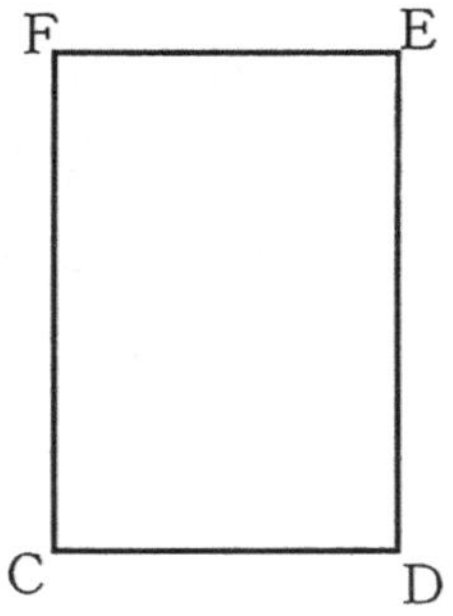

実験②　**（長方形の辺上を動かす）**

図３のような長方形 CDEF があります。２台のロボットを同時に出発させてロボットＰをＣ→Ｆ→Ｅ→Ｄの順に，ロボットＱをＤ→Ｅ→Ｆ→Ｃの順に長方形の辺上を移動させます。

図４は，ロボットＰが点Ｃを出発して点Ｄに着くまでの，三角形 PCD と三角形 QCD の面積の差と時間の関係を，自然科学部の部員がグラフにまとめたものです。

【図４】

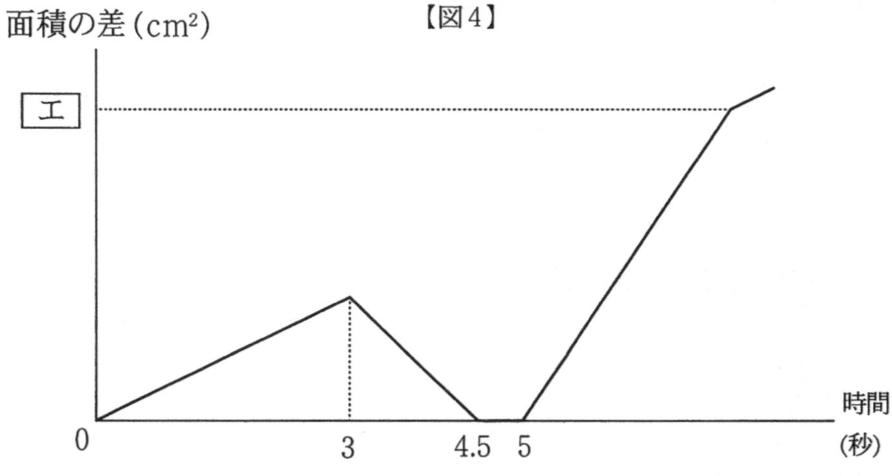

（３）　長方形の辺 CD，DE の長さは，それぞれ何 cm ですか。

（４）　図４の エ にあてはまる数を求めなさい。

令和３年度

前　期

入　学　試　験　問　題

理　　　　科

（30分）

注　意　事　項

１．試験問題は指示があるまで開かないでください。

２．解答は必ず解答用紙に記入してください。

３．問題冊子，解答用紙に受験番号，氏名を記入してください。

４．問題冊子は必ず持ち帰ってください。

受　験　番　号	氏名	

近畿大学附属広島中学校東広島校

1　人の消化と呼吸について説明した次の文章を読み，あとの問いに答えなさい。

口から取り入れられた食べ物は，食道，胃，(　①　)，大腸を通り，こう門から便となって出されます。口からこう門までの食べ物の通り道を(　②　)といいます。養分であるデンプンなどは，だ液などの(　③　)のはたらきによって小さなつぶに分解され，最終的に(①)から吸収されます。(①)の内側はたくさんのひだになっています。

呼吸により，口や鼻から取り入れられた空気は，気管を通って(　④　)に入ります。(④)の中の気管の先は，たくさんのふくろのようになっています。(④)では，入ってきた空気の中から(　⑤　)を取り入れています。

(1) 文章中の(　)に当てはまる最も適当な語句を，それぞれ答えなさい。

(2)「デンプン」はだ液のはたらきによって消化され，「別のもの」に変化します。「デンプン」が「別のもの」に変化したことは，ヨウ素液を使って調べることができます。ヨウ素液の色を変化させるのは「デンプン」と「別のもの」のどちらですか。解答欄《らん》の正しい方を○で囲みなさい。また，ヨウ素液は何色に変化しますか。

(3) 呼吸によって吸いこんだ空気よりも，はき出した息の方にふくまれる量が増えている気体として適当なものを，次のア～エから2つ選び，記号で答えなさい。順番は問いません。

ア　酸素　　**イ**　ちっ素　　**ウ**　二酸化炭素　　**エ**　水蒸気

(4) 下線部のように，たくさんのつくりがある理由として最も適当なものを，次のア～エから1つ選び，記号で答えなさい。

ア　たくさんのつくりのうち，半数がはたらき，半数が休み，交互《こうご》に絶え間なくはたらくようにするため。
イ　つくりの表面積を広くし，効率よくはたらくようにするため。
ウ　たくさんのつくりによって，吸収できるものの種類を増やすため。
エ　はたらくことのできる時間が短く，常に新しいつくりが必要であるため。

このページに問題はありません。

2　空気と水の温度による体積の変化を調べるために実験１～３を行いました。これについて，あとの問いに答えなさい。

【実験１】　右図のように，気温15℃の部屋で，試験管の口にせっけん水のまくを張り，試験管を60～70℃の湯と氷水にそれぞれつけて，試験管内の温度を変えて，せっけん水のまくのようすを観察しました。試験管には空気が入っています。

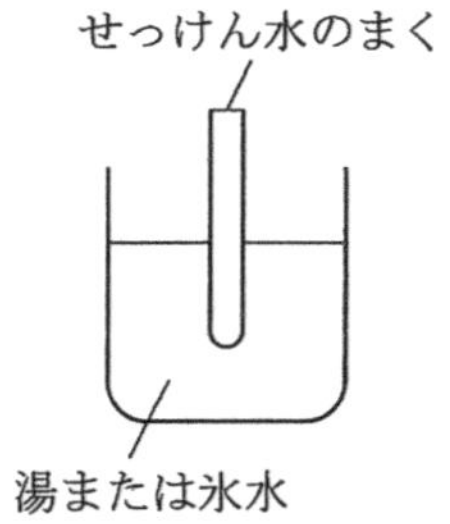

【実験２】　試験管に水を入れて冷凍庫《れいとうこ》で凍《こお》らせて，体積の変化を観察しました。

【実験３】　氷を加熱したときの変化を観察しました。

（1）空気中に最も多くふくまれている気体として正しいものを，次の**ア**～**エ**から1つ選び，記号で答えなさい。

ア　水素　　**イ**　酸素　　**ウ**　ちっ素　　**エ**　二酸化炭素

（2）実験１において，試験管のせっけん水のまくはどうなりますか。最も適当な組み合わせを，次の**ア**～**エ**から1つ選び，記号で答えなさい。

	湯につけたとき	氷水につけたとき
ア	ふくらんだ	ふくらんだ
イ	ふくらんだ	へこんだ
ウ	へこんだ	ふくらんだ
エ	へこんだ	へこんだ

（3）実験１と関係があることとして最も適当なものを，次の**ア**～**エ**から1つ選び，記号で答えなさい。

ア　少ししぼんだ浮《う》き輪にしばらく日光を当てると，浮き輪がふくらんだ。
イ　自転車のタイヤの空気が抜《ぬ》けていたので空気を入れると，タイヤがふくらんだ。
ウ　遠足で高い山の山頂に登ると，お菓子《かし》の袋《ふくろ》がふくらんだ。
エ　パンの生地を冷蔵庫に入れておくと，パンの生地がふくらんだ。

（4）実験２において，試験管内の氷の体積は，凍らせる前の水の体積よりも大きくなっていました。この結果から予想されることとして最も適当なものを，次の**ア**～**エ**から1つ選び，記号で答えなさい。

ア　水を加熱すると蒸発する。
イ　氷を水の中に入れると，氷は水に浮かぶ。
ウ　氷を長い時間，冷凍庫の中に入れておくと，氷が小さくなる。
エ　氷水を入れたコップをしばらく置いておくと，コップの表面に水滴《すいてき》ができる。

（5）実験３において，1gの氷を加熱して，すべて水蒸気にすると体積は何倍になりますか。ただし，水を氷にすると体積は1.1倍になり，水を水蒸気にすると体積は1700倍になるものとし，小数第1位を四捨五入して，整数で答えなさい。

（6）下線部が適当でないものを，次の**ア**～**エ**から1つ選び，記号で答えなさい。

ア　水を温め続けると，ふっとうがはじまった。ふっとうしている間，水の温度は変化しなかった。
イ　水を温め続けると，湯気が出はじめた。出てきた白い湯気の正体は水蒸気である。
ウ　水を冷やし続けると，水は氷になった。水から氷にすがたが変わる間，水の温度は変化しなかった。
エ　水を冷やし続けると，水は氷になった。氷をさらに冷やし続けると，氷の温度は下がっていった。

3 月や月の見え方について，次の問いに答えなさい。

（1）次の文章は，生徒たちが月の写真（**図1**）を見ながら話し合ったときの会話です。文章中の（　）に当てはまる最も適当な語句を，それぞれ答えなさい。

「この写真では月は少し欠けて見えるね。これは，月が自ら光を出さずに，（　①　）の光を反射して光っているからだね。」
「月の表面には模様があるね。明るく見える部分は『陸』，暗く見える部分は『海』と呼ばれているよ。」
「模様以外にも，月の表面には大小たくさんの円形のくぼみがあるね。これは何だろう。」
「そのくぼみは（　②　）と呼ばれていて，月の表面に石や岩がぶつかってできたんだよ。」
「写真をよく見ると，陸と海では（　③　）の方が（②）がたくさんあるようだね。何でだろう。」

出典　国立天文台

図1

（2）ある日の夕方，東広島市内のある場所から，西の空に月が見えました。**図2**は，そのときの月の位置を表しています。ただし，月の見え方は示されていません。このとき，肉眼で見た月の見え方として最も適当なものを，次の**ア**～**カ**から1つ選び，記号で答えなさい。

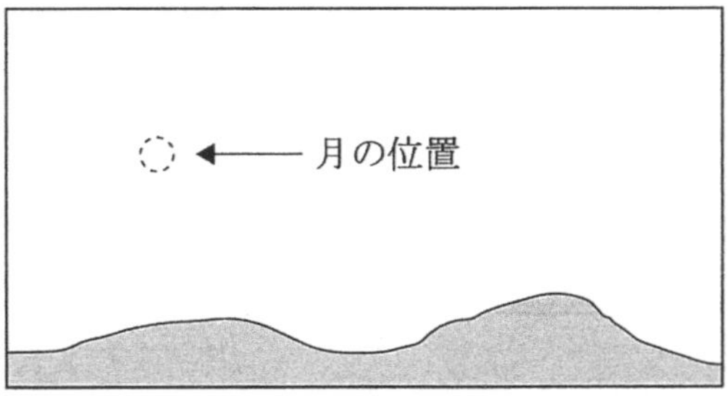

西

図2

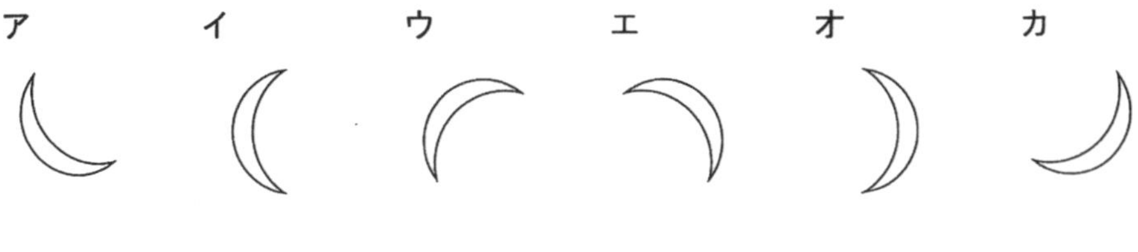

（3）**図2**の月を観察してから3日間，同じ場所から月の観察を続けました。月の光って見える部分と，月が同じ位置に見える時刻はどのように変わりますか。正しい組み合わせを，次の**ア**～**エ**から1つ選び，記号で答えなさい。

	月の光って見える部分	月が同じ位置に見える時刻
ア	満ちていく	早くなる
イ	満ちていく	おそくなる
ウ	欠けていく	早くなる
エ	欠けていく	おそくなる

（4）**図3**のように，暗くした部屋の中で，ボールを月に見立てて光を当て，月の満ち欠けの仕方を調べました。観察者から見て，満月と同じように光って見えるボールはA～Hのどれですか。記号で答えなさい。

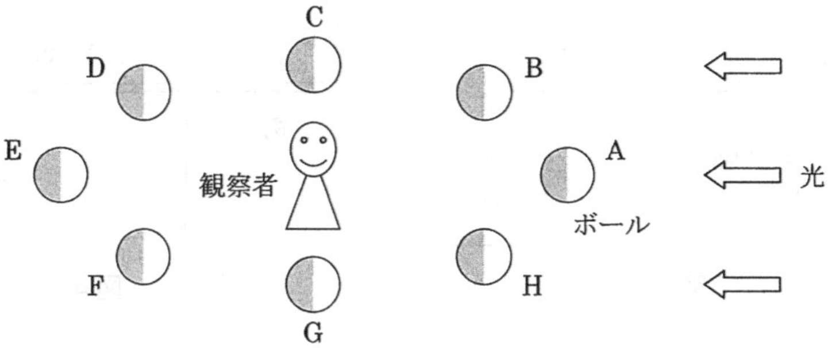

図3

（5）**図3**において，観察者からHのボールを見ると**図4**のように見えました。ボールが**図5**のように見えるのは，A～Hのどのボールですか。記号で答えなさい。

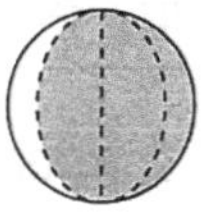

図4

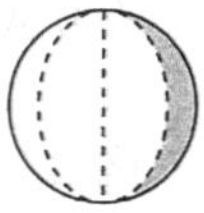

図5

（6）東広島市内のある場所から見た月が，**図4**のボールと同じように見えた日から，次に**図5**のボールと同じように見える日はおよそ何日後ですか。最も適当なものを，次の**ア**～**エ**から1つ選び，記号で答えなさい。

ア　7日　　**イ**　15日　　**ウ**　22日　　**エ**　30日

4　図１～３のように，長さ24cmの棒と細い糸を使って，重さ100g，300gのおもりと，重さのわからないおもりＡ～Ｃをそれぞれつるしました。棒と糸の重さは考えないものとして，次の問いに答えなさい。

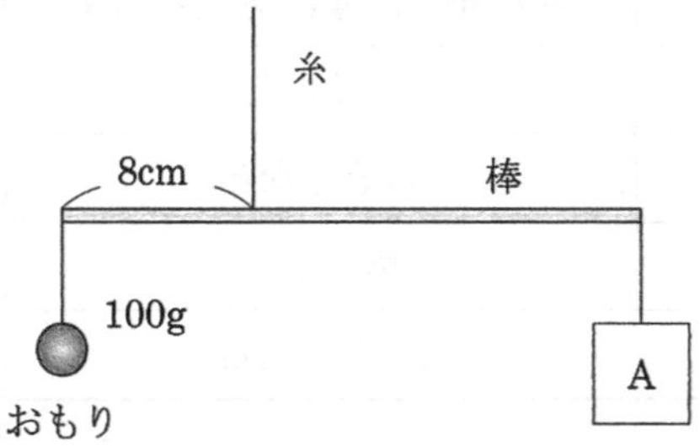

図１

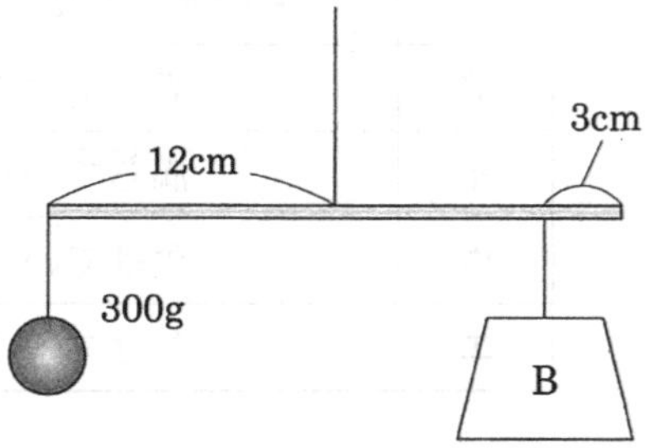

図２

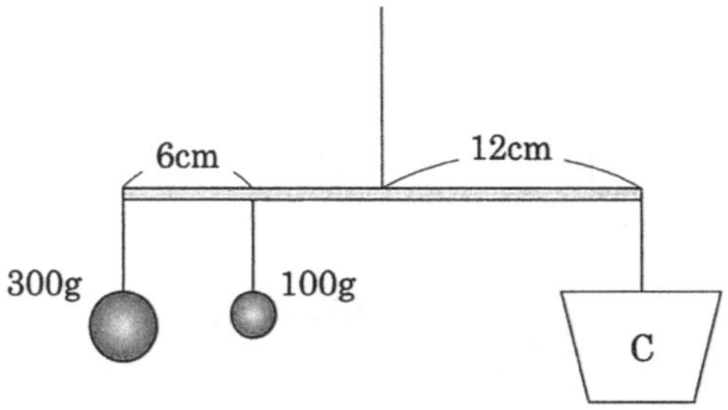

図３

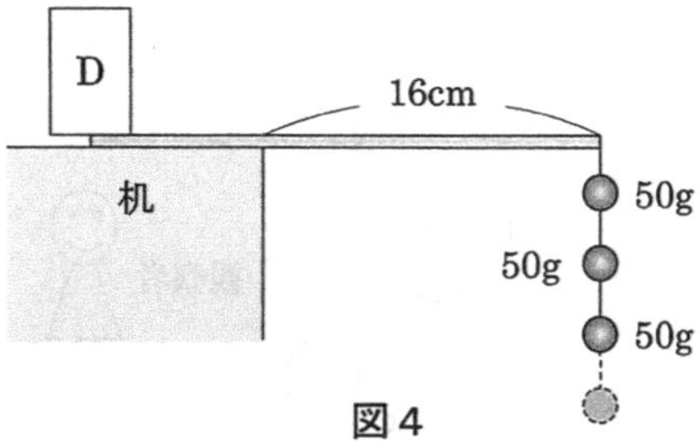

図４

（１）図１のように，重さ100gのおもりとおもりＡをつるすと，棒が水平につりあいました。おもりＡの重さは何ｇですか。

（２）図２のように，重さ300gのおもりとおもりＢをつるすと，棒が水平につりあいました。おもりＢの重さは何ｇですか。

（３）図３のように，重さ100gと300gのおもりとおもりＣをつるすと，棒が水平につりあいました。おもりＣの重さは何ｇですか。

（４）図４のように，図１～３と同じ棒を机の上に置き，棒の左はしに重さのわからないおもりＤをのせました。続いて，棒の右はしに重さ50gのおもりを1個ずつつるしていくと，4個目のおもりをつるしたとき，棒が右にかたむきました。おもりＤの重さは何ｇより大きく，何ｇより小さいと考えられますか。

このページに問題はありません。

5　次の文章は，ひろとさんとはるなさんが「益虫《えきちゅう》」と「害虫」について話し合ったときの会話です。これについて，あとの問いに答えなさい。

ひろと：この間ニュースを見ていたら，こん虫には「益虫」と「害虫」があるっていっていたけど，それってどうやって決まっているのかな？

はるな：人の役に立つこん虫が「益虫」，人に害を与《あた》えるこん虫が「害虫」だったと思うけど。それと，aこん虫だけじゃなくてクモやムカデも「益虫」や「害虫」になかま分けされるらしいよ。

ひろと：じゃあ，クモは（　①　）だね。（　②　）であるゴキブリやハエを食べてくれるって聞いたことあるよ。ムカデもゴキブリを食べるらしいけど毒をもっていて人にかみつくから（　③　）だね。

はるな：テントウムシは「益虫」，ハチは「害虫」で合ってる？

ひろと：いや，テントウムシにも色々あって，ナナホシテントウのように，農作物の汁《しる》を吸う（　④　）であるアリマキを食べていれば（　⑤　）。オオニジュウヤホシテントウのように，農作物の葉を食べていれば（　⑥　）になるんじゃないかな。

はるな：なるほど！　それならハチの場合は，ミツバチは集められたハチミツが人の役に立つから（　⑦　），アシナガバチは農作物につくアオムシなどの（　⑧　）を食べてくれるから（　⑨　）だけど，同じようにアオムシなどを食べてくれるスズメバチは猛毒《もうどく》をもっていて人を攻撃《こうげき》してさすから（　⑩　）に分類されるのね。

ひろと：b生き物を「益虫」と「害虫」に分けるのって難しいね。それにしても，c人間って自分勝手だなぁ！

（1）文章中の（　）には「益虫」か「害虫」がそれぞれ当てはまります。「益虫」が当てはまるものを4つ選び，①～⑩の番号で答えなさい。順番は問いません。

（2）文章中の，アオムシは農作物を食べ，アシナガバチはアオムシを食べるというような，生物どうしの「食べる」・「食べられる」のつながりを何といいますか。

（3）下線部aのクモやムカデは，こん虫とは体のつくりが異なるため，こん虫のなかまにはふくまれません。こん虫の体のつくりとして正しいものを，次の**ア**～**エ**から1つ選び，記号で答えなさい。

ア　体は頭・胸・腹の3つに分かれ，胸に4本，腹に2本のあしを持っている。
イ　体は頭・胸・腹の3つに分かれ，胸に6本のあしを持っている。
ウ　体は頭胸・腹の2つに分かれ，頭胸に4本，腹に2本のあしを持っている。
エ　体は頭胸・腹の2つに分かれ，頭胸に6本のあしを持っている。

（4）ひろとさんが下線部bのように考えたのはなぜだと思いますか。

（5）下線部cに関連して，人の手によって日本に持ちこまれた生物を外来種といいます。これに対して，元々日本に生息している生物を在来種といいます。次の**ア**～**カ**から在来種を2つ選び，記号で答えなさい。順番は問いません。

ア　ウシガエル　　**イ**　オオクチバス　　**ウ**　オオサンショウウオ
エ　カミツキガメ　　**オ**　ゲンジボタル　　**カ**　アライグマ

令和３年度

前　期

入　学　試　験　問　題

社　　　会

（30分）

注　意　事　項

1．試験問題は指示があるまで開かないでください。
2．解答は必ず解答用紙に記入してください。
3．問題冊子，解答用紙に受験番号，氏名を記入してください。
4．問題冊子は必ず持ち帰ってください。

受 験 番 号	氏名	

近畿大学附属広島中学校東広島校

1　日本の貿易に関して後の問いに答えなさい。

（1）　1990年以降の日本の貿易相手国または地域の移り変わりを示した２つの表について，後の問いに答えなさい。

表1

（単位：％）

	1990年		2000年		2010年		2018年	
	総額	33.86兆円	総額	40.94兆円	総額	60.76兆円	総額	82.70兆円
1位	A	22.4	A	19.0	C	22.1	C	23.2
2位	インドネシア	5.4	C	14.5	A	9.7	A	10.9
3位	B	5.3	D	5.4	B	6.5	B	6.1
4位	C	5.1	台湾	4.7	サウジアラビア	5.2	サウジアラビア	4.5
5位	D	5.0	インドネシア	4.3	アラブ首長国連邦	4.2	D	4.3

財務省貿易統計より作成

表2

（単位：％）

	1990年		2000年		2010年		2018年	
	総額	41.46兆円	総額	51.65兆円	総額	67.41兆円	総額	81.48兆円
1位	A	31.5	A	29.7	C	19.4	C	19.5
2位	ドイツ	6.2	台湾	7.5	A	15.4	A	19.0
3位	D	6.0	D	6.4	D	8.1	D	7.1
4位	台湾	5.4	C	6.3	台湾	6.8	台湾	5.7
5位	香港	4.6	香港	5.7	香港	5.5	香港	4.7

財務省貿易統計より作成

問１　**表１・２**から読み取れることを，次の**ア**～**エ**から１つ選び，記号で答えなさい。

ア　**表１**は，サウジアラビアやアラブ首長国連邦がふくまれているので，日本の輸出相手国の移り変わりを示したものだと考えられる。

イ　インドネシアとの貿易は，2000年以降全くなくなった。

ウ　1990年以降の増加額を比べると，輸出よりも輸入の方が多い。

エ　**表２**を見ると，台湾は2000年以降割合を下げているが，金額はむしろ増えている。

問2　表1・2中のA～Dはアメリカ・オーストラリア・韓国・中国のいずれかを示しています。オーストラリアにあてはまるものを1つ選び，記号で答えなさい。

（２） バーチャルウォーター（仮想水）について記した次の**資料**に関して，後の問いに答えなさい。

資料

バーチャルウォーターとは，食料を輸入している国（消費国）において，もしその輸入食料を生産するとしたら，どの程度の水が必要かを推定した考え方です。例えば**図**１のように，１kgのとうもろこしを生産するには，900ℓの水が必要です。また，牛は（　A　）ため，牛肉１kg を生産するには，とうもろこしの約18倍もの水が必要です。つまり，日本は海外から食料を輸入することによって，その生産に必要な分だけ自国の水を使わないで済んでいるのです。言いかえれば，食料の輸入は，形を変えて水を輸入していることと考えることができます。

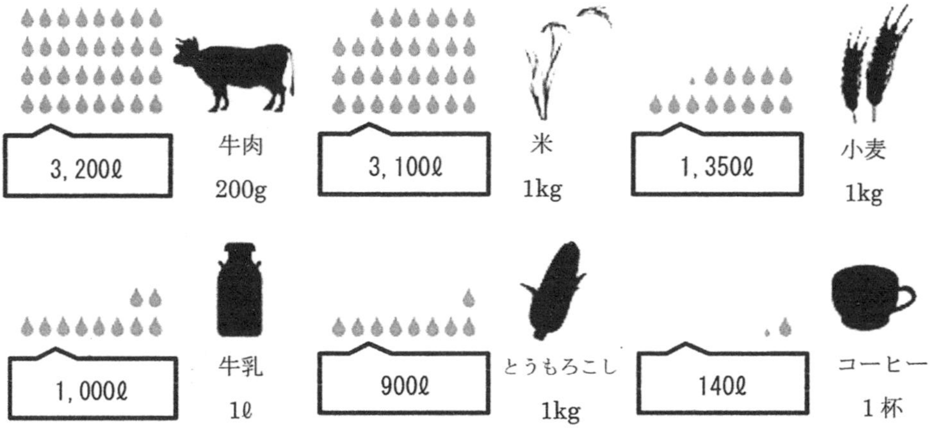

図１

図２の日本の食料自給率の移り変わりをみると，日本の食料自給率は（　B　）なってきているので，バーチャルウォーターの輸入量は（　C　）つつあることが推測できます。

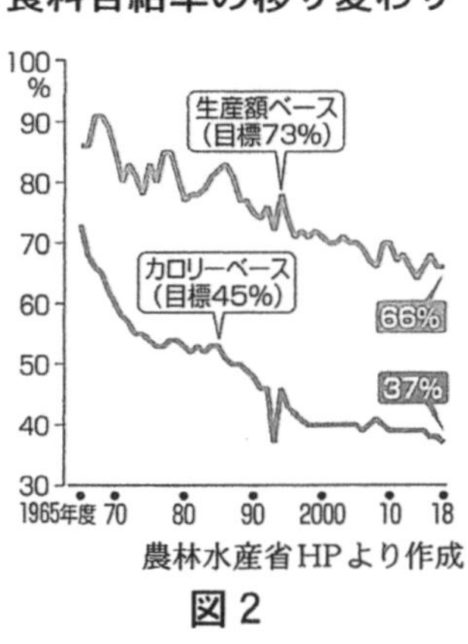

農林水産省HPより作成

図２

問３　家畜《かちく》の成育には，農作物の生産よりもはるかに多くのバーチャルウォーターが必要となります。その理由がわかるように，**資料**中の（A）に当てはまる文章を答えなさい。

問４　**資料**中の（B）（C）に当てはまる語句の組み合わせとして正しいものを，次の**ア**～**エ**から１つ選び，記号で答えなさい。

ア　B：高く　C：増え　　**イ**　B：高く　C：減り

ウ　B：低く　C：増え　　**エ**　B：低く　C：減り

問５　次の**図３**は，食品ロスを減らすことを呼びかけるために作られたポスターの一部です。バーチャルウォーターの観点から，食品ロスの問題点を説明しなさい。

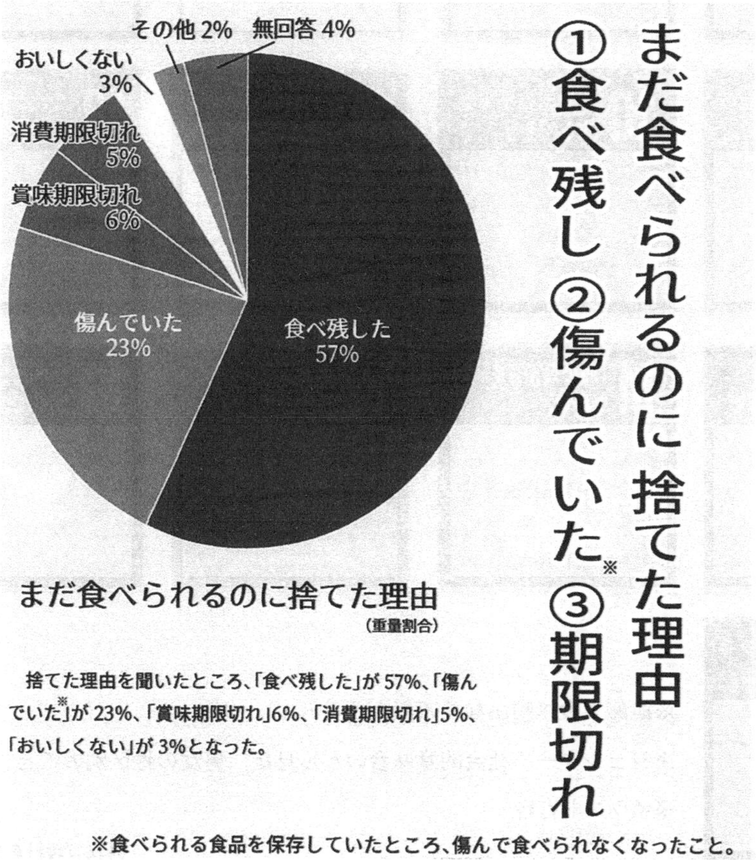

※食べられる食品を保存していたところ、傷んで食べられなくなったこと。

消費者庁のホームページより作成

図３

2　2015年に国際連合では2030年までに達成するべき目標をＳＤＧｓとして下の図のように決めました。この図を見て，後の問いに答えなさい。

SDGs（持続可能な開発目標）

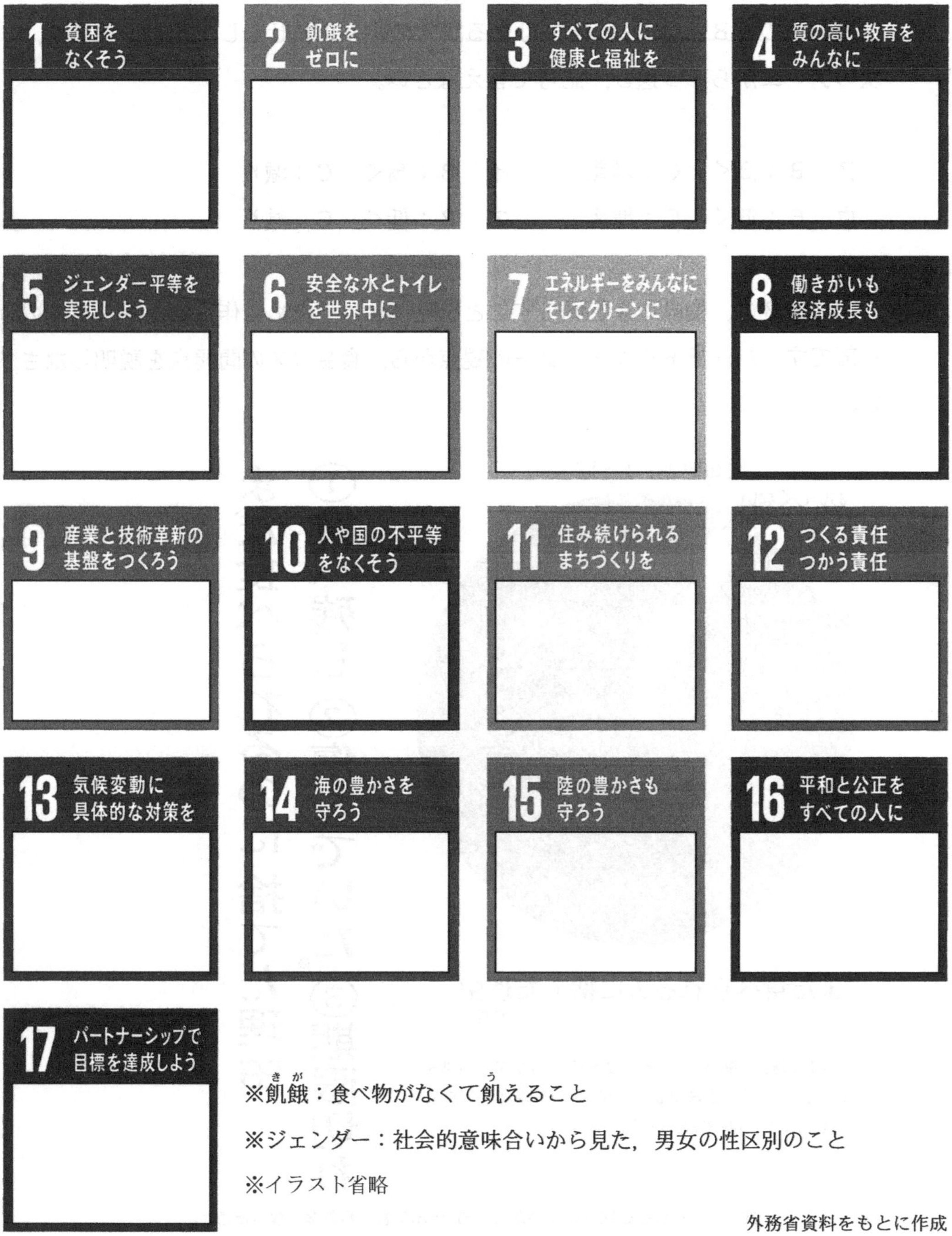

※飢餓《きが》：食べ物がなくて飢《う》えること

※ジェンダー：社会的意味合いから見た，男女の性区別のこと

※イラスト省略

外務省資料をもとに作成

図

問１　この17個の目標のうち，あなたが最も早く達成すべきと考える目標はどれですか。その番号と，そのように考えた理由を答えなさい。

問２　令和２年７月１日より，小売店でのプラスチック製のレジ袋《ぶくろ》が有料化されています。このことに関係のあるＳＤＧｓのゴールはどれですか。その番号と，そのように考えた理由を答えなさい。

3　史郎《しろう》さんは，学習発表会のテーマに「歴史の中の感染症《かんせんしょう》」を選びました。次の資料は，先生から渡《わた》された明治時代における感染症対策のイラストと**解説**です。これを読んで，後の問いに答えなさい。

解説

●図中において，太い線で囲んでいる黒いものは鼠《ねずみ》，中央の黒い制服の男性は警官である。

●感染症の原因菌《きん》を運んでくると考えられていた鼠を，交番で回収している様子。1900年（明治33年）

問１　史郎さんは，この資料が描《えが》かれたころの日本を説明しようと思い，次の年表をつくりました。年表の（　①　），（　②　）に入る語句の組合せとして正しいものを，次ページの**ア**～**エ**から１つ選び，記号で答えなさい。

前期

受験番号	氏名

令和3年度 近畿大学附属広島中学校東広島校 入学試験 国語 解答用紙

一

問一 A

問一 B

問二 ⓐ

問二 ⓑ

問三

問四

問五

問六

問七

問八

問九

得点

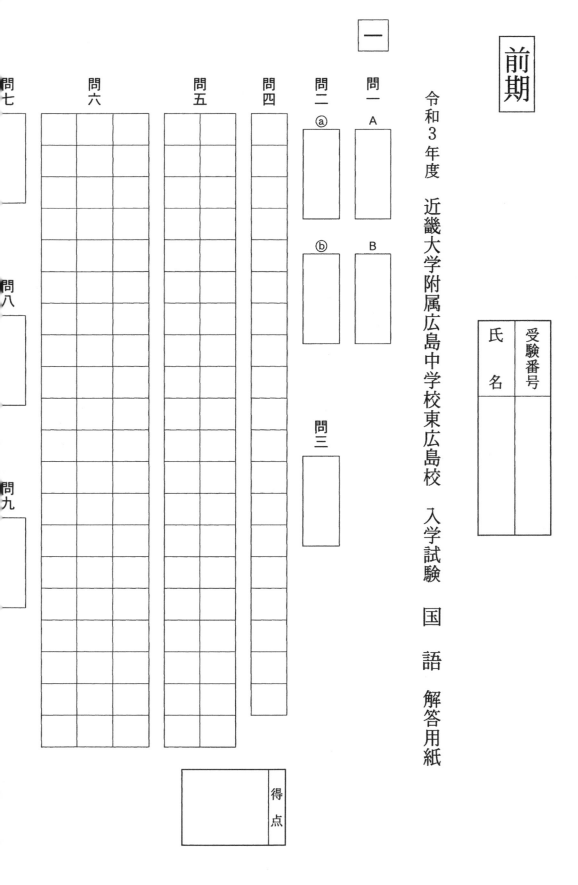

(2)

(3)

得 点

4 (1) 秒速 cm (2) ア イ ウ

(3) CD cm DE cm

(4)

得 点

総 得 点

※100点満点
(配点非公表)

4

(1) g (2) g (3) g

(4) g より大きく g より小さい

得点

5

(1)

(2)

(3)

(4)

(5)

得点

総得点

※60点満点
(配点非公表)

①	記号	都道府県名
②	記号	都道府県名
③	記号	都道府県名
④	記号	都道府県名
⑤	記号	都道府県名

得　点

5

問 1		問 2	
問 3			

得　点

6

問 1	A	B
問 2		

得　点

7

問 1		問 2	

得　点

総 得 点
※60点満点 (配点非公表)

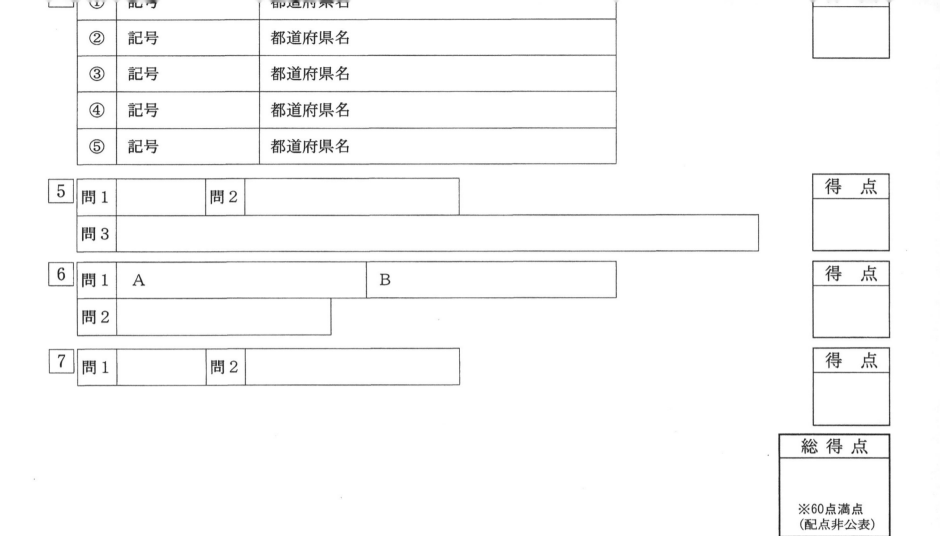

受験番号	
氏　　名	

前期

令和3年度　近畿大学附属広島中学校東広島校　入学試験　社　会　解答用紙

1

問1		問2	
問3			
問4			
問5			

得　点

2

問1	番号	
	理由	
問2	番号	
	理由	

得　点

3

問1		問2		問3	

得　点

【解答

受験番号	
氏　　名	

前期

令和3年度　近畿大学附属広島中学校東広島校　入学試験　理　科　解答用紙

1

(1) ①　②　③　④

(1) ⑤

(2) デンプン　・　別のもの　色

(3)

(4)

得点

2

(1)　(2)　(3)　(4)

(5)　倍

(6)

得点

3

(1) ①　②　③

(2)

【解答

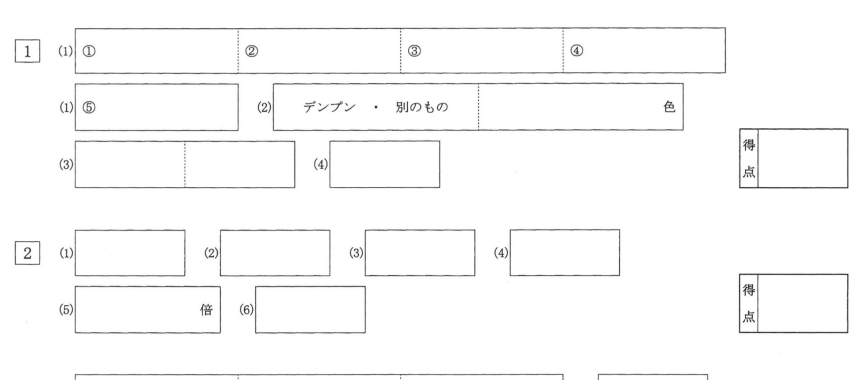

受験番号	
氏　　名	

前期

令和3年度　近畿大学附属広島中学校東広島校　入学試験　算　数　解答用紙

1

(1)

(2)

(3)

(4)

(5)

得　点

2

(1)

(2) 時間　分

(3)

(4) m

(5) cm^2

(6) 色

得　点

3

(1)

【解答

二

問一

A

B

C

問二

問三

問四

～

問五

地球温暖化によって

問六

問七

問八

問九

得点

三

①

②

③

④

⑤

⑥

⑦

⑧

得点

総得点

※100点満点
（配点非公表）

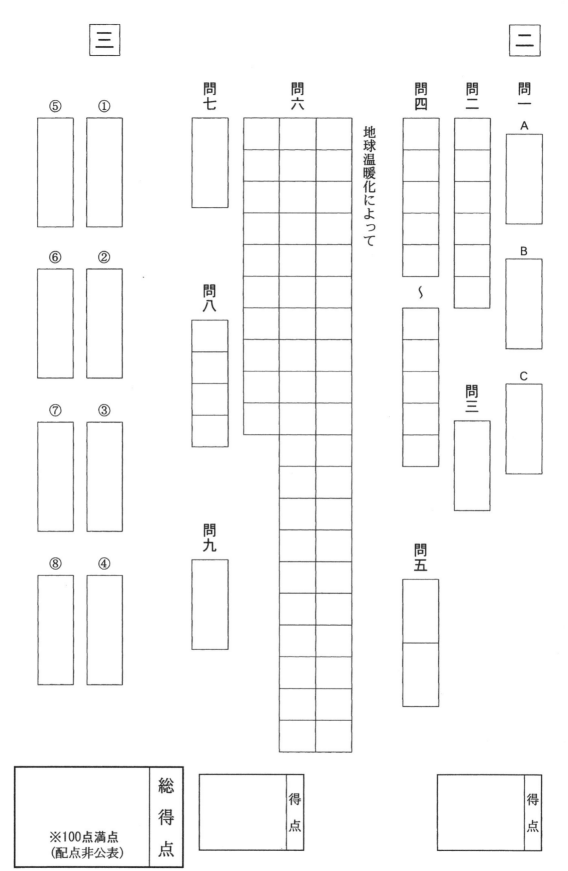

年	主なできごと
1868	明治維新　江戸を東京とする。
1873	地租改正が行われる。
1889	大日本帝国憲法が発布される。
1895	日清戦争に勝利し，台湾などを植民地にする。
1905	（　①　）らの活躍《かつやく》もあって，日露戦争に勝利する。
1911	小村寿太郎の活躍もあり（　②　）が回復し，条約改正が達成される。

ア　①：西郷隆盛
　　②：関税自主権

イ　①：西郷隆盛
　　②：領事裁判権

ウ　①：東郷平八郎
　　②：関税自主権

エ　①：東郷平八郎
　　②：領事裁判権

問２　先生は資料を読み解く手がかりとして，この当時に出版された小説『吾輩《わがはい》は猫《ねこ》である』を，史郎さんに渡しました。次の**A**・**B**は，史郎さんが小説から抜《ぬ》き出した部分ですが，発表の補助資料として適当なものと，この小説の著者名との組合せとして正しいものを，後の**ア**～**エ**から１つ選び，記号で答えなさい。（一部表現をわかりやすくしたり，省略したりしています。）

A

> いったい人間ほど図々しい奴《やつ》は世の中にいねえぜ。人のとった鼠をみんな取り上げて交番へ持って行きやがる。交番じゃ誰《だれ》が捕《と》ったか分らないからそのたびに五銭ずつくれるじゃないか。うちの主人なんかおれのおかげでもう壱《いち》円五十銭くらい儲《もう》けていやがるくせに、ろくなものを食《く》わせない。おい人間てのは体《てい》のいい泥棒《どろぼう》だぜ。

B

> 近頃《ちかごろ》は外出する勇気もない。何だか世間がうっとおしく感じる。主人に劣《おと》らぬほどの面倒くさがりの猫《ねこ》になった。（中略）鼠はまだ取った事がないので、一時は下働きの女性から追い出せと言われたが、主人は吾輩が普通《ふつう》の猫ではないと知っているから、吾輩はやはりのらりくらりとこの家《や》で生活している。

ア　A－夏目漱石　　　　**イ**　A－福沢諭吉

ウ　B－夏目漱石　　　　**エ**　B－福沢諭吉

問３　史郎さんは明治の医学について次のようなスライドにまとめました。空欄《くうらん》に入る細菌学者の名前を答えなさい。

ドイツで細菌学を学んだ北里柴三郎は，帰国後，感染症の研究所を設立しました。赤痢菌を発見した志賀潔や，黄熱病の研究をした（　　　）も，北里の研究所から育っていきました。

北里柴三郎

志賀潔

（　　　　　　）

4　次の①～⑤の文にあてはまる都道府県を，次ページにある地図中の**ア**～**コ**からそれぞれ１つずつ選び，記号とその都道府県名を答えなさい。

①　縄文時代の住居や土器などが大量に発掘《はっくつ》された三内丸山遺跡がある。

②　海外へ輸出されるほど大量の銀が産出された石見銀山がある。

③　明治時代，日本の重工業の土台をつくった八幡製鉄所がある。

④　江戸の守り神となった徳川家康をまつっている日光東照宮がある。

⑤　源頼朝が征夷大将軍に任じられて開いた幕府の本拠地がある。

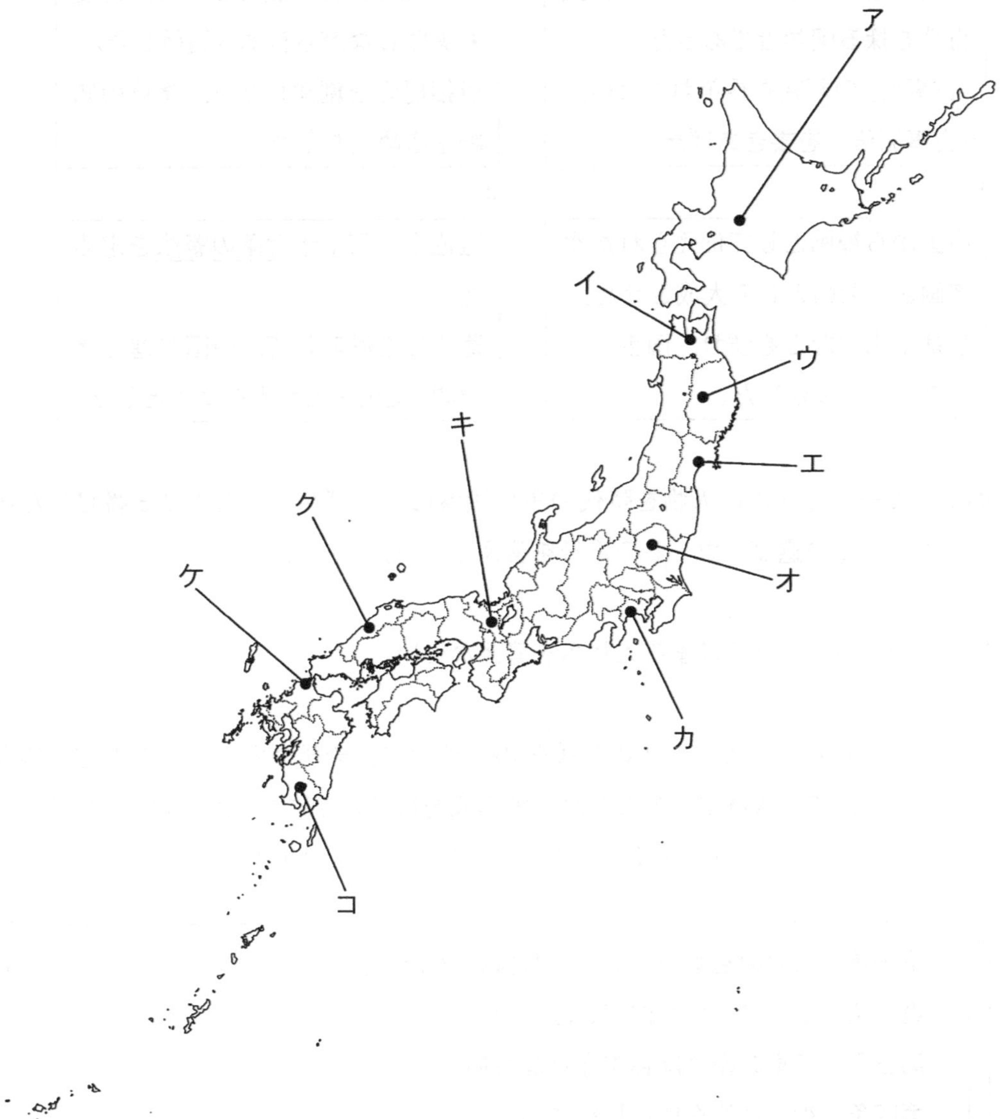
ア
イ
ウ
エ
オ
カ
キ
ク
ケ
コ

5　次の①～④のカードは，ある歴史上の人物をまとめたものです。このカードの内容を読んで，後の問いに答えなさい。

①

伊勢松坂の医師であり，日本の独自性を探る国学者であった。
「古事記」の研究を長年おこない，「古事記伝」を書きあげた。

②

本格的な仏教を伝えるため，何度も失敗しながら日本へ渡航した。
唐招提寺を創建したり，薬草の知識を広めたりした。

③

中国から禅画として伝えられた水墨画を，芸術として大成させた。
京都や山口などを訪れ，国宝「天橋立図」をえがいた。

④

冠位十二階や十七条の憲法を定めた。
遣隋使を派遣して，中国の進んだ学問・文化を取り入れようとした。

問１　カード①～④の人物を時代の古い順番にならびかえたときに**３番目**になるものを１つ選び，カードの番号を答えなさい。

問２　カード①にあてはまる人物名を答えなさい。

問３　次の資料は，カード④の下線部の一部です。資料やカード④の内容を参考にして，この人物がどのような国家形成を目指していたのか，説明しなさい。（一部表現をわかりやすくしたり，省略したりしています。）

第一条　人の和を第一にしなければいけません。
第二条　仏教をあつく信仰しなさい。
第三条　天皇の命令は必ず守りなさい。
第四条　役人は礼を重んじなさい。
第十二条　地方の役人は民から税を必要以上にとってはいけません。
第十七条　大事なことは一人で決めず，皆とよく議論して決めなさい。

6 次の新聞記事を読み，後の問いに答えなさい。（一部表現をわかりやすくしたり，省略したりしています。）

視聴覚《しちょうかく》障害者，コロナで「生活不便」７割　支援《しえん》団体調査

新型コロナウイルスの感染拡大で，視覚・聴覚障害者の７割が生活に不便を感じ，５割をこえる人がコミュニケーションに不安を抱《いだ》いている―。支援団体が４月下旬《げじゅん》に行ったアンケートで，こうした実態が分かった。視覚障害者は人と距離《きょり》をたもつ「[A]ディスタンス」を取るのが難しく，聴覚障害者は相手の表情が[B]で読み取れずに苦労しているという。

～省略～

アンケート結果によると，買い物や健康管理など生活面で不便があると答えたのは70.3%。「視覚障害者からは外出時に援助をたのみづらい」，「物や位置を手でさわって確認するのに除菌アイテムが手に入らない」との声が上がった。聴覚障害者からは「筆談をお願いしづらい」，「[B]で声が聞き取りにくい」などの意見が出た。

～省略～

41.2%の人は新型コロナの情報取得が不便と感じたと答えた。この回答は聴覚障害者の比率が高く，「相談窓口が電話しかない」，「全ての放送や動画に[C]をつけてほしい」といった意見が上がった。

2020年５月10日　日本経済新聞

問１　空欄[A]と[B]に入る適当な語句を，それぞれ答えなさい。

問２　空欄[C]には，聴覚障害者が放送や動画につけてほしいと感じたものが２つ書かれています。このうち１つを答えなさい。

7　次の問いに答えなさい。

問１　2020年6月，防災対策や薬の開発などになくてはならないスーパーコンピューターで，日本が開発したものが計算速度世界一になりました。このスーパーコンピューターの名前を，次の**ア**～**エ**から１つ選び，記号で答えなさい。

ア　はやぶさ　　**イ**　こうのとり　　**ウ**　京《けい》　　**エ**　富《ふ》岳《がく》

問２　2020年9月16日に，日本の内閣総理大臣に任命された人物名を答えなさい。

2021(R3) 近畿大学附属広島中　東広島校
K 教英出版